# 糸賀一雄の研究

人と思想をめぐって

蜂谷俊隆
Toshitaka Hachiya

関西学院大学出版会

# 糸賀一雄の研究

人と思想をめぐって

# はじめに

日本の障害児者福祉をめぐる状況は、近年めまぐるしく変化している。とりわけ、政策面におけるサービスや支援の供給システムは、一九九〇年代後半から二〇〇〇年にかけて行われた社会福祉基礎構造改革の流れを受けて、それまでの行政による措置から、利用者と事業者の契約による支援費制度に変わった。しかし、支援費制度は財政的な要因から、わずか三年で障害者自立支援法による仕組みに改められ、政権交代を契機に障害者総合支援法へと大幅な改正がなされた。このようにシステムがめまぐるしく変化する状況下においては、政策面からの意向が強く働き、実践面がこれに規定されていく側面が大きくなっていることも否定出来ない。このような状況にこそ、社会福祉における歴史研究の重要性が増してくる。

社会福祉学は実践の学であり、現実をいかに認識するかということだけでなく、現実の生活問題に対応することを求められている。同時に、実践の学であるからこそ理論や思想は重要であり、これらを欠いて無反省に行われる実践は危険ですらある。なぜなら、長い時間の流れの中に置いてみれば、実践はその時々の状況に制約される応急的な処置であるともいえるからである。さらに、現状が前進しているつもりが実は後退していたり、新しい道を切り拓いたつもりが、いつか来た道を繰り返しなぞっていたりすることもある。

一方、社会福祉における歴史研究は、実践に対しては直接的な有用性を示すことはない。しかし、実践に対して直接的に有用性がないということは、その時代状況からはある程度自由になれるということであり、長い時間の流れの中における現状の分析や実践のあり方についての評価が可能になると考えられる。ゆえに、社会福祉における実践の行き過ぎや誤った方向性を修正する役割は、歴史研究に課された役割でもある。

また、〝福祉は人物である〟とも言われるように、どのような実践をなすかは、その人物の思想を背景にもつ。そして、そこには歴史的な制約も反映される。それゆえ、社会福祉において人物史を研究することは、その人物の思想と実践の両面を、時代の状況を含めて捉えられるという利点がある。そのような視点から、福祉に携わった人物が残した著作を繙けば、その人物がいかなる動機で、どのような思想をもって福祉活動に関わり、どのような時代状況に直面したのか、その中で時代に流されたり、あるいは時代に抵抗したりといった痕跡がうかがえる。

同時に、現代に生きる我々が、過去の人物の足跡をたどり思想を学ぶことは、ただ単に過去の事実を知ることにとどまらず、現在の課題を生み出す構造や、現在とは全く別の可能性があったことの認識をもたらすことにもなる。そして、現代の我々が直面する課題への対応について、多くの示唆を与えてくれるのである。

# 目次

はじめに　iii

## 序章　糸賀一雄を研究するにあたって　1

第一節　本書における問題意識と課題　1
第二節　日本における知的障害児者教育・社会事業の歴史　3
（一）近代以降、敗戦まで　3／（二）戦後の知的障害児施設の設立　7／（三）「コロニーブーム」と大規模複合施設の設置　11／（四）日本の知的障害児者福祉の展開過程における糸賀の位置について　14
第三節　先行研究の整理　15
（一）伝記的研究　15／（二）年表　17／（三）思想史研究　17／（四）教育史研究　19／（五）歴史社会学研究　19／（六）その他　20
第四節　糸賀の業績とその評価　21
（一）施設づくりと人づくり　21／（二）福祉実践と思想形成　22
第五節　分析視点と時期区分について　24

（一）糸賀を研究するにあたっての時期区分について　24／（二）糸賀の思想と人脈　26

第一章　出生から宗教哲学の専攻まで　33

第一節　出生と少年時代　34
第二節　中学校進学と圓山文雄、キリスト教との出会い　36
第三節　キリスト教への入信と宗教哲学の専攻　39

第二章　代用教員の経験と滋賀県庁での行政官としての働き　47

第一節　代用教員勤務、池田太郎との出会いと木村素衛への私淑　48
（一）代用教員の経験と池田太郎との出会い　48／（二）木村素衛との出会いと私淑　49
第二節　滋賀県庁勤務と近藤壌太郎による秘書課長への抜擢　56
第三節　学生義勇軍同志会への関与と「同志」との出会い　58
第四節　三津浜学園、石山学園と池田・田村両氏の招聘　60

第三章　下村湖人との出会いと「煙仲間」運動　65

第一節　壮年団の解消と下村湖人による「煙仲間」運動の展開　67
（一）壮年団運動とその「発展的解消」　67／（二）下村湖人による「煙仲間」運動の展開　69

第二節　滋賀県の「煙仲間」と下村との親交　72

（一）滋賀県の「煙仲間」運動　72／（二）糸賀と下村との出会い　73

第四章　近江学園前史としての三津浜学園と「塾教育」の思想　79

第一節　三津浜学園の設立と永杉喜輔、藤堂参伍　81

第二節　三津浜学園の開所と施設概要　83

第三節　三津浜学園における「塾教育」の思想　88

補説　昭和一〇年代における虚弱児教育・保護事業と三津浜学園について　91

第五章　近江学園の設立と戦後の「煙仲間」運動　101

第一節　近江学園の創設と初期の運営方針　102

（一）三津浜学園の閉鎖と近江学園構想　102／（二）近江学園の設立と園長就任　104／（三）初期近江学園の運営方針　107／（四）後援組織の設立　109

第二節　近江学園設立直後の糸賀の社会事業観　111

第三節　『新風土』の復刊と「一隅を照らす」姿勢　118

第四節　「経済的独立性」から「社会的な解決」への転換と『我等の誓願』　121

第五節　「同心円」観と「全一思想」をめぐって　123

第六章　昭和二〇年代におけるコロニー構想と知的障害観　133
第一節　近江学園の設立理念と、重度知的障害児の例外化（昭和二一―二四年頃）　136
第二節　社会への過渡的機能としてのコロニーの構想（昭和二五―二七年頃）　138
第三節　重度知的障害児者の社会自立を目指したコロニーへの展開（昭和二七年頃以降）　144

第七章　精神薄弱児育成会の結成と優生思想　155
一九五二―一九六〇年頃を中心に
第一節　「精神薄弱児育成会」の結成と糸賀の参画　156
第二節　育成会結成の意味と社会的効用論からの転換　159
第三節　育成会の初期の運動方針と優生思想　164
第四節　『手をつなぐ親たち』誌上における知的障害者の性と結婚問題についての議論　167

第八章　「福祉の思想」の形成段階としての昭和三〇年代前半の思想展開　177
「アガペとエロス」論、「内的適応」論、「生産教育」
第一節　木村素衛の「教育愛」と「エロスとアガペ」論の受容をめぐって　180
（一）木村素衛の「教育愛」と「エロスとアガペ」論　180／（二）糸賀一雄における「エロ

スとアガペ」論　183／（三）「教育の本質的構造」と「運命共同体」　187
第二節　「内的適応」論の展開　189
第三節　「生産教育」と「新しい社会づくり」　194

第九章　ヨーロッパ視察から見た日本の障害児者福祉　201
第一節　ヨーロッパ視察旅行の経緯と概要　202
（一）視察旅行の経緯と糸賀の関心の所在　202／（二）視察旅行の行程　205
第二節　「ヨーロッパ便り」をめぐって　208
（一）デンマーク　208／（二）スウェーデン（カールスルンド）　210／（三）ベルギー（ゲール）　213／（四）イタリア・ローマ（国際社会事業会議への出席とイタリアの施設）　214／（五）西ドイツ　216／（六）オランダ　218
第三節　ヨーロッパ視察旅行を終えて　221

第一〇章　地域福祉論の展開とその特質
重度重複障害者・重症心身障害児対策に向けたソーシャルアクションとの関係に着目して　231
第一節　精神薄弱者福祉法の制定に向けて　233
（一）ソーシャルアクションの基盤としての「自覚者の責任」と「心境の問題」　233／（二）精神薄弱者福祉法の制定と新たな課題　237

第二節　重症心身障害児対策における収容施設の性格について　239
（一）糸賀の「発達保障思想」と地域福祉に位置づけられる収容施設　239／（二）日本赤十字産院における小林提樹の取り組みと島田療育園の創設　241／（三）重症心身障害児施設の創設とその処遇内容をめぐって　243
第三節　国立コロニー建設への関与　246
第四節　木村素衛の「表現的生命」と糸賀の「重症児の生産性」　252
（一）「社会変革」の主体としての重症心身障害児と「重症児の生産性」概念　252／（二）木村素衛の「表現的生命」と糸賀の「重症心身障害児の生産性」　254

# 終　章

263
参考文献一覧　277
あとがき　299
人名索引　304

# 序章　糸賀一雄を研究するにあたって

## 第一節　本書における問題意識と課題

糸賀一雄は、戦後日本の障害児者福祉における代表的な人物の一人である。糸賀は敗戦直後の一九四六（昭和二一）年、池田太郎、田村一二らと共に、戦災孤児や生活困窮児と知的障害児を収容する近江学園を設立した。そしてこの施設を拠点に、次々と直面する課題やニーズに対して、広範で多様な活動を展開した。また、その活動の中で多くの論文や書を著し、「この子らを世の光に」や「発達保障」思想に象徴されるような新たな思想や理念を導き出した。これらの実践活動、執筆活動とも、同時代の実践家と比べて群を抜いており、日本の障害児者福祉に影響を与え続けている。

しかし、糸賀が展開した「発達保障」思想とその後の実践活動や運動の中で掲げられる「発達保障論」とは、はたして連続性のあるものかという課題がある。また、その扱われ方については、本来の価値形成の意味を理解することなく、「当たり前」の標語として使用されることも少なくないのではないだろうか。そのため糸賀が提起した思想的な課題を、その形成過程にまで掘り下げて検討する必要がある。

また、糸賀の実践や思想に焦点をあてた先行研究について見てみると、これほど重要な人物でありながら、社会福祉分野から、その生涯を通した研究はあまり行われていない。むしろ、多くの糸賀に関する研究は、障害児教育の分野において行われており、社会福祉分野からの研究としては解明すべき点を多く残している。

さらに、糸賀に関する先行研究を概観すれば大きく二つの傾向があることがわかる。一つは、キリスト教への入信と宗教哲学の専攻、そして哲学者である木村素衛の影響から糸賀の思想を捉えようとするものである。しかしながら、糸賀の著作を繙いてみると、さらに多くの人物との交流があったことや、それらの交流を通した影響がうかがわれる。そのため、糸賀の活動を可能な限り広範に視野に入れながら、思想形成の過程についても捉え直していく必要がある。

先行研究に見られるもう一つの流れは、糸賀が晩年に提唱した「発達保障」思想からアプローチしようとするものである。「発達保障」とは、障害のある人も、障害のない人同様に発達の道筋をたどるのであり、その権利があるという認識を根底に持ち、その発達を社会的に保障していくべきであるとする思想である(1)。これは、障害児者の社会保障を求める論拠ともなっていった。しかし、「発達保障」思想は糸賀の思想の重要な部分を占めるが、「発達保障」思想の観点からアプローチするだけでは、糸賀の思想の全体像は明らかにできない。また、糸賀の「発達保障」思想の本質を捉えようとすれば、糸賀の思想の全体像を明らかにすることも不可欠である。

本書では、以上のような問題意識を持ちながら、歴史研究の方法をとり、糸賀一雄の著作と関連する資料を可能な限り収集し、分析していく。その作業を通じて、糸賀の活動や人間関係をたどり、その思想に可能な限り迫ってみたい。

## 第二節　日本における知的障害児者教育・社会事業の歴史

本節では、糸賀一雄を研究するにさしあたって、近代以降の日本における知的障害児者福祉の流れについて整理し、その中における糸賀の位置について確認しておきたい。

### （一）近代以降、敗戦まで

戦前における知的障害児者福祉の取り組みは、国としての法的な裏付けの乏しい慈善事業家、または社会事業家による個人的な実践であった。

乙竹岩造によると、明治以前の近世では全体の一割程度の寺子屋に知的障害をふくむ障害児が通っていたという。[2]しかし、明治維新以降、富国強兵策のもとで公教育から障害児が排除されていく。そして、排除された障害児の教育については民間の慈善事業によって取り組まれるようになる。最も広範な展開を見せたのは盲聾児教育であるが、それに比して知的障害児教育はそれほどの広がりを見せてはいない。それでも、明治三〇年代には、キリスト者を中心に、公教育から排除された知的障害児への教育の取り組みが始まっている。

特に有名なのは、石井亮一が設立した滝乃川学園である。石井は、一八九一（明治二四）年に発生した濃尾地震による孤児の救済のため聖三一孤女学院を設立したが、収容した子どもの中に知的障害児がいたことから、アメリカに渡って知的障害児教育を学んだ。そして一八九七（明治三〇）年に滝乃川学園と改称して日本における知的障害児教育の先駆けとなる実践を行った。

その後、脇田良吉による白川学園（一九〇九）、川田禎治郎による日本心育園（一九一一）、岩崎佐一による桃花塾（一九一六）など、終戦に至るまでに次に示すような二十数カ所の施設が創設された。さらに、ここには挙げていないが、他の種別の社会事業施設等に混合収容されていた可能性もある。

【近江学園以前の日本の知的障害関係施設と中心人物(3)】

| | | |
|---|---|---|
| 一八九一（一八九七） | 聖三一孤女学園（滝乃川学園） | 石井亮一 |
| 一九〇九 | 白川学園 | 脇田良吉 |
| 一九一一 | 日本心育園 | 川田禎治郎 |
| 一九一六 | 桃花塾 | 岩崎佐一 |
| 一九一九 | 藤倉学園（大島藤倉学園） | 川田禎治郎 |
| 一九二〇 | 大阪市立児童相談所付属学園部 | 土屋兵二 |
| 一九二二 | 三聖医院 | 宇佐玄雄 |
| 一九二三 | 筑波学園 | 岡野豊四郎 |
| 一九二五 | 大阪治療教育院（島村塾） | 島村保穂 |
| 一九二七 | 三田谷治療教育院 | 三田谷啓 |
| 一九二九 | 児童教化八幡学園（八幡学園） | 久保寺保久 |
| 一九三〇 | 白王学園 | 荒木善次 |
| 一九三〇 | 小金井治療教育所 | 児玉　昌 |
| 一九三一 | 広島教育治療学園（六方学園） | 田中正雄 |
| 一九三二 | 京都洛北児童園 | 村松太郎 |

| | | |
|---|---|---|
| 一九三三 | 江北農園（久美愛園） | 笠井福松 |
| 一九三三 | 浅草観音カルナ学園 | 林　蘇東 |
| 一九三七 | 八事少年寮（三好学園） | 杉田直樹 |
| 一九三八 | 第二常磐学園 | |
| 一九三八 | 醍醐和光寮 | |
| 一九三八 | 愛育研究所特別保育室 | 三木安正 |
| 一九四三 | 育英学園 | 長野幸雄 |
| 一九四三 | 東京市長浦更生農場（千葉福祉ホーム） | |
| 一九四三 | 堤塾 | 堤　勝彦 |
| 一九四三 | 厚生塾 | 喜田正治 |
| 一九四四 | 愛泉会 | 中村育子 |
| 一九四四 | 石山学園 | 田村一二 |
| 一九四六 | 若松緑園（若久緑園） | |

これらの知的障害児施設は、当初は学校や私塾の形態をとって設立される。そして、石井や川田らが学び、モデルとしたのは、主にはアメリカの障害児学校や施設である。石井や川田らが学んだ当時、アメリカにおける知的障害児者をとりまく状況は、「優生学からの警告」「社会からの告発」の時代であって、施設のあり方が教育的施設から大規模な収容施設へと転換を遂げた時期であった。石井の渡米以前の一八八四（明治一七）年、内村鑑三が、「エルウィン白痴院」（Elwyn Training School, Pa）において、日本人として初めてアメリカの知的障害者施設で勤務している。内村は、『国民之友』に発表した「流竄録　白痴の教育」(4)や「過去の夏」において、知的障害者の教育の可能性とともに、

隔離による出生防止を目的とした大規模収容施設の様子を伝え、これを「白痴植民地」と呼んでいる。[5]

また、公的な生活保障の乏しさから、職業的・経済的自立の困難な知的障害者のための生活保障としての施設機能も考えられるようになった。そのため、日本における実践は教育を目的としながらも、実態としては「施設収容保護」を中心とするものに変化していく。[6]例えば、滝乃川学園は、当初の学校の形態から、収容施設の形態へと変化していき、さらに生涯の生活保障のためのコロニーが構想された。しかし、これは資金面の事情から実現しなかった。[7]また、大阪の桃花塾も、一九三四（昭和九）年、「救護機構」としてのコロニー設置のために大阪市内から南河内郡喜志村（現在の富田林市）に移転している。[8]なお、ここで言われるコロニーとは、一九七〇年前後のいわゆる「コロニーブーム」の際に設置され、現在において一般にイメージされる大規模入所施設とは異なるものである。むしろこの時期には、結核回復者の予後の保養と経済的援助の仕組みとしてのコロニー構想が先行していた。[9]

そして、一九三二（昭和七）年の救護法施行以降は、その適用を受ける施設もあったが、必ずしも施設運営を安定させるものではなかった。

一九三〇年代に入ってからは戦争色が強まると同時に、優生思想の影響が強まり、一九四〇（昭和一五）年に国民優生法が制定されるにいたった。これは事実上「断種法」に相当し、実効性は薄かったものの、知的障害者の人としての尊厳や社会的権利を決定的に剥奪するものであっただけでなく、一般社会における知的障害に対するマイナスイメージを強く植え付けることを助長した。

このような状況の中、一九三四（昭和九）年、知的障害児教育家・社会事業家によって、日本精神薄弱児愛護協会が設立された。滝乃川学園で開催された設立総会には、滝乃川学園の石井亮一、桃花塾の岩崎佐一、藤倉学園の川田禎治郎、筑波学園の岡野豊四郎、八幡学園の久保寺保久、六方学園の田中正雄、カルナ学園の林蘇東、小金井学園の長野幸雄らが集った（白川学園の脇田良吉は欠席）。同会は、戦時中から戦後にかけて活動を休止した時期もあるが、現在も日本知的障害者福祉協会として知的障害児者施設の全国組織として活動している。

設立の翌年には、『精神薄弱児問題――本協会設立要旨』と題するパンフレットを配布しており、その内容からは同会の設立目的と活動方針がうかがえる。その目次には、

（1）精神衛生上殊に遺伝問題として其の劣弱素質の除去乃至発生予防を目的とする観点
（2）犯罪浮浪売淫酒毒等社会問題の諸相に関連してその害悪防止を主眼とする観点
（3）学童保育上、特殊教育施設の普及及拡充乃至発達進歩を要望する切実なる観点
（4）貧困問題細民階級の家庭問題に関して異常児の適切なる処遇をなす観点

の四項目が挙げられている。とりわけ（1）（2）については、優生思想や社会防衛思想の影響が色濃く見られる。一方で、昭和一〇年代には国民の体力増進の一環として虚弱児対策が進み、多くの事業が取り組まれた。さらに、一九四一（昭和一六）年の国民学校令施行以降は、養護学級が増設され、虚弱児だけでなく知的障害児の学級も取り組まれるようになる。近江学園の前身といわれる三津浜学園や石山学園も、このような時代の要請を背景に設立された。

しかし、これらの施設や養護学級は「戦争の激化とともに、戦時疎開や経営難で、ほとんど休園状態においこまれたり、戦災で中断のやむなきに至った。かろうじて存続した施設も、疎開先などで、職員、園生ぐるみ、苦しい生活をつづけていた[10]」のである。

## （二）戦後の知的障害児施設の設立

日本の敗戦により、深刻な社会問題として「浮浪児」の問題が顕れてくる。政府は、敗戦の年の一二月に「浮浪児」も対象とした「生活困窮者緊急生活援護要綱」を発していたが、翌四六（昭和二一）年四月には「浮浪児その他の児童保護等の応急措置実施に関する件」を出し、各自治体は保護施設への収容を目的とした「浮浪児狩り」を実施して

いく。同年に創設された近江学園が、「浮浪児」や「生活困窮児」を主な対象としたことも、ごく当然のことであったと考えられる。

その一方で、国家政策の面からは社会事業理念の根本的な転換が図られ、日本国憲法の理念に基づく社会福祉事業体制が整備されていく。日本における知的障害福祉事業の法律上の位置づけについては、一九四七（昭和二二）年の児童福祉法制定にあたって、精神薄弱児施設（現 知的障害児施設）が、同法に位置づけられたのが最初といえる。翌四八（昭和二三）年の一月には、滝乃川学園、八幡学園、東京都養育院千葉分院、若久緑園が、精神薄弱児施設として認可され、同年四月には近江学園も認可を受けて児童養護施設兼精神薄弱児施設となっている。

ところで、児童福祉法における精神薄弱児施設の目的規定は、「保護するとともに、独立自活に必要な知識技能を与える」とされている。これについて、生涯を通じた「保護」に対する公的な保障を期待していた関係者からは、「精神薄弱問題関係者からの助言も、深い吟味もなされずに、肢体不自由児施設の目的規定に右へならえをするかたちで作成されたものであろう[11]」と、批判されることになる。しかし、当時の行政関係者の証言によれば、一つには児童福祉法という法律が、一定の年齢層を対象にしており、その範囲内での人間の生活上の諸問題について、他の法律で規定していない部分を総合的に規定しようとした特殊な法律であること、二つには「被救済者が他日納税者になれるような救済」でなければ法案が成立しなかった、といった二つの事情からこのような規定となったと言われる[12]。

この条文については、参議院厚生委員会（昭和二二年九月一七日）の審議においても参議院議員で社会事業家でもあった草葉隆圓が、「現在精神薄弱児を取り扱つております施設からの強い要望として、本法の第四十条によりますと、独立自覚《ママ》せしめ得るというように指導をして行くということになつておりますが、一体精神薄弱児が、独立自覚《ママ》せしめ得るようにどうして一体指導して行くか、これは殆んど不可能なことではないか、不可能なことを條文に出して今後そういうようにして來いということは、事実我々の経験からはこれはできないことではないかということを強く主張されたのであります」と質し、その実効性に疑問を示している。これに対して、政府委員の米澤常道は、「これはなんと申しますか、この言葉は悪いのでありますが、まあ馬鹿は馬鹿なりと申しますか、こういうふうな意味の独立自活ということであるのでありまして、その意味で御了解を願いたいと考えるのであります[13]」と、運用においては「独立自活」の意味を拡大解釈して、柔軟な解釈を期待したとも受け取れる答弁をしている。

しかし、「独立自活」の意味については、その後も論議を呼ぶこととなり、特に戦後に設立された公立の施設等においては「独立自活」を職業的・経済的自立と狭義に捉え、それが期待出来ない重度の知的障害児の施設入所が拒まれるといった状況も生じてくる。また、一九四九（昭和二四）年に身体障害者福祉法が制定された際にも、その対象として知的障害者は含まれなかった。それゆえ、児童福祉法の適用年齢である一八歳に達しても、職業的、経済的自立が困難な知的障害者については、なんらの社会保障も受けられないといった状況も生まれてしまう。さらに、偏見や差別に伴う社会的な排除は厳しく、これらの課題に関係者は苦悩することとなる。

近江学園においても学園設立の翌々年には、年長者のための一麦荘が設置されているが（一九四八）、これは制度の裏付けのない、全く私的な取り組みであった。本論で詳述することになるが、この当時の糸賀には、近江学園の児童の教育施設としての性格を保持しようという姿勢が見られる。つまり、児童福祉法の対象年齢を超した児童については、別の枠組みを創ってそこへ移行することが念頭におかれているのである。しかし、「知的障害児施設におけるいわゆる年齢超過者の問題」が拡大し、単独の施設の取り組みでは対処しきれなくなる。そのため一九五一（昭和二六）年、厚生省は「精神薄弱施設における年齢超過者の保護について［厚生省発第五九号　各都道府県知事宛（昭和二六年二月一三日）］」を発して、生活保護法を最大限運用することによって年齢超過後の入所を実質的に可能とする措置をとることになった。これは、知的障害児施設に生活保護法による救護施設の併設を認めることで、児童福祉法によって規定される児童の年齢を超過した知的障害者を引き続き入所できるようにしたものであった。

このような公的保障の不十分な状況は、知的障害児者をもつ親の不安を増し、一九五二（昭和二七）年の精神薄弱児育成会結成を機に、親による一生涯の社会保障を求める動きが高まっていく。育成会は、児童から成人を一貫して処遇するモデル施設として、名張育成園を独自に設置し、政府関係者への陳情を行った。

この運動の成果として、一九六〇（昭和三五）年に精神薄弱者福祉法（現 知的障害者福祉法）が成立する。この法律により「精神薄弱者援護施設」の位置づけがなされ、その対象は限定的ではあったが成人した知的障害者を対象とした収容施設が法定化された。また一九六七（昭和四二）年には、軽度者を対象とした「精神薄弱者更生施設」と中重度者を対象とした「精神薄弱者授産施設」が分離され、翌年には「精神薄弱者更生施設」に「重度精神薄弱者収容棟」が設置されるなど、実質的に知的障害者を収容保護する施設としての機能が強化されていった。

また、一九六四（昭和三九）年には、「重度精神薄弱児扶養手当法」が成立し、国民年金発足時（一九五九）に対象から外れていた知的障害者も、無拠出の障害福祉年金の対象となった（ただし、二級の創設は一九七四年である）。

しかし、常時医療的な配慮の必要な重度重複障害のある重症児者については、法律上、身体障害とも知的障害とも扱われず、完全にすき間に落ち込む形となっていた。そのため、東京の日本赤十字産院の小林提樹による取り組みや、近江学園の医局と杉組による取り組み等がわずかにあるのみで、完全に在宅で家族が抱え込まざるをえない状況が続いていた。これに対して、研究事業としての「重症心身障害児療育」が、一九六三（昭和三八）年より日本赤十字産院と近江学園の取り組みをそれぞれ母胎とした、「島田療育園」と「びわこ学園」で開始され、後の「重症心身障害児施設」の創設につながっていく。

ところで、この時期には戦前から続く優生思想や社会防衛思想の影響についても解消されず、むしろ強化されていく動きもあることも確認しておきたい。一九四八（昭和二三）年、国民優生法の流れを受けた優生保護法が施行された。国民優生法は、断種のための優生手術（不妊手術）に重点をおいており、人工中絶については否定的な立場であった。それに対して優生保護法は、人工中絶を合法化し、さらに「優生上の見地から不良な子孫の出生を防止する」ため、「精神病」「精神薄弱」を理由に本人の同意なしに優生手術を可能としている。

また、一九五六（昭和三一）年に売春防止法が成立し、翌年から施行されることとなったが、売春をめぐっても関係者の間で、「売春婦の大部分は知的障害者である」とか、知的障害者への保護がないため不良化して犯罪を犯すおそれがあるという言説もみられ、売春防止や社会不安への対処策として、知的障害児者対策の必要が強調されている。そして、望まれる対策としては、第一に発生予防であり、次善の策としての早期発見・早期治療が重視され、それらが効力を発揮しない場合の施設サービスの提供という優先順位であった。そのような優生思想や社会防衛思想の加勢を受けた精神薄弱者福祉法の制定と、施設拡充であったことにも留意しなければならない。

## （三）「コロニーブーム」と大規模複合施設の設置

昭和四〇年代は、コロニーをめぐる論議と大規模施設の建設が集中した時期であった。

日本において精神薄弱者福祉法が成立した直後の、一九六二（昭和三七）年二月、アメリカ大統領ケネディによる「Message from the President of the United States relative to Mental Illness and Mental Retardation（精神病及び精神遅滞に関する教書）[14]」（以下、ケネディ教書）による大規模施設批判がなされ、米国以外にも衝撃を与えた。すでにアメリカでは、大規模施設による知的障害者の隔離収容が意味を持たないことが明らかになり、「精神薄弱者の脅威論」についても非難にさらされていた。

日本においてもこの影響を受けて、「日本におけるコロニーの意味」についての論議があった。つまり、大規模施設に対する批判を視野に入れつつ、日本における知的障害者対策のあり方を模索していたことには違いない。ただ、米国や欧州諸国が、入所施設の持つ構造的な欠陥の認識から施設そのものの解体を進めていくのに対し、結果としては大規模総合施設としてのコロニーの建設に邁進し、その後も入所施設の量的拡大を図っていく。

このケネディ教書についての、日本の関係者の捉え方はどのようなものであったのだろうか。例えば、ケネディ教書の四年後の一九六六（昭和四一）年から計画された大規模施設に、愛知県心身障害者コロニーがある。その成立過程をまとめた記念誌には次のような文書がみられる。「彼は（ケネディ大統領のこと）、精神遅滞をはじめとする心身障害について、総合的な施策を推進し、これを単に障害者に対する福祉の充実という観点からだけではなく、人類全体の社会を考える上での、重要な指標となるべきことからして、大きな意味をもっていると強調した。これは、世界各国に多大の影響を及ぼし、諸外国の心身障害者福祉を大幅に前進させる一因となったのである。（略）心身障害の問題はさまざまの学問領域において未開拓のものが多く、その研究体制も組織化されていない。さらに、政治・行政の領域でも、心身障害者が社会の一員として生活してゆくために、どのような考え方に基づいて、何を実現してゆくべきかについては、まだ定まった方向性をえていない。こうした状況でコロニー建設を進めるのは、断定的に『施設をつくり、そこに収容すればよい』としているのではない。そうでなくて、心身障害を伴う人達と直接的なかかわりをもつことにより、それから何を学ぶかが最も重要であろう[15]」と、収容施設が絶対的な解決策ではないという認識が示されている。

しかし、一九六五（昭和四〇）年、政治の主導により、国立コロニーの建設のために「心身障害者の村（コロニー）懇談会」が設置されたことにより、コロニー政策が急展開を見せる。コロニーについては、戦前から精神障害者や知的障害者、結核回復者の生涯にわたる生活保障の方策として取り上げられてきた。また、戦後も結核回復者自身によるコロニー作りが先行して取り組まれている[16]。この結核回復者によるコロニーは、身体障害者福祉法の対象に結核回復者が含まれなかったことにより、患者自身の独力による取り組みとして生まれた。知的障害児施設においても同様に、児童福祉法の適用年限を超えた知的障害者の生活保障の方策としてのコロニーが、民間の施設関係者によって構想されていたのであるが、この懇談会では一応の議論を経ながらも、厚生省の主導でヨーロッパのコロニーをモデルにした大規模複合施設が構想されていく。

ここでは、糸賀を含む戦後の知的障害者福祉の先駆者たちによるコロニーをめぐる論議が展開された。しかし、それぞれのコロニーと入所施設に対する捉え方には、かなり大きな違いが見られた。この議論に立ち会った矢野隆夫は、それぞれの論者の特徴を次のようにまとめている[17]。

まず、規模に着目すれば、「大コロニー」と「小コロニー」に分類できるという。「大コロニー」とは大規模施設、総合施設、分類収容で表されるように、種別や機能の異なる施設を集合させることによって、経済性、利便性を高めようというものである。それに対して「小コロニー」とは生活共同体、入植地という言葉で表されるように、一般社会からやや距離を置いた場所に知的障害者のための入植地をつくり、その中で生活を維持していくことを狙ったものである。ただ、そもそも売春や犯罪、搾取から逃れるために関係を遮断して、社会から一定の距離を置くことに主眼があり、意図的に閉鎖性をもたせたものとなる。

また、その機能や目的については、「終着点」として捉えるものと「出発点」として捉えるものがあるという。「終着点」としての認識は登丸福寿（はるな郷創設者）に見られる。登丸は、「最終的なアフターケア」の形態としてコロニーを捉えており、特別な別世界を形成し、「生涯安心」して暮らせることを主眼においている。一方、「出発点（発達保障論的コロニー観）」としては、糸賀が挙げられている。糸賀のコロニー構想については本論で詳細を検討するが、最晩年には地域福祉の取り組みの中に位置づけられ、その人なりの生活の豊かさを目指す「発達保障」の一環として、必要な時に差しのべられる方策の一つとして捉えられている。

しかし、当時から収容形態の施設に反対する関係者や、後の「青い芝の会」による身体障害のある当事者からの批判にも見られるように、コロニーは一般社会から障害者を排除して隔離する仕組みであるとして批判されていく。

ちなみに、このようなコロニーに対する警鐘や危惧は、コロニー論者の中からも発せられていた。先出の矢野隆夫はコロニー批判論者に対する反論を展開しながらも、「（略）コロニーを砦として障害者にとって住みやすい社会を形成していこうとすることは容易なことではない。今日みられるコロニーは資本主義社会の制約を多分に受けており自由な状況設定をなしうるだけの物的・精神的余裕をもっていないのである。コロニーは『閉鎖施設』として『独立施設群の集合体』という観を呈している。われわれはコロニー批判者たちの指摘している内容を認めねばなるまい[18]」と、述べている。また、国立コロニーのぞみの園初代理事長の菅修は、「コロニーは一つの段階として、たとえば養護学校からコロニーへ、そしてアフターケア施設の通勤寮につなげる、といった配慮がなければ〈閉鎖的な社会〉になる恐れは十分にあります。（略）間違った施設でも現在の福祉施設の貧困さを補わなければならず、経過としてやむをえない(19)」と、コロニーに対する危惧を認識しながら、公的保障を具現化する方策として、消極的ながらその必要性を主張している。

一九七三（昭和四八）年のオイルショックは日本の福祉国家への道を転換させることになる。しかしこれ以降も、知的障害者福祉に限ってみれば、毎年コンスタントに入所施設の新設が厚生省によって認可されており、量的な拡大が着実に図られている。一方、地域生活支援体制の整備は低調で、就学期を終えて一般就労に受け入れられない人や重度の障害のある人の活動の場さえ、公的には充分に確保されなかった。そのため、親や関係者の運動によりいわゆる「共同作業所」と呼ばれる無認可の法外施設が全国に広がっていくことになる。

## （四）日本の知的障害児者福祉の展開過程における糸賀の位置について

以上、近代以降、糸賀の逝去直後までの日本の知的障害児者福祉の流れについて、政策と実践の両面から見てきた。この過程は、生涯の生活保障の方策やシステム構築の試行が先行しながら、それを社会保障として位置づける運動の繰り返しであった。しかし、実際には入所施設に偏重した流れに収束しがちである。

糸賀の活躍した時期は、第二次世界大戦中に虚弱児対策としての障害児教育が拡大し、行政の主導による厚生事業としての虚弱児や障害児の保護・教育が取り組まれた時期から、戦後の入所施設を中心とした知的障害児福祉施策と実践形態が形成された時期にあたる。

糸賀は、戦中期にわずかな期間ではあるが行政官僚として、戦時下の厚生事業に関わった経験があった。そして、敗戦後の一九四六（昭和二一）年、近江学園の創設に参画し、戦後社会福祉改革期に本格的な実践活動を開始する。当時は児童福祉法と生活保護法があるのみで、成人した知的障害者に対する支援策については、公的な裏付けが期待できず、独自に生活保障システムとしての「コロニー」の整備を模索していく。

そして、昭和二〇年代後半以降は、重度知的障害児や重症心身障害児といった、いわゆる経済的・職業的自立が期待できない人たちへの取り組みを本格化させていく。その過程で独自の福祉思想の展開が始まっている。

さらに、晩年にはいわゆる「コロニーブーム」に対して警鐘を発し、それが「飼い殺し」の発想を宿す可能性があることを危惧しながらも、その建設を推進する立場をとった。糸賀は、大規模複合施設を意味する「コロニー」の建設方針が確固なものとなった後は、「コロニー」を拠点にした地域福祉活動の展開を描いたが、それを具現化することは果たせずに急逝した。そのため結果として、現在まで続く入所施設に偏重した知的障害者福祉の形成に深く関与したことになり、そのことが批判の対象ともなっているのである。

## 第三節　先行研究の整理

糸賀一雄を研究するのにさしあたって、糸賀に関する先行研究について代表的なものを挙げて、現在までの研究状況について確認しておきたい。

### （一）伝記的研究

糸賀の生涯を伝記的にまとめたものとして、著された年代順に次の四点が挙げられる。

・矢野隆夫「糸賀一雄伝への試みその一―五」『精神薄弱問題史研究紀要』（一九七二―七四、精神薄弱問題史研究会）
・野上芳彦『糸賀一雄（シリーズ福祉に生きる 五）』（一九九八、大空社）
・京極高宣『この子らを世の光に――糸賀一雄の思想と生涯』（二〇〇一、日本放送出版協会）
・高谷清『異質の光――糸賀一雄の魂と思想』（二〇〇五、大月書店）

これらの著書に共通してみられるのは、糸賀の自叙伝的な著書である『この子らを世の光に』（一九六五、柏樹社）や、同じく糸賀が著した「近江学園史（一）（二）」『精神薄弱問題史研究紀要』二号、三号（一九六五、精神薄弱問題史研究会）を下敷きとしていることである。自叙伝には記憶や事実認識の不確かさがありがちであり、それらがそのまま引き継がれてしまうおそれもある。そのため、それぞれの著者が、どのように事実を検証して裏付けているのか注意する必要がある。

また、高谷清による『異質の光』については、先行する伝記をもとにしながらも、独自の取材がなされていて、これまで触れられなかった事項が含まれている。しかし、小説風の叙述になっており、新たに触れられた事項についてもその根拠が示されていない。そのため人物史研究の資料として見た場合には、史資料に基づいた記述と、作者の推測や創作の部分の判別が出来ないという難点がある。

さらに、これらの著者と糸賀の関係について、矢野、野上、高谷は近江学園や関連施設の関係者であった。矢野は、戦時下の労働力不足を補う有志の活動をしていた「学生義勇軍同志会」の活動への参加を通じて糸賀と知り合い、戦後は近江学園の設立当初から参画したいわば生え抜き職員である。また、野上も初期の近江学園に勤務した経験を持ち、他県の施設への転出後も糸賀との親交があった。高谷は、糸賀とは二三歳の年の差があり、前述の二人に比べると直接的な関わりは薄いが、第一びわこ学園の園長として糸賀後の施設運営を担った。これら、糸賀と何らかの関係がある人物の著作については、実際に現場に居合わせた証人的な立場での記述もあり、実際にその場に居合わせた人物にしか知り得ない細かな描写もあり、より糸賀という人物の実態に迫れる可能性もある。しかし一方で、立脚点が当事者に近い立場にあり、そのことがどのように視点や記述に影響しているか、留意する必要がある。

## (二) 年表

次に、糸賀に関連する年表としては、野上芳彦による「糸賀一雄　年譜（一）―(四)」『精神薄弱問題史研究紀要』一〇―一三号（一九七二―七三、精神薄弱問題史研究会）と、「糸賀一雄年譜・著作目録」が『糸賀一雄著作集Ⅲ』（一九八三、日本放送出版協会）の巻末に収載されている。これには、糸賀の著作の一覧も収められており、糸賀の研究にとっては非常に有用である。

また、これらを修正した『糸賀一雄年譜・著作目録』（二〇〇八、社会福祉法人大木会）が発行された[20]。なお、前掲の京極、高谷の著作にも、これらをもとに作成されたと思われる年表が付されている。

## (三) 思想史研究

糸賀の思想を社会福祉思想として取り上げたものとしては、吉田久一による「『糸賀一雄』――思想と社会福祉」『精神薄弱問題史研究紀要』第一〇号（一九七二、精神薄弱問題史研究会）と、「高度成長期の社会福祉事業〔社会福祉実践の思想〕」『社会事業理論の歴史』（一九七四、一粒社）、「高度成長、低成長期の社会福祉思想」『日本社会福祉思想史』（一九八九、川島書店）の三編の論文が最も早期に発表されている。

吉田は、糸賀の代表著作である『この子らを世の光に』（一九六五、柏樹社）や『福祉の思想』（一九六八、日本放送出版協会）をよりどころにして糸賀の思想を分析している。しかし、これらは『糸賀一雄著作集』の編纂作業をとおして糸賀の著作が整理される以前に著されたこともあり、思想形成過程についてはほとんど分析対象とされていない。そのため、糸賀の思想的な重要概念が抽出されているが、概念間の関係やその変遷については改めて捉え直す必要がある。

次に、糸賀の思想の形成過程の分析を試みたものとして、清水寛による「戦後障害者福祉と発達保障・近江学園における糸賀一雄の〝発達保障〟の立場に立つ福祉思想の形成過程」『戦後日本の社会福祉の発展』（一九八一、ドメス出版）、『発達保障思想の形成――障害児教育の史的探究』（一九八一、青木書店）がある。ただ、これらは「発達保障」に主眼がおかれており、それを軸に思想の形成過程の分析がなされているという限定がある。

吉田と清水の研究以後は、糸賀の一生涯を範疇に入れた思想研究は取り組まれていないが、時期や概念を限定した研究が行われている。主要なものとして、以下の三編の論文が挙げられる。

・加瀬進・草山太郎「糸賀一雄の障害者福祉思想に関する研究（その一）――昭和二〇年代における『精神薄弱』児観・知能観を中心に」『京都教育大学紀要A（人文・社会）』九八号（二〇〇一、京都教育大学）

・洪浄淑・松矢勝宏・中村満紀男「糸賀一雄の『共感』思想に関する考察」『心身障害学研究』二五巻（二〇〇一、筑波大学心身障害学系）

・蒲生俊宏・冨永健太郎「糸賀一雄の実践思想と木村素衛」『日本社会事業大学研究紀要』五三号（二〇〇六、日本社会事業大学）

加瀬・草山の論文は昭和二〇年代を対象とし、洪・松矢・中村の論文は昭和一〇年代を、蒲生・冨永の論文は昭和一〇年代と糸賀の最晩年を分析対象としている。

## （四）教育史研究

糸賀が活躍した時期は、教育と福祉の区分は明確ではなく、特に一九七四（昭和四九）年の養護学校義務化以前は、障害児の公教育については学校だけではなく、福祉施設が重要な役割を担っていた。そのため、近江学園や糸賀の取り組みを教育実践と位置づけ、教育史研究からアプローチするものは、社会福祉研究よりも多く行われている。特に重要なものとしては、森博俊による以下の四編の論文が挙げられる[21]。

・「精神薄弱教育における子ども把握の視点——糸賀一雄の場合に即して（障害児教育の歴史と課題〈特集〉）」『日本教育学会教育学研究』四六（二）（一九七九、日本教育学会）

・「発達保障理念の芽ばえ——糸賀一雄と近江学園の『精神薄弱』教育実践」『障害児教育実践体系』第一巻（一九八四、労働旬報社）

・「近江学園の精神薄弱教育実践と糸賀一雄」津曲裕次・清水寛・松矢勝宏・北沢清司編著『障害者教育史』（一九八五、川島書店）

・「障害児の教育と発達の視点——近江学園の実践・研究を手がかりに」『都留文科大学研究紀要』通号三七（一九九二、都留文科大学）

また、前掲の清水寛による二編の論文も、この分類として位置づけることが可能である。

## （五）歴史社会学研究

また、実証的な歴史研究ではないが、中山慎吾による歴史社会学の視点からなされた一連の業績がある。

・中山慎吾「糸賀一雄論——福祉実践における福祉理念の研究」（一九九二、筑波大学博士論文）

・中山慎吾「社会福祉実践とイメージ（一）――糸賀一雄の福祉実践イメージに関する社会学的考察」『社会学ジャーナル』通号一八（一九九三、筑波大学社会学研究室）

・中山慎吾「社会福祉実践と社会形成――糸賀一雄の福祉実践イメージの一側面について」『桐朋学園大学研究紀要』通号一九（一九九三、桐朋学園大学）

・中山慎吾「社会福祉実践とイメージ（二）――糸賀一雄の福祉実践イメージに関する社会学的考察」『社会学ジャーナル』通号一九（一九九四、筑波大学社会学研究室）

これらは、糸賀の福祉実践についてユニークな視点から検討されており、「糸賀にみられる社会形成のイメージが、必ずしも肯定的な評価のみをなされうるともいえない。（注：例えば福祉に関する好意的な言説やイメージが、現実の福祉の実践の中に見られる矛盾・諸問題を覆い隠す働きをする場合がある、という議論を試みることも不可能ではない）[22]」と、糸賀の肯定的な評価が、そこに存在したはずであろう矛盾や課題を覆い見えにくくしてしまったことを指摘している。

この研究は、実証的な歴史研究を通じて、総合的な検討を加えることの必要性を示唆している。

## （六）その他

近年、糸賀の著作や蔵書の整理作業についても、あらためて取り組まれており、その成果が報告されている。

著作目録としては、『糸賀一雄著作集Ⅲ』の巻末に、年表と共に収載されたものがある。また、日本社会事業大学を中心としたグループが、その整理・保存作業にあたっており、その成果をもとに、前出の著作集に収められた著作目録も一部は修正が加えられている。

・「年譜・諸作目録」『糸賀一雄著作集Ⅲ』（一九八三、日本放送出版協会）

・蒲生俊宏「糸賀一雄著作原稿・近江学園写真記録リスト」『日本社会事業大学社会事業研究所年報』四〇（二〇〇四、日本社会事業大学）
・『糸賀一雄年譜・著作目録』（二〇〇八、社会福祉法人大木会）
ただし、特に戦前、戦中期の著作については、未発掘のものが残されている可能性や詳細な執筆年月日や掲載元が不明なものもあり、今後も渉猟や精査を継続していく必要がある。

また、同様に糸賀の個人宅に所蔵されている蔵書の整理も進められている。現在、蔵書目録の一部が、整理作業にあたっている石野によって公表されている。
・石野美也子「糸賀一雄蔵書目録（哲学編）」『京都文教短期大学研究紀要』四七（二〇〇八、京都文教大学）

## 第四節　糸賀の業績とその評価

### （一）施設づくりと人づくり

糸賀は、戦後の混乱期に、池田太郎、田村一二らと共に近江学園を創設し、落穂寮、一麦寮、信楽寮（信楽学園）、日向弘済学園、びわこ学園といった知的障害児者や重症心身障害児者のための施設を次々に建設し、これらの施設を拠点に先駆的な実践を展開した。戦後間もない時期から種々の困難を乗り越えて、公的な制度に先駆けてこれらの施設を設立していったことが評価されている。しかし、一方で、現在これらの施設を含めた収容形態をとる施設に対しては、長期間にわたる「収容」に適した環境でないにもかかわらず、利用者の入所が長期化していることが批判を受けている。また、地域福祉の理念や地域生活支援のニーズに即した実践活動の不十分さも指摘されている。

次に、人材養成についてである。近江学園で糸賀に鍛えられた職員たちは、新たに設立した施設に送り出され、それぞれの取り組みを展開していった。池田太郎、田村一二は盟友であり先輩でもあるが、それぞれ信楽寮と一麦寮を任される。初期の職員では、山崎浄（あざみ寮）、初田春枝（石山学園、近江学園、国立秩父学園）、荒川友義（近江学園事務長）、岡崎英彦（びわこ学園長）、増田正司（落穂寮長）、小迫弘義（近江学園長、かいぜ寮長）、矢野隆夫（金剛コロニー）、中村健二（徳島県立あさひ学園長、日向弘済学園長）、三浦了（近江学園長）、天津肇（砺波学園長、国立秩父学園指導課長、花園大学教授）、野上芳彦（近江学園、京都精華大学教授）、田中昌人（京都大学教授、龍谷大学教授）、吉永太市（一麦寮長）、伊藤貞子（日本心身障害児協会常務理事）らが、それぞれの分野で実践や研究・教育を牽引した。

## （二）福祉実践と思想形成

糸賀の思想については、吉田久一による社会福祉思想の面からの評価が代表的である。吉田は、糸賀の「社会福祉実践思想」を、「高度成長期の社会福祉事業理論」の系譜の一つとして、「戦後社会事業を創造した新しい可能性を含む人物像の代表」と位置づけている。そして、「戦後に社会福祉思想の形成をはじめ、高度成長下で一応その体系を完成したが、その思想は次の時期の先どりをしている。（略）思想がたえず実践化され、事業の根元に思想があった」「社会福祉の従事者としてはまれにみる思想家」であると評価している。[23] さらに、「戦前児童福祉にみられた社会防衛的、経済保障的理念に対し、『療育理念』を提示し、ともに生きる者としての愛と共感の世界を実践した」「『社会の中で育てる社会的人格』は、やがて後年展開されるノーマリゼーションの先取りであり、また施設の社会化もそうであった」という二点の功績を挙げている。

また池田敬正は、糸賀が「この子らを世の光に」という言葉にこめた主張について、「すべてのひとに人間としての尊厳を見出そうとする考え方を前提とするものであった。しかもそれを地域社会における友愛的共感を通して実現させようとする主張は、糸賀の福祉哲学の表明であるだけでなく、地域福祉論を先取りする主張であったといえよう(24)」と、社会福祉成立の要件としての個の尊厳の理念的確立とともに、地域福祉論の面からも評価している。同様に、小田兼三も、糸賀の実践をコミュニティケアに注目し、「近江学園の運営、入所児童の処遇、家庭との関連、地域との連携あるいは日本におけるコミュニティケアの原風景は、今日からみてもまったく新鮮さを失っていない」と、評価している(25)。

一方、京極高宣は「糸賀一雄の福祉思想は、わが国の社会福祉、特に障害者福祉の発展を思想的かつ実践的に牽引する上での指導的役割を担っていた。しかも、今後の社会福祉実践の展開にとっても画期的な理念的内容をもっているように思われる」と、全般的に評価しつつも、「彼の早すぎる死のために必ずしも完成されず、いわば未完成交響曲として位置づけられているということは確認しておかなければならないだろう」として、「克服すべき課題」のあることを指摘している。その要点は、(1)障害者福祉における「自立」と「保護」の関係についての不十分な認識、(2)原始共産的運営と職員に対する人権擁護（労働基準の遵守など）の対立の問題、特に職員の三条件が労働争議を生んだこと、(3)県職員と福祉リーダーとしての糸賀の体制的かつ人格的な矛盾、公私の役割分担に対する混乱が見られ、理念的な指導性の優越と経営の視点の欠落が多額の借金を残すこととなったことである(26)。これらの課題を検証するためにも、糸賀の著作を系統立てて検討したり、時代背景や糸賀をめぐる人間関係や社会関係といった状況を考慮して事跡を検討したりといった、さらに精査を要すべき課題も残されている。

また定藤丈弘は、糸賀の思想を「重度障害者を保護の対象から発達の主体者として位置づけ、そのための保障の必要性を明確にかつ体系的にわが国で示した」として評価しつつも、「今日的な人権思想として一定の問題性をもっている」と、その問題点を指摘している。定藤は、糸賀の思想の弱点について、「障害児者と非障害児者の日常的交流、共生を積極的に促進する視点の弱さである。同理論は同じ発達課題を抱える障害児の基礎的集団の形成とその共同発達を重視しており、統合教育を含む多様な教育形態の必要性を肯定しているとはいえ、分離教育を重視する養護学校センター論をベースとしているのである。また、同理論は障害の克服を主な課題とするという専門的療育訓練主義に傾斜するリスクも一定抱えている」[27]と述べている。糸賀の「発達保障」思想や糸賀が進めた分類処遇のあり方が、障害を克服するものとして捉えられることにつながる危うさを包含しているという指摘である。これについても、糸賀が「発達保障」を提起した経緯や、なぜ分類処遇にこだわったのかという視点からの検証が必要である。

## 第五節　分析視点と時期区分について

### （一）糸賀を研究するにあたっての時期区分について

これまでの先行研究の中で、糸賀の生涯を時期区分を設定して論じたのは清水寛のみである。清水は、「糸賀一雄の生涯―時期区分」「近江学園の児童福祉施設としての時期区分」「近江学園における教育体制の時期区分」を設定して、それぞれ詳細な分析を試みている。[28]

本書は、清水による時期区分も参考にしながら、以下のような時期区分を意識して構成した。

第一期　出生からキリスト教への入信と宗教哲学の専攻（大正四から昭和一三年頃）
第二期　代用教員と滋賀県庁での行政官の経験（昭和一四年頃から敗戦まで）
第三期　近江学園創設期と初期の実践（昭和二〇年代前半）
第四期　社会との橋渡し機能を持つコロニーの構想と障害観の転換（昭和二〇年代半ば）
第五期　ソーシャルアクションの展開と思想的な深まり（昭和二〇年代終盤から三〇年代前半）

第六期　重症心身障害児への取り組みと地域福祉論の展開（昭和三〇年代後半から四三年）

第一期は、糸賀が鳥取市で出生し、京都帝国大学文学部哲学科で宗教哲学を専攻した時期までである。この時期に、鳥取教会やその関連施設でキリスト教と出会い、結核の発症とその療養や、青年期の苦悩を経験してキリスト教に入信している。

第二期は、大学を卒業し、戦後の近江学園の創設に参画するまでの時期である。この時期は、さらに前半と後半に分けられる。先ず前半の一九三九（昭和一四）年までの代用教員時代には生涯の盟友となる池田太郎と出会い、池田を通じて木村素衛に私淑する。池田との交友が後の近江学園を生み、木村の哲学は糸賀の思想形成に重要な影響を与えた。後半は、陸軍への招集と結核の再発、召集解除の後、滋賀県庁で行政官としての経験を積む。ここでは、当時の県知事近藤壌太郎によって秘書課長に抜擢され、行政官としての業務遂行能力を厳しく鍛えられる。さらに、行政官時代に培った人脈は、近江学園創設以後の活動を側面から支える重要な要素となる。そして本書では、上述の内容に加えて、下村湖人との出会いや、下村が提唱した「煙仲間」運動の活動にも焦点をあてる。

第三期は、敗戦以後、糸賀が近江学園の創設に参画し、初期の運営を担っていく時期である。概ね昭和二〇年代前半をその範囲とした。これまで、行政官として戦争を遂行した責任感や木村素衛から「国家再建」を託されたことが、社会事業に挺身する動機とされてきたが、本書では下村湖人や「煙仲間」運動との関連についても考察する。

第四期は、昭和二〇年代半ばから後半にかけて、「社会との橋渡し」を担う「コロニー」を構想していく時期である。当初、戦災孤児が過半であった入所児童の構成は、徐々に知的障害児の比率が高まり、当初の理念や運営方針は変更を迫られる。必然的に、背景にある思想の練り直しも必要となり、知的障害観にも変化が見られる時期である。

第五期は、近江学園という一施設の活動を超えて、障害者に対する社会的な理解や社会保障を求めた活動を始めていく、昭和二〇年代終盤から昭和三〇年代前半にかけての時期である。この時期には、障害者の教育や社会保障を求める団体が発足、再興されている。ここでは、この時期の運動を主導していた「精神薄弱児育成会」との関係に焦点をあてる。

第六期は、重症心身障害児を対象とした取り組みが本格化する昭和三〇年代半ばから、一九六八（昭和四三）年に逝去するまでの時期である。この時期には、地域福祉活動が意識され、施設機能を地域福祉活動の中に位置づける地域福祉論が展開されている。当時、最重度といわれた人々への取り組みについても地域福祉活動の重要性を指摘しており、地域福祉論の展開においても中核に位置していることに注目してみたい。

## （二）糸賀の思想と人脈

糸賀一雄の著作を繙いてみると、生涯を通じて多くの多様な人物との親交があり、それらの人物からの思想的な影響がうかがわれる。特に近江学園創設以前、青年期の苦悩からキリスト教に入信して宗教哲学を専攻して宗教的素養や哲学的教養を身につけたことや、教育現場を経験して教育哲学者の木村素衛に私淑していく過程は、思想的な準備期間としての重要性が指摘されてきた。

吉田久一は、「糸賀の社会福祉の実践の特色は、特殊→普遍、一般化への才能が各処に現れていることである。『一隅を照らす』ことから出発した精薄児教育は、行政さらにソーシャルアクションへ普遍化した。白痴の社会保障を求める根底には『同心同円』観があった。社会福祉協議会の活動に関心をもったのもこの点からであるが、大津市社協の場合でも『地下水型』を提唱し、社会福祉協議会は自覚者の訴えが基本であり、それを整序理論化し、今一度すべての住民の自覚的なものにするところに、その任務があると考えたのである」と評価している。(29)

次に清水寛は、糸賀の障害者福祉思想の発展過程について、糸賀の京都帝国大学時代から逝去までを七期に区分して検討を加えている。(30)そして、「思想的準備過程が戦前の中に見られる」とし、「戦前・戦後の糸賀の社会的実践の基底をつらぬく思想が、仏教を含む深い宗教的教養に裏打ちされたキリスト者としての信仰・精神であった」と、宗教的教養とキリスト者としての信仰・精神がその思想の基底にあったことを指摘している[31]。また、近江学園が戦災孤児と生活困窮児と知的障害児を統合して出発したことに対して、糸賀の「実社会は、決して境遇も知能も均一的な人々の集団ではない。この不均等な社会が社会の実相であるならば、それにもかかわらず愛し合って行く温い社会性の獲得こそ教育のめざすものではないだろうか」という近江学園設立初期の言説を引いて、後の「発達保障」思想の立場にたつ社会福祉施設への発展を示唆するものであるとしている。さらに、「糸賀は『同心円』の概念によって、重度の精神薄弱者（児）をも含め障害者と健体者との間の人格的価値の平等性・対等性の思想を確立するに至った」と、糸賀の共感思想の根幹に「同心円」の概念の獲得があったことを指摘している。しかし、これらの分析においては近江学園の取り組みの中で思想が創造・深化されていったことに重点がおかれていて、それ以前の思想形成については今後の課題とされている[32]。

次に、洪浄淑らは、糸賀の「『共感』思想」は「人間関係観」であるとし、「障害者を一般的・知的に理解するというより、個人の内面に入り、個人に共感するといった、感情の作用を含むものである」と指摘している。そのような脈絡で「糸賀は障害者との共感の世界にめざめ、そのなかで現実の社会の問題を見出し、共感を中核とした新しい社会を目指すようなはたらきを担当するものを、自覚者・責任者と表現している」と、その根源を糸賀の京都帝国大学哲学科在学時の論考に求め、「糸賀における共感思想の根底をなすものは、糸賀の青年期の思索であったと解釈することが出来よう」と結論づけている[33]。しかし、次に挙げる蒲生と冨永による指摘にもあるように、糸賀に障害者や社会事業との具体的な接点が見出されるのは青年期以降のことである。また、「自覚者・責任者」の概念を与えた木村素衛との出会いを得るのは大学卒業後のことである。

蒲生俊宏と冨永健太郎は、史資料の系統性に着目し、糸賀の著作をそれが著された元の時系列に位置づけ直し、糸賀に影響を与えたと思われる人物との出会いや交流との関連について分析を加えている。そして、「『障害者』が糸賀のまなざしの中に本格的に入ってくるのは近江学園設立以降、あるいは一九四〇年以降、県庁勤務をしていた糸賀と、代用教員時代に接点のあった池田太郎、京都の滋野小学校で特別学級を担当していた田村一二との出会いがあってからのことである」と指摘している。さらに、「戦災孤児や『精神薄弱』児を取り巻く社会問題を認識し、彼らを保護、教育するという近江学園の設立とその具体的な実践へとつながる社会事業的な視点は、洪らが言うところの『糸賀の青年期の思想』においては未だ現れてこない。そこには、さらに糸賀を実践へと駆り立てるに値する思想や具体的な動機が必要であった」と指摘し、糸賀の「エロスとアガペ」論の変化に着目して、一九三七（昭和一二）年の木村素衛との出会いを期に、「糸賀の思想と具体的な社会問題とが出会い、実践を志向するものに昇華したと考えられる」と結論づけている(34)。これは、史資料を時系列に従って構成し、糸賀の思想形成の過程を実証的に明らかにしようとする意義深い試みである。

しかし、ここで検討されている時期は、木村素衛と出会った昭和一〇年代半ばと最晩年に限定されており、糸賀の生涯の一部に過ぎない。これは、糸賀の「エロスとアガペ」論が明確な概念をもって顕れるのがこの時期であるためと推測するが、概念が明確でなかったり、定まらずに揺れ動いている時期についても、その意義を検討していく必要がある。なぜなら、糸賀にとって「エロスとアガペ」論が障害児者の課題と直接に出会うのは、近江学園の設立以降のことだからである。糸賀が現場に向き合う中で、木村から受け取った思想が、どのように障害の問題と出会っていくのかという視点が重要である。

さらに、「糸賀を実践へと駆り立てるに値する思想や具体的な動機」とは、木村からの影響のみであろうか。また、後年の思想形成で重要な意味を持つとされる「同心円」観は、木村の思想の中には見出せない。そのため糸賀の思想における全体像を把握するためには、木村以外からの影響についても解明する必要がある。そして、そのような視点で、糸賀の活動や人間関係を見ていくと、滋賀県入職から近江学園初期に関わった下村湖人（一八八四―一九五五）と「煙仲間」運動の存在に行き当たる。糸賀の実像に迫ろうとすれば、これまであまり注目されてこなかった糸賀と下村湖人との関係や、下村が提唱した「煙仲間」運動との関連にも焦点をあてなければならない。

以上、糸賀が近江学園の設立に参画していった動機や思想の全体像、その変遷については、現在のところ十分解明されてきたとは言えない。特に、社会福祉分野からのアプローチについては、検討すべき多くの課題を残しているのが実情である。そこで、本書では糸賀の思索の過程を解明していくことを主たる課題としたい。

なお、文中で使用する精神薄弱、白痴、痴愚、魯鈍という用語は、知的障害児者に対する差別的な意味を含む場合があるが、本書は歴史研究であるのでそのまま使用した。

（1）糸賀は、発達を「這えば立て、立てば歩けという縦の発達」としてのみ捉えておらず、それぞれの段階における「生活世界」の拡がりや感情の深まりを含む「横の発達」を重視していた。
（2）中村満紀男・荒川智『障害児教育の歴史』（二〇〇三、明石書店）一〇九頁。
（3）国立コロニーのぞみの園・田中資料センター編『わが国精神薄弱施設体系の形成過程』（一九八二、国立コロニーのぞみの園・田中資料センター）五五―五七頁、「戦前の精神薄弱関係施設一覧」等を参照した。
（4）内村鑑三「流竄録（一）　白痴の教育」『国民之友』第二三三号付録（一八九三、民友社）
（5）内村は、「エルウィン白痴院」のカーリンの施設収容の考え方について、「彼は白痴を社会より根絶せしめん事を望めり、而して其方法は彼等を全く社界より遮断するにあり、故に一大白痴植民地を起こし、先づペンシルバニヤ洲の九千を移し、広く其制度を世界に知らしめ、万国をして彼に則り、社会の此災害を全然排除せん事を勉めたり」と、優生思想や社会防衛思想に基づいているものとして紹介している（内村　前掲書二七頁）。
（6）滝乃川学園・津曲裕次編『知的障害者教育・福祉の歩み――滝乃川学園百二十年史（上・下）』（二〇一一、滝乃川学園（発行：大空社））によれば、この時期は、それ以前の「白痴学校期」に対して「白痴院期」に区分されている。
（7）同右（上）六七三―六七四頁。

（8）岩崎佐一「精神薄弱児童の救護徹底策」『精神衛生』九（一九三五）九―一九頁、岩崎佐一『移転の計画』（一九三〇、桃花塾）等。ただ、川田禎治郎は、同様の取り組みをしながらも、コロニーには隔離的な意味があるとして、その名称を使用していない。

（9）結核対策におけるコロニーは、コペンハーゲンで始まった空気の良い場所で日帰りの校外学習を行うフェリアン・コロニー（ferrien-colonie）が、明治二〇年頃に「休暇聚楽」として紹介され、各地で取り組まれるようになった（青木純一『結核の社会史』（二〇〇四、御茶ノ水書房）三〇〇頁）。その後、常設で長期の療養を目的としたものや、回復者のためのコロニーも構想され、具現化されるようになる。松田三弥によって構想、整備された救世軍療養所付属保養所コロニー（一九二八）や（山室軍平編『身を殺して仁を為す』（一九三一、救世軍出版及供給部））、笠井福松によって設立された江北農園（一九三三）がそれである。救世軍療養所で、松田の後を受けた岩佐倫は保養所コロニーについて、「療養所を出ました軽快者をコロニーに収容し、経済的援助を与へつつ予後の保養と生産的生活とを平行せしめ、漸次普通健康者並の働きを致しましても一向に支障の無い迄に導き、其の程度に達しました人々は、本人達の希望に応じ或人は社会へ送り或人はコロニー域内に住宅を与へ、一戸を営ましむる等の運びに致して居ります」とその概要を示している（岩佐倫『救世軍療養所一斑』（一九三九、救世軍療養所）一七頁）。

（10）津曲裕次「精神薄弱者福祉の成立――精神薄弱者福祉法まで」『戦後社会福祉の展開』（一九七六、ドメス出版）三九二頁。

（11）国立コロニーのぞみの園・田中資料センター編『わが国精神薄弱施設体系の形成過程』（一九八二、国立コロニーのぞみの園・田中資料センター）九五頁。

（12）同右、一〇二頁。

（13）「第一回　国会参議院厚生委員会会議録一三号（昭和二二年九月一七日）」（一九四七）

（14）大統領精神薄弱問題会議著、袴田正巳・加藤孝正共訳『精神薄弱をどう制圧するか〈アメリカ大統領白書〉』（一九七二、黎明書房）を参照した。

（15）愛知県心身障害者コロニー編『あしたとべたら――愛知県心身障害者コロニー一〇年のあゆみ』（一九七八、愛知県心身障害者コロニー）一〇頁。

（16）戦前から戦中にかけて、知的障害者と結核患者やその回復者はともに危険視され、戦力にならないと阻外されてきた。昭和二〇年代前半から、結核患者や回復者によるコロニーを求める動きが始まり、一九四八（昭和二三）年の日本国立私立療養所患者同盟の結成に際しては、「アフターケア・コロニーの設置促進」が要求されている。しかし、一九四九（昭和二四）年に制定された身体障害者福祉法の対象から結核患者は外され、結核回復者自身の活動によってアフターケア・コロニーが設立されていく。これは、数名から数十名の結核回復者による企業組合の性格をもつものであり、生産活動を通じて、病院から社会復帰のための中間点となったり、一般就労が困難な場合には支援を受けながら生産活動に携わったりすることが目指された（日本患者同盟四〇年史編集委員会『日本患者同盟四〇年の軌跡』（一九九一、法律文化社）、全国コロニー協会記念誌編集委員会（代表上村喜代人）『全国コロニー協会一〇周年記念誌開拓――コロニー建設二〇年のあゆみ』（一九七一、全国コロニー協会）、小林恒夫『人間回復の砦――「コロニー」建設の軌跡』（一九八五、日本放送出版協会））。

(17) 矢野隆夫・富永雅和『心身障害者のためのコロニー論――その成立と問題点』（一九六七、日本精神薄弱者愛護協会）一―一九頁。

(18) 同右 七〇頁。

(19)『福祉新聞』一九七一年一月二五日。

(20) この年表の修正は、冨永健太郎の作業に依っている。

(21) これらの内、一九七九年、一九八四年の二編論文については、森博俊『知的障碍教育論序説』（二〇一四、群青社）にも収載されている。

(22) 中山慎吾「社会福祉実践と社会形成――糸賀一雄の福祉実践イメージの一側面について」『桐朋学園大学研究紀要』通号一九（一九九三、桐朋学園大学音楽学部）九一頁。

(23) 吉田久一『(社会福祉と諸科学一) 社会事業理論の歴史』（一九七四、一粒社）三八四頁。

(24) 池田敬正『日本における社会福祉のあゆみ』（一九九四、法律文化社）一八五頁。

(25) 小田兼三『コミュニティケアの社会福祉学』（二〇〇二、勁草書房）六頁。

(26) 京極高宣『この子らを世の光に』（二〇〇一、日本放送出版協会）一七九頁。

(27) 定藤丈弘・岡本栄一・北野誠一編『自立生活の思想と展望』（一九九三、ミネルヴァ書房）五―七頁。

(28) 清水寛「戦後障害者福祉と発達保障――近江学園における糸賀一雄の『発達保障』の立場にたつ福祉思想の形成」吉田久一編『戦後社会福祉の展開』（一九七六、ドメス出版）四三五―五〇七頁。

(29) 前掲、吉田『社会事業理論の歴史』三八八頁。
(30) 清水寛『「発達保障」思想の形成――障害児教育の史的探究』(一九八一、青木書店)
(31) 同右 一九二頁。
(32) 同右 二二二頁。
(33) 洪浄淑・松矢勝宏・中村満紀男「糸賀一雄の『共感』思想に関する考察」『心身障害学研究』二五巻(二〇〇一、筑波大学心身障害学系)七八頁。
(34) 蒲生俊宏・冨永健太郎「糸賀一雄の実践思想と木村素衛」『日本社会事業大学研究紀要』五三号(二〇〇六、日本社会事業大学)五三―六一頁。

# 第一章 出生から宗教哲学の専攻まで

本章では、糸賀が近江学園長に就任する以前、出生から京都帝国大学に入学して宗教哲学を専攻するまでを追ってみたい。この時期の糸賀に焦点をあてるのは、次のような関心からである。

糸賀が近江学園を創設して障害児者福祉に挺身していったのは、敗戦後の一九四六（昭和二一）年一一月のことである。近江学園の創設当時の糸賀は三三歳であり、五四歳で逝去するまでの二一年間に多くの論考を著して独自の福祉思想を形成した。障害児者福祉実践に関しては、三三歳という決して早いとはいえない駆け出しにもかかわらず、その直後から先駆的な実践を行い、意義深い論考を著すことを可能とした背景には、それ以前に準備過程があったことがこれまでにも度々指摘されている。

吉田久一は、「糸賀は社会福祉の従事者としては稀にみる思想家であり」「思想がたえず実践化され、事業の根元に思想があった」と評価し、「糸賀の社会福祉思想形成にとって、宗教哲学の専攻者であったことと、精薄児教育に挺身した動機を探ることが重要である(1)」と指摘している。そして、その動機としての「宗教が観念的あるいは感性的なレベルに留まらず」「社会的実践の中に持続され、その実践がはねかえって宗教哲学的に整序されながら、精薄教育思想となった」稀な例であるとして注目している。

キリスト者としての糸賀の履歴をたどれば、鳥取県立第二中学校時代に無二の親友となった圓山文雄との親交にゆきつく。圓山に誘われて通った鳥取教会の英語夜学校でキリスト教にふれ、青年期の挫折と苦悩から入信を決意し、信仰の生活へと入っていく。そして、京都帝国大学文学部哲学科において、波多野精一や山谷省吾に師事し、宗教哲学を専攻していく。その経験は、後の思想形成にも看過できない影響を及ぼしていると考えられる。

なお、糸賀が京都帝国大学入学以降、代用教員を経て滋賀県に入職し、近江学園を設立していく過程において、関係する資料や関係者の語るエピソードは徐々に増えていく。また、糸賀自身による著作も多く残されている。しかし、幼少期から旧制松江高等学校までの時期に関する資料や証言は極端に少なく、糸賀自身もそれほど多くのことを語っていない。従って、この時期の糸賀については、間接的な資料をもとに推測していかざるを得ないのであるが、限られた資料をもとに出来うる限りこの時期の糸賀に迫ってみたい。

## 第一節　出生と少年時代

糸賀一雄は、一九一四（大正三）年三月二九日、鳥取県鳥取市立川町で生まれた。母の松代は米子町（現 米子市）生まれである（一九八九年没）。父親については詳しくわかっておらず、糸賀の人物史研究における〝タブー〟の一つとされる。(2)兄弟は、弟茂雄がおり、糸賀と同じく京都帝国大学に進み、江崎グリコ株式会社の重役となった。また妹がいたが、一九三九（昭和一四）年に二二歳の若さで亡くなっている。

はじめに、糸賀が生まれた鳥取について概観しておきたい。(3)「鳥取」の地名は、「因幡国邑美郡鳥取郷」（倭名抄）という古代郷名が受け継がれたものである。鳥取郷は、この地に「鳥取部」という古代部民がいたことが由来であると言われている。一六一七（元和三）年、姫路城主池田光政が、因幡・伯耆の領主として鳥取城に転封され、鳥取城下の飛躍的な発展は、この光政の治世期に行われた。糸賀が生まれた立川町界隈は、町人町としてこの時期に配置されている。そして、明治維新の廃藩置県により、県名は鳥取県とされ、県庁も鳥取市に設置された。しかし、一八七六（明治九）年に鳥取県は島根県に併合され、五年後の一八八一（明治一四）年には鳥取県が再置され、再び県庁が鳥取市に置かれることになった。

次に、糸賀が幼少期から少年期を過ごした、大正期の鳥取市の状況を概観してみよう。鳥取市は古くから火災や洪水が多く、糸賀が生まれた大正時代も水害が続き、一九一二（大正元）年、一九一五（大正四）年、一九一八（大正七）年、一九二一（大正一〇）年、一九二三（大正一二）年と、甚大な被害をもたらした。また、大正期の最も深刻な社会的事件は、一九一八年の米価の暴騰である。各地で米騒動が頻発したが、鳥取市では市内の「鳥取倉庫会社」が米を安売りし、外米を輸入し安売りしたためそれほど大きな騒ぎとはならなかったようである。ただこれは、当時の警察部長であった藤岡兵一（後に鳥取県知事となる）による、度を越えて厳しい取り締まりが行われたためとも言われる。

キリスト教との関連について見ると、一八九〇（明治二三）年に鳥取教会が設立されている。同教会設立のきっかけは、一八七九（明治一二）年に同志社の学生であった元良勇次郎が鳥取伝道を行ったことであると言われる。また、教会設立の中心的存在であった尾崎信太郎は、日露戦争後に戦争孤児がさまよい困窮者が相次ぐ惨状をみかねて、一九〇六（明治三九）年、鳥取孤児院を創設した。同施設は、後に鳥取育児院、鳥取こども学園と名称を変更して現存している。現在の鳥取こども学園の所在地は立川町五丁目であるが、設立当時の所在地は、糸賀が生まれた隣町である東町であった。尾崎は、『鳥城慈善新報』を発行して賛助員を募ったり、運営費を捻出するために、当時としては珍しかった活動写真を上映したりするなどして、現在に至る基礎を固めている[4]。

米騒動勃発当時、一九一八年八月一〇日付の『因伯時報』は、「米価と育児院」という見出しで、「物価騰貴、特に米価の暴騰の為賄費が増加して困難を感じている。目下寄宿中のもの四十名内外で食費は一ヶ月百五十円、その他の経費二三十円である。処が米が高いので、一度に炊くのは、麦三升五合、外米三升、内地米一升で、昨月迄は寄贈のモチがあったが、今は朝は粥となって、副食も塩魚、干物、味噌汁、すましは隔日となっている」と、鳥取育児院の窮状について伝えている。

さらに、同年の九月には市内を流れる千代川の堤防と美歎水源地ダムの決壊により、鳥取地帯が泥沼化した。さらに、流行性感冒（スペイン風邪）が県下一帯に流行し、鳥取市においても急性肺炎で死亡者が続出している。このため、多くの学校が流感休校を余儀なくされた(5)。

糸賀はこの米騒動と水害の前後と思われる一時期、鳥取市を離れている。詳細は不明であるが、母の実家のある松江に近い米子に移り、父のみが鳥取市に居住していたようである。一九二〇年四月には米子町義方尋常小学校（現米子市立義方小学校）に入学していることから、それ以前であることが推測される。一九二三年に、再び鳥取に移り、鳥取市吉方村（現　鳥取市吉方温泉町）へ転居し、九月に鳥取市立日進尋常小学校（現　鳥取市立日進小学校）四年に編入した。転居の理由については明らかではないが、米騒動や洪水、流感による混乱から一時的に逃れていたとも考えられる。

## 第二節　中学校進学と圓山文雄、キリスト教との出会い

糸賀は後に、『郷土愛』と題した一文の中で、「郷土の暮らしのなかでなにが深い思い出となっているかということを、しずかに考えてみる。五十歳、六十歳のとしよりでも、眼をつぶれば、幼い頃の、友だちとたわむれた学校時代が、走馬燈のように、なつかしい思い出である。その頃恥ずかしかったことや、うれしかったことや、力んだこと

や、くやしかったことや、そんなことどもが学校という思い出にまつわって、長い人生行路のはげましであったり、なぐさめであったりする」[6]と述べている。糸賀にとっても、郷土や学友との思い出は生涯の支えであったのだろう。

一九二六（大正一五）年、糸賀は鳥取県立第二中学校（現 鳥取東高等学校／以下、鳥取二中）に入学する。鳥取二中は一九二三（大正一二）年に開設された新しい学校であった。当時人口三万人の地方都市である鳥取市に、県立中学校が二校もあったことには特別な経緯がある。鳥取二中は、鳥取市出身で「角輪組」という漁業会社を経営していた徳田平市による寄付を受けて設立された。学校が設立されたのは、大正デモクラシーの高揚期であり、またその設立の経緯から「公立でありながら私学のよう」と言われる自由主義色の強い校風を形成していた。糸賀は開設後間もない四期生であった[7]。当時の糸賀の学生生活を窺うことの出来る資料は多くはないが、後年、恩師や学友によって書かれた資料などを元に青春時代の糸賀に可能な限り迫ってみたい。

当時、鳥取二中の教員を勤めた徳岡英太郎は糸賀について、「性格が温厚で、ひかえめであり、クラブ活動に加わっていなかったこともあって特にめだった生徒ではなかった。自然友人も多くはなかったが数人の級友とは親交があったようだ[8]」と述べている。また、友人の一人である小倉親雄[9]は、「柔和なまなざしと共に、『三人グループ』[10]の中では、人間そのものについて、つきつめた問いを発して、私たちをいつもまごつかせたその姿が思い浮かべられてならない[11]」と、述懐している。

ここで糸賀は、数年後の受洗に大きな影響を与えたと思われる圓山文雄との出会いを得ている。圓山文雄は、鳥取二中で糸賀の同級生であり、無二の親友となる人物である。圓山は糸賀より少し早く、一九二九（昭和四）年三月三一日に鳥取教会にて受洗している。同時に医師になることを決意し、旧制松山高等学校を経て、金沢医科大学（現 金沢大学医学部）へ進む。そして、金沢医科大学在学中には、三田谷治療教育院の三田谷啓のもとで実習を受けている。

また、鳥取教会には一九一六（大正五）年より、ミス・コー（Estelle L. Coe）がアメリカン・ボードから派遣されており（一九一六—三〇）、翌一七年、教会付属の鳥取英語夜学校（夜学会）が創立された。ミス・コーは、ホール宣教師夫妻と共にその教師を務めている。圓山はこの夜学校に通うようになり、後に「コー・ハウス」での聖書研究会にも通うようになっている。

糸賀も中学三年時に、圓山に誘われて英語夜学校を聴講するようになる。糸賀は、当初は「『教会』といふものに対する理由のない嫌悪から、自分はその勧告には従はないで、寧ろ反対を称へた」が、高等学校の「入学試験の準備を始めて、実力をつけたいと思つたか何かして、急に英語の勉強がしたくなつた。そして折々噂に聞いてゐたために好奇心も手伝つて」、圓山に連れられて傍聴したこと、そして「しまひには月謝を払つて出席する様にまでなつた。自分が基督教的な雰囲気を味わつたのはこの時が抑々の始めである」と、回想している。[12] しかし、糸賀にとっては英語の勉強が目的であり、当初の自分の態度を「基督教そのものには積極的な何等の興味も同情もなかつた。寧ろ、あの取りすました態度が何となく嫌なものに思はれて、授業の中間にはさまれてゐた二三十分の礼拝と、宣教師のぎこちない説教はなるべく避ける様にして、こつそり近くの本屋にエスケープしたり、ぶらぶらそこらを歩き廻ったりしたものだつた」と、当時の自らの心境を振り返っている。

なお、高谷清によれば、鳥取二中で行われた「英語大会では、糸賀と中島がミス・コーといっしょに壇上で英語大会で英語のやり取りをした」[13] とある。高谷はこの根拠を明確にしていないが、糸賀が一年生であった一九二六（大正一五）年一一月一一日に鳥取二中において英語雄弁会があり、ミス・コーがその通訳をしたことが確認できる。[14]

糸賀は、大正デモクラシーの自由主義、民主主義的な風潮のなかで思春期を過ごし、その後入信することになるキリスト教との出会いを得た。しかしこの時期にはまだ、圓山のようにキリスト教に入信するには至らなかった。後述するように糸賀が信仰を得るまでには、青春時代の苦悩を経なければならなかったのである。

## 第三節　キリスト教への入信と宗教哲学の専攻

一九三〇（昭和五）年、糸賀は、鳥取二中の四年を修了した後、旧制松江高等学校理科甲類（後の島根大学文理学部、現在は法文学部と総合理工学部に分離されている。以下、松江高校）に進む。当時は学制がめまぐるしく変更された時期であり、中学四年に在学中でも高等学校を受験出来たのである。

理科を選んだのは、親友の圓山と同じように医師を志してのことであった。しかし、糸賀の高等学校生活は順調にはいかなかったようである。この間の糸賀について、松江高校の同級生であった馬場正次は、「ともに弓道部に入り、部の会合やクラス会のあとなどによく松江の街を飲みあるいて、そのころ漸くできはじめた『カフェー』なる所へも出没したが、まもなく彼は部の練習にもあまり顔を出さないようになり(15)（略）」と、回想している。この時期の糸賀が何らかの悩みを抱えたことが推測されるが、当時の心情が窺える資料はなく、糸賀自身も語っていない。結局、一年から二年への進級を逃し、さらに結核のため病気休学を余儀なくされる。糸賀自身の言葉によると、「天は何処まで自分を苦しめるのか、悲憤と焦燥に身もだえしながら、病床に身を横たへねばならなかつた(16)」のである。

しかし、糸賀にとって、進級を逃したことと病気による療養生活がキリスト教への入信を決断させる直接の契機となった。この間も圓山とは手紙を通したやり取りがあり、「そゝり立つ壁に叩きつけられた様な絶望の興奮も鎮つて、自分の此の真面目な決心と努力を踏みにじつた『何者』かに対する、驚異と関心とが静かに心に湧き上がつたのは、可なり日が経つてからであつた。君の贈つてくれた聖書をひもといたのは此の時である。むさぼる様に、無茶苦茶に読んだ。君が『真の神』といふ、その神が自分は知りたかつた(17)」と、療養中の何かにすがるような心境であったことを回想している。

その年の夏、糸賀は圓山に連れられて教会のキャンプに参加した。そして、「どんなに自分の魂をとらへて、決定的に働きかけたか、それをしるす言葉も見つからない。急角度なものすごい魂の転回の時であった[18]」という経験を経て、その秋には洗礼を志願する。そして、一九三二（昭和七）年九月一八日、糸賀は鳥取教会にて前田彦一牧師より洗礼を受けた[19]。所属は、松江北堀教会となり、松江高校の寮を引き払って教会付属の寮に転居した。また、教会の機関誌である『城北の燈』の編集に携わり、高等学校ＹＭＣＡのリーダーとしても活躍した。青春時代の苦悩を信仰によって乗り越えていったのである。

信仰を得た糸賀は、高等学校入学当初の医師になるという志望を大きく転換し、宗教哲学を専攻することを決意する。周囲は当初の志どおり医師を目指すことを勧めた。親友の圓山も、当初は翻意を促すために松江に糸賀を訪ねたが、糸賀の決心を聞いてその決心を支持し、松江高校の恩師でありキリスト者でもある松原武夫の支持もあって、京都帝国大学文学部哲学科へ進学することになる。この時、糸賀の意志を支持した松原武夫は、当時松江高等学校の物理学教授であり、糸賀が入学当初所属した弓道部の顧問でもあった[20]。また、糸賀が所属した松江北堀教会の建物と入信後に居住した教会付属の寮は、松原が寄贈したものであった。

キリスト教への入信を機に、理科から文科への転校を決意した糸賀は、一九三五（昭和一〇）年四月、京都帝国大学文学部哲学科へ入学し、京都での学生生活を送ることになる。

糸賀が入学した当時の京都大学は、一九三三（昭和八）年に滝川事件があったばかりであった。滝川事件と同年、日本は国際連盟を脱退し、国際的に孤立を深めていく。そして、共産主義やマルクス主義だけでなく、国家に批判的な言論や思想にまで、国家権力の統制が及ぼうとしていた。滝川事件は、京都大学における国家による統制の端緒であった。

京都帝国大学文学部哲学科は、西田幾多郎とその直弟子を中心とした「京都学派」が形成される舞台となっていく。糸賀が入学した当時は、西田幾多郎（一九二八年退官）や朝永三十郎（一九三一年退官）はすでに退官し、和辻哲郎も東京帝大に転任していたが（一九三四年転任）、指導教官となる波多野精一をはじめ、田辺元、九鬼周造、西谷啓治、山谷省吾（第三高等学校と兼任）らが教鞭をとっていた。

ここで、糸賀の学生時代の生活についても見てみよう。同郷の先輩である鈴木重信[21]は、糸賀との初対面について、「当時、僕は京都帝大の哲学科の二回生で、北白川に下宿していた。そこへある日突然、旅行鞄をさげた見知らぬ学生が訪ねてきた。今度、松江高等学校から哲学科に入学したもので、今朝京都に着いたばかりだという。おそらく教会関係の紹介で、同じ宗教専攻を志望している関係から僕のところにやってきたのではなかったろうか[22]」と、回想している。

糸賀の学生生活は、相当の苦学生であったことには違いないと思われる。鈴木は、京都に出てきたときの糸賀について「自分だけではなく、弟妹の面倒まで見なければならないということであった。（略）糸賀君の生活のための奮闘はめざましいもので、たてこんだスケジュールで飛び廻って稼いでいた。しかしそれで学業を怠ることはなかったし、ケチケチした苦学生の薄汚さは微塵もなかった。そして常に細心で大胆、思索的であると同時に行動的であった[23]」と述べている。さらに、周りを驚かせたのは、松江教会の活動中に知り合った小迫房と学生結婚である（一九三六）。また、結婚の翌年には長男友矩が誕生している。

しかし一方で、親友や妹の喪失も経験している。鳥取二中時代からの親友であり、金沢医科大学に在学していた圓山文雄が山での遭難により亡くなったのである。中学時代以降、お互いに切磋琢磨した無二の友人であり、糸賀をキリスト教への入信に導いた圓山の死は、糸賀に衝撃を与えた。

糸賀と圓山は、糸賀が京都大学に進学した後もお互い行き来していた。糸賀は圓山が亡くなる前年に金沢を訪ね、三田谷治療教育院について聞いたことを次のように回想している。

気の毒な、脳の悪い子供達に対する同情が、言々句々に溢れてゐた。（略）一人の意地の悪い困つた子供のために、心を込めて祈つた話に至つて、思はず自分は襟を正される様に、身が引きしまるのを感じた。「どんなに頭の悪い子だつて、一生懸命に愛すれば、その気持ちは分かつてくれるんですよ。けれど、あの子が祈をせがむ様になつたときに、僕は自分の愛よりも、もつと大きな力がそこに働いてゐることをはつきりと知つたんです。」つゝましやかにかう言つて、君は口をつぐんだ。黙してゐる君を目の前にして、うちに燃えてゐる信仰と愛とその実践が、君の人格を貫いてゐるのを、自分はまざまざと感ずることが出来た。(24)

糸賀は、今井新太郎牧師宛に、(25)「(略)実に彼の死は雪の様に美しいものでした。この純潔が、彼の生涯と死を貫いてゐることは、逝ける彼を念ふ今、せめてもの慰めで御座います。拭へない悲痛の中にも、彼が『信仰を抱きて死にたり』といふことだけが、喜びであります。死とのあらはにされた戦いは彼にはありませんでしたけれど、その生涯が既に死との戦いであり、神定め給ふたあの時に彼が永遠の浄福に入つたのだと思います。(略)それでももつと生きてゐてほしかつたです。お互いに将来を約してゐたのに、彼だけが先に召されてしまつたとは、捨てられた様なさびしさを禁じ得ません。けれども凡て神与へ神とり給ふのでありました。残された自分は深い責任を覚えて居ります。彼の急逝が、漠としてゐた自分の心をむち打つて、生涯の研究テーマを確立せしめました。とむらひ合戦をして、与へられた問題に身を打ち込まうと覚悟して居ります(26)」と、彼の死に際しての心境を書き送っている。さらに、ほぼ同時期に妹も病気で亡くしている。これらの出来事は、糸賀の宗教哲学への取り組みの姿勢や後に教育者を志すことにも影響を与えたものと思われる。

糸賀は在学中、宗教哲学を専攻する波多野精一に師事した。波多野はこの時期、「パウロ及びヨハネの宗教思想」を講じている。また、波多野の基督教講座には、山谷省吾が講師として所属しており、山谷は一九三七(昭和一二)年に「パウロの神学」で文学博士の学位を取得したばかりであった。糸賀は、波多野と山谷の両方から指導を受けていたものと推測される。(27)糸賀は、卒業時には「パウロにおける終末論」を執筆するのであるが、前述のように糸賀はこの時期、一人は親友、一人は妹というかけがえのない人物との死別を経験している。現在が悩ましい状況であろうとも、その内に将来の希望を内に宿すというパウロの終末論をテーマとしたことも、当時の糸賀の心情をあらわしているのではないだろうか。

一九三八（昭和一三）年、糸賀は論文を書き上げて卒業した。四年制の大学を三年で卒業したことになるが、当時は三年以上在学して試験を受ければ卒業が認められたのである。しかし、世の中の景気は下降傾向のままで、大学を卒業しても直ちに職に就ける見込みもなく、[28]四月より代用教員となって第二衣笠尋常小学校へ赴任することになる。そこでは、生涯の盟友となる池田太郎との出会いを得るのである。

（1）吉田久一『（社会福祉と諸科学一）社会事業理論の歴史』（一九七四、一粒社）三八四頁。
（2）野上芳彦『（シリーズ福祉に生きる）糸賀一雄』（一九九八、大空社）一九―二一頁。
（3）鳥取市の歴史については、松尾茂『鳥取明治大正史――新聞に見る世相』（一九七九、国書刊行会）を参照した。
（4）鳥取孤児院と尾崎信太郎については、室田保夫『キリスト教社会福祉思想史の研究――「一国の良心」に生きた人々』（一九九四、不二出版）に詳しい。
（5）このような情勢を見かねた、藪片原真宗寺住職の中村賀豊らが中心となり、社会事業調査研究機関を設け、一九二〇（大正九）年一二月に歳末たすけあいとしての同情金を集め、生活困窮者を慰安した。これは「歳末たすけあい運動」の始まりの一つであるといわれ、この活動が発端となって鳥取慈善協会が設立され、一九二六（大正一五）年には鳥取社会事業協会に改名された。
（6）糸賀一雄「郷土愛」『南中新聞』第三〇号（一九六四）[『糸賀一雄著作集Ⅲ』（一九八三、日本放送出版協会）三〇〇頁]
（7）鳥取二中の一期生には尾崎信太郎の息子で、画家となり、後に鳥取こども学園（鳥取育児院から改称）園長となった尾崎悌之助がいる。
（8）徳岡英太郎「彼のえらんだ道――鳥取二中のころから」糸賀記念会編『（伝記叢書六七）糸賀一雄　追想集』（一九八九、

大空社）一五頁。
（9）小倉親雄は、後に京都大学教育学部長、京都産業大学教授を務めた。
（10）鳥取二中時代の親友のグループで、糸賀、中島達一、小倉親雄のことである。小倉は、中島は市内の旅館「一乃湯」の一人息子であり、三人は放課後、中島の家に集まって「精一杯の課題を出し合って論じた」と述懐している。小倉親雄「三人グループ」糸賀記念会編『（伝記叢書六七）糸賀一雄　追想集』（一九八九、大空社）一八頁。
（11）小倉親雄「三人グループ」糸賀記念会編『（伝記叢書六七）糸賀一雄　追想集』（一九八九、大空社）一九頁。
（12）今井新太郎編『圓山文雄』（一九三七、北陸之教壇社）一一二頁。
（13）高谷清『異質の光』（二〇〇五、大月書店）二〇頁。
（14）『創立五十周年記念誌』（一九七二、鳥取東高等学校）六五一頁には、「大正一五年一一・一一　英語雄弁会を催す三十九名ミスコー通訳あり」と記されている。
（15）馬場正次「松江高校のころから」糸賀記念会編『（伝記叢書六七）糸賀一雄　追想集』（一九八九、大空社）二〇頁。
（16）前掲、『圓山文雄』一一六頁。
（17）同右、一一六頁。
（18）同右、一一六―一一七頁。
（19）日本基督教団鳥取教会鳥取教会百年史編纂委員会『鳥取教会百年史』Ⅰ、Ⅱ（一九九八、日本基督教団鳥取教会創立百周年記念事業実行委員会）を参照した。なお、前田彦一牧師は、徳島県出身で神戸神学校から同志社へ移り、一九二五（大正一四）年に同志社大学神学科を卒業した。一九二九（昭和四）年に彦根教会から鳥取教会に赴任し、同教会では一九三八年まで牧師を勤めている（小河秀一「前田彦一牧師の永眠を悼む」『基督教新報』第三一七六号（昭和三四年一〇月二四日））。
（20）松原武夫については『翠松めぐる――旧制高等学校物語』（一九六七、松江高校編）を参照した。松原は滋賀県の出身であり、松江高校へは一九三九年六月まで在任した後、多賀高等工業学校から山口大学、滋賀大学を経て、一九七〇年に滋賀女子短期大学の初代学長に就任している。
（21）鈴木は後に、滋賀県の社会教育主事補となり、主事へと昇格する。その際、空席となった主事補のポストに糸賀が就くことになる。戦後は、神奈川県に移って神奈川県教育長となった。

(22) 鈴木重信「若き日の糸賀君」糸賀記念会編『(伝記叢書六七)糸賀一雄　追想集』(一九八九、大空社)二二頁。
(23) 同右、二二頁。
(24) 今井新太郎編『圓山文雄』(一九三七、北陸之教壇社)一二〇―一二一頁。
(25) 今井は、一九三九(昭和一四)年に、第三代家庭学校校長となっている。
(26) 糸賀一雄「雪中の死を思ふ」今井新太郎編『圓山文雄』(一九三七、北陸之教壇社)一二二頁。
(27) 糸賀と山谷との師弟関係は卒業後継続されていたようで、度々山谷を訪ねている。また、後には池田太郎も同行するようになった。池田太郎「解説」糸賀一雄著作集刊行会編『糸賀一雄著作集Ⅰ』(一九八二、日本放送出版協会)四四三頁。
(28) 卒業の年の三月末、京大副手(無給、～三九年三月三一日)を嘱託されている(『糸賀一雄年譜・著作目録』(二〇〇八、社会福祉法人大木会)三頁)。

# 第二章　代用教員の経験と滋賀県庁での行政官としての働き

糸賀は、大学卒業の後、代用教員となって初等教育に関わっている。ここで、生涯の盟友となる池田太郎と出会い、思想的な影響を受けたとされる木村素衛に私淑していく。そして、陸軍への招集の後、結核を再発して召集解除となり、木村の薦めによって滋賀県庁に転出する。当初、滋賀県庁でのポストは社会教育主事補であったが、県知事の近藤壌太郎によって秘書課長に抜擢され、戦時体制下における地方行政に県幹部として関わるとともに、戦後の近江学園の設立と運営につらなる人脈が形成されていくのである。

近江学園に直接参画していく人物として、池田太郎が引き合わせた田村一二との出会いは有名である。池田とは代用教員時代に出会っていたが、彼を三津浜学園の主任として滋賀県に引き入れたのは糸賀の働きである。また糸賀は、短期間ではあったが兵事厚生課長として厚生事業行政にも直接関与しており、この間に池田を通じて出会っていた田村を、石山学園の主任として滋賀県に招聘している。

また、近藤知事の命を受けて、戦時下における労働力不足を補う活動を展開していた学生義勇軍同志会を支援している。この活動を通じて、岡崎英彦、増田正司、矢野隆夫ら近江学園初期の職員となる人物や、同会の会長で後の近江学園を後援していくこととなる十河信二、精神薄弱児育成会の活動に糸賀を導いた江木武彦らとの出会いもあった。さらに、県庁の同僚や、『次郎物語』の作者として知られる下村湖人との親交、そして下村が展開していた「煙仲間」運動への関与を通じて得られた人間関係もある。これらの人間関係が近江学園設立以降も続いていくこととなり、あらゆる場面で糸賀の活動に関わってくることになる。

以上のような視点のもと、本章では糸賀が京都帝国大学を卒業して尋常小学校の代用教員となり、滋賀県庁に移って行政官として勤務する時期に焦点をあてる。

## 第一節　代用教員勤務、池田太郎との出会いと木村素衛への私淑

### （一）代用教員の経験と池田太郎との出会い

糸賀は、三年の在学で大学を卒業すると同時に、京都市立第二衣笠尋常小学校の代用教員を勤めることになる。当時は大学を出てもすぐに職にありつけるような状況ではないにもかかわらず、糸賀は妻子と弟妹の生活を担う必要があった。そのため、大学卒業と就職を早めたとも考えられる。

当時の第二衣笠小学校の小畠逸夫校長は、糸賀の代用教員への採用にあたって、「前もって、崇仁校長の伊東茂光先生から内報を受け、市学務課からも私のもとで勤務を承認するようにとの天下り人事であった。何かの都合で当分私の学校に籍を置くだろうくらいに思っていた。いくら文学士でも正教員（訓導）の資格がなければ、一学級を担任さすわけにはいかぬ。それで私が担任という形をとり、代用として四年女子組を教えてもらうようにした(1)」と回想している。それまでの糸賀は教員養成教育を受けたことはなかったが、機会を見て正教員資格の検定試験を受けて、正

教員を目指すようになったという。小畠は「糸賀君から自分の将来の職業は教育者である、しかも小学校の教育に従事する、小学校の教員は教育者中で最上位の教育者であり、聖職である、私は最もよい小学校の教師になるのが理想であるとの披瀝をうけた[2]」と回想しているが、糸賀の動機がその通りであったかどうかは不明である。

ここで糸賀は、近江学園につながる重要な出会いを得ている。一人は、池田太郎である。池田は、糸賀より六歳年上の当時二九歳で、すでにベテラン教員として教鞭をとっていた。池田が京都師範学校の教生であった時、その指導に当たっていたのが小畠であり、小畠は京都師範学校付属小学校から衣笠尋常小学校への転任にあたって池田を誘った。さらに、第二衣笠小学校が創設された際にも、小畠は池田を誘って転任したのであった。

糸賀は、池田との出会いと親交について、「教育について、心理学について、私は先生と、放課後や家に帰ってからよく議論をたたかわせました。時には徹夜をしてしまったことも幾度かありました[3]」と述懐している。糸賀と池田はお互いに行き来するようになり、度々教育について議論を交わしながら切磋琢磨していった。そして、池田との親交と研鑽によって、教育に対する一方ならぬ情熱を持つに至ったようである。

また、糸賀が池田に与えた影響も小さくなかったと思われる。池田は、「代用教員の頃、私の隣の家に住われたので、お訪ねしてはキリスト教、特にパウロの『ロマ書』やバルトという人の話を、夜遅くまで聞いたものである[4]」と述懐している。また、大学時代に指導を受けた山谷省吾に、池田を引き合わせている。そして池田は、糸賀と出会った翌年（一九三九）四月、室町教会にて洗礼を受け、キリスト教に入信するのである。

## （二）木村素衛との出会いと私淑

もう一人の重要な人物との出会いが、池田によってもたらされた。池田は、糸賀を京都帝国大学文学部教育哲学講座教授の木村素衛に引き合わせたのである。

木村は、一八九五（明治二八）年生まれで、糸賀より二〇歳年上である。石川県の出身で、生家は船持ちであったが父親の事業が失敗し、幼少期は牛乳配達をして学資を稼ぎ、京都第一中学へ進む。京都一中では特待生として授業料を免除され、第三高等学校へ進学したが、病気のため退学し、以後三年間は病床にあった。この間、ドイツ語を習得して哲学書を読みあさり、一九二〇（大正九）年に京都帝国大学文学部哲学科選科に入学する。修了後は、京都高等工芸学校（現在の京都工芸繊維大学）や第三高等学校で講師を勤め、一九二九（昭和四）年に広島文理大学（現在の広島大学）助教授となり、一九三三（昭和八）年には京都帝国大学文学部哲学科教育学講座助教授となっている(5)。そして、一九四〇（昭和一五）年三月一三日に「実践的存在の基礎構造――教育哲学の考察に向けられたるフィヒテ哲学の一つの研究」で博士の学位を取得している(6)。なお、同世代の同僚には高坂正顕がおり、木村は京都帝大助教授就任後は高坂の隣家に居住していた。また、一学年下には西谷啓治がいる。

ところで、木村の本来の専攻は教育哲学ではなかった。木村は西田幾多郎に師事し、ドイツ観念論、とりわけフィヒテ哲学の研究に取り組んでいた。広島文理大学の助教授であった一九三三（昭和八）年、京都帝大文学部教育学教授法講座教授の小西重直が総長に就任するにあたり、その後任者として西田が木村を指名したのである。木村は教育学への転向に「百日苦悶」したが、自らの哲学を基礎として独自の教育哲学を練り上げていく(7)。

糸賀が京都帝国大学文学部哲学科に在学したのは、一九三五（昭和一〇）年四月から三八年三月である。糸賀の在学期間と木村の在任期間は重なるのであるが、この期間の木村は長期にわたって病気療養のため休職しており、糸賀も「大学では講義を聞いたわけではなかった(8)」と述べているように接点はなかった。

糸賀は、この時期以降、木村を中心とした教育関係者のグループに入ってゆき、後にはその人脈に従って滋賀県に入職していく。糸賀は、木村に対して長兄に対するような親しみを覚えていたようで、両者の関係は敗戦直後に木村が急逝するまで続くこととなり(9)、糸賀の思想にも影響を与えたと考えられる。糸賀は当時を振り返り、「木村先生を中心としたグループに入ったのは、卒業後、京都市の第二衣笠小学校の代用教員となってからのちのことであった。

十三年からおなくなりになる二十一年まで足かけ九年間のことであった。（略）私は木村先生のおすすめで滋賀県にきたのであるが、終戦の前後はすっかり経済畑に埋没していて、教育の行政からは縁どおくなっていた。しかし木村先生と時どき話し合いが出来るということは限りない慰めであり救いであった」[10]と述懐している。また、木村の日記の中にも糸賀や永杉喜輔を頼った記述が散見される。[11]

この時期、日本を取り巻く情勢はいよいよ緊迫してくる。糸賀が京都帝大在学中の一九三七（昭和一二）年七月には日中戦争が勃発し、大学を卒業した一九三八年四月には国家総動員法が公布された。そして、翌三九年九月には、第二次世界大戦が勃発し、戦争は泥沼化していく。糸賀もこの年の五月に召集令状を受け、実質的には代用教員生活を終えることとなる。しかし、教育現場に身を置き、教育への情熱を育み、池田や木村との出会いを得たという意味で、重要な時期であったといえる。

大西正倫によれば、木村の教育哲学の立場は、「事柄を取り扱う視角や原理的な立場に関しては、いわゆる京都学派の人々と共通するものがあった」[12]という。それは「世界史の哲学」であり、木村にとっては、〝普遍〟である〝人類〟と、〝個〟である〝個人〟との中間に位置する〝特殊〟としての国民や民族を「高次的に綜合するもの」としての教育哲学を目指したのである。[13]また、木村の教育哲学は、常に文化との連関において捉えることが特徴である。「愛国の哲学者」といわれるフィヒテに私淑した木村にとって、「国民文化と人類文化との矛盾の問題が如何に綜合的な解決へ進むべきか」[14]という課題との関連において教育を考えることが重要であった。このような問題意識から、「国民教育論」への方向がもたらされた。

後に、「世界史の哲学」派と言われる高坂正顕、西谷啓治、高山岩男、鈴木成高らは、「日本のおかれた歴史的位置の特殊性を強調」[15]し、積極的に「大東亜戦争」（アジア・太平洋戦争）の意味付けを行っていった。木村は、彼らと共通する基盤を持ちながらも、「戦争の意味の争奪戦」には直接には関与せず、政治的な視点ではなく、文化的な視点から国家と教育の問題を考えていたのである。

木村は、フィヒテの「祖国愛的教育を『紐帯』として『全人類の改善と改造とを世界に』導き入れなければならない」という主張を受けて次のように考察している。

> 芸術に国境はなく、学問にも国境はない。偉大なる宗教は、たとひその発生が民族的であつたにしても、やがて人類の宗教となる。国民的に個性的なものは本質的であるのではなく、文化は人類が実現すべき人間性の普遍的価値に基いて成立するのであつて、究極のところ民族的特殊性や国民的個性に立脚するのではない。一応は成る程かくの如くにも云へるやうに見える。併しその具体的な在り方に於て、国民的でない芸術がどこに曾て在つたか。道徳は勿論、宗教に於ても具体性と云ふ見地からは同様のことが云はれなければならないではないか。（略）国民が一つの個性的存在であり、国民文化が一つの個性的な文化であると云はれるとき、これらは一体単独に（an sich）成立しうることであるだろうか。一般に一つの個性的存在は決して単独に成立することはできない。それは他の個性的存在を予想し、これに対して初めて自己の個性を欠かるものとして存在せしめ得るのである。（略）一般に個性的なる存在は他の個性的存在を媒介とすることなしには自己の個性的意義を獲得することができないのである。(16)

このように木村は、日本を軸として普遍的な価値を置き、その下に人類を統一しようというのではなく、それぞれの民族や国民に特有の個性を伸長すべきであり、なんとなれば他の「個性的存在」を尊重しなければ自己の「個性的意義」も存立し得ないのだと主張している。

一方、糸賀はこの時期、自らがキリスト者であると共に国家の一員であることの苦悩に向き合っていくことになる。木村との親交を得た糸賀は、この問題に対して木村の哲学を援用しながら向き合っていったものと推測される。当時の糸賀の心情を窺い知れるものとして、基督教青年会が発行する『開拓者』（一九三九年四月号）に掲載された「国家と教会の現実」と題した小論がある。

糸賀は、冒頭で「祖国が世界史的な転換期に逢着して内部的な結束が圧倒的に主張されるやうになつて以来、国内のあらゆる団体に対して或る立場に立つた批判と検討が加へられるに至り、基督教も文化の一形態としてこの批判検討の遡上にのせられてゐるのである。従って基督教は世界的宗教であるという理由を以て、或はまた基督教がその本質に於て文化を超越乃至否定するという理由を以て、かうした国家的な検討などは無視してよいとか、又は反対に単に文化の一員としてのみの基督教を承認して時流におもねるとか、さうした一面的な立場に踏みとゞまることが出来なくなつたのである」[17]と、述べている。そして、「基督者は国家の一員であり、その限りどこまでも国家と運命を共にしつゝも信仰に生きてゐる」[18]と、「本質的に二重の性格」をもって生きているとして、その苦悩を次のように述べている。

国家的な嵐が吾々の生活を襲ひ来る時に、否国家が国家としての主権を吾々の上に強力に振ひはじめる時に、この二重性格は最も明瞭に暴露される。（略）教会は文化に属している。しかし教会は神の言葉を語る場所として、この一点に於て文化に対し超越的である。（略）しかし、語られるのが福音であるとしても、それが語られる限りは人間の言葉である。（略）主キリストの身体でありながら人間の交りであり、更に文化・国家の中に存する仕方でしか存することが出来ないのである。茲に教会が単に自足的な城廓の中に生きることの出来ない所以が存する。教会が必然的に遂行する自己検討、自己理解は、歴史と文化と関わらざるを得ないのである。従つて教会の神学は常に時代の問題に関わり、歴史の現実を問題として、それとの関連の下にしか果たされない筈である。[19]

つまり、国家に所属する教会は、「神の言葉を語る場所」としてのみ文化超越的であるが、それを語るのは人間でありその人間は現実には国家に所属している。ゆえに、教会も国家・文化が直面する歴史の現実の下に成り立たざるを得ないと主張する。そして、結びにあたって卒業論文でも取り上げたパウロを引き合いに出し、「彼が如何に時代の歴史、文化の錯綜の中に於いて苦闘したかを見逃してはならない。『ユダヤ人にはユダヤ人の如く、ギリシャ人にはギリシャ人の如く』と述べられた一言の中に、彼の信仰的実践が生の姿を吾々に迫るのを覚える。（略）彼の現実を如何に真剣に戦ひ抜ひたか、その実践の跡を吾々は根底にまで肉迫しつゝ、読み取らねばならない。（略）吾々の主体的な実践、文化の現実へ突入する信仰の現実を、吾々の各々の立場に於いて生きつゝ、又かくの如き教会を祖国に新しく創造しつゝ、強靱な自覚的な戦いの生活を有ちたいのである[20]」と、締めくくっている。

また、翌四〇（昭和一五）年、木村の薦めによって滋賀県庁に赴任して間もない時期にも、『開拓者』に「精動指導者の手記」と題する随筆を寄稿している。この時期は、学務部社会教育課と総務部総動員課を兼務する社会教育主事補として、県内の精神総動員活動にあたっている。赴任から半年足らずの間に、精神総動員について説いて回った経験を語りつつ、「東亜に新秩序を建設するという肇国の大理想をふりかざして猛進してゐる日本の国は、同時に内面的にも深まって、盛り上がる力を内に蓄へねばならない。私は農村に語るに徒らに『東亜の新秩序』を口にしたくない。そのためには、我々としては自分の国の中に、郷土の中に、そして家の中にもう一つ突込んで自分自身の中に、精神的な新秩序を建設せねばならぬと信じてゐるからである[21]」と、キリスト教が「もっと平易に溌剌と清新な生命的な息吹の感じられる大衆の宗教として、その本来の姿を以て、日本の地盤に甦るのでなければ駄目だ[22]」と呼びかけている。この時期に木村から受けた影響について、糸賀は何等具体的には語っていない。しかし、糸賀にとって木村との親交は「限りない慰めであり救い[23]」となっていくのであり、自らの信仰と直面する現実の問題について、木村との親交を支えに乗り切っていったことが推測される。

また、矢野隆夫らによれば、後年近江学園の職員講座では、「エロスの愛とアガペの愛」は糸賀の独壇場であったという[24]。一方、木村は「表現愛」の一つの特殊化として「教育愛」を考察している。この「教育愛」は「エロスとアガペ」を核としていた。木村の講演を筆記した『教育学の根本問題』（一九四七、黎明書房）には、木村の「アガペとエロス」と教育との関連が次のように記されている。

向上性がなくては教育は成立しない。然るにエロスは向上の愛であった。（略）多くの人はエロスの立場だけで教育愛は成立すると考えてゐるが、教育愛はさういふものではない。（略）教育にエロスをもって来ると、よく出来る子どもは愛されるが出来ない子どもは愛するに足りないという風に愛の程度の差別が当然成立してくる。

（略）エロスの愛のみで教育愛は成立しない。教育の愛の成立する立場は個々の人間が完全に認められる、個体が個体として認められる立場でなくてはならない。一個の人間が一個の人間として認められ、その全面的存在において肯定されつくすのはこのアガペの愛によらなくてはならない。人格はアガペの愛によって初めてその成立の場所を得るのである。[25]

木村は、向上愛であるエロスと、絶対的な愛であるアガペの相即的な交わりによって、教育愛が成立するとしている。一方で、木村に出会う以前の糸賀はエロスとアガペを断絶したものと捉えており、木村との出会いがエロスとアガペを「弁証法的に統合されるもの」として捉える視点をもたらし、それが共感思想の基盤となった。[26]糸賀は後に、「発達保障」思想において、重症心身障害児の人としての尊厳を基盤におきながら、「どんな子どもでもそれなりによりよい姿になっていく」吾々と何ら変わることのない発達の道筋を見出していく。このような発想の根本には、木村から受けついだ「教育愛」があったと考えられるが、この時期の糸賀は障害の問題と出会っておらず、これについては後の章で検討していくこととしたい。

また、糸賀は近江学園の設立以降に「自覚者は責任者である」という言葉を度々使っている。近江学園の初期からの職員であった三浦了は、糸賀が木村の言葉として「人間の全体的性格は身体を通して内なる声明を外に行為的に表現すること……ここに実践性が成立する。実践とは自覚と行為でなければならない。……教育の本来の仕事は実践的人間をつくることにある」[27]と聞かされたという。糸賀は最晩年、重症心身障害児の記録映画である『夜明け前の子どもたち』の上映に際して、「目覚めたるものの責任」という表現を用い、重症心身障害児の支援に対する理解を求めており、木村の「教育愛」は社会に対する啓発においても援用されていったと考えられる。[28]

代用教員を勤めた時期に始まった木村素衞との師弟関係は敗戦直後に木村が急逝するまで続いており、次節で見るように滋賀県庁において教育関連の部門から離れた後も、教育への関心を持続させる一因となり、その後の思想形成にも影響を与えているのである。

## 第二節　滋賀県庁勤務と近藤壌太郎による秘書課長への抜擢

一九三九（昭和一四）年五月、糸賀は招集を受けて鳥取第四十連隊に入営した。しかし、三カ月後に結核が再発したため入院し、召集解除となった。当時の世情からすれば、不名誉なことであったが、鳥取第四十連隊は中国大陸に送られて多くの戦死者を出した。糸賀にとってはこのことが、運命の大きな分かれ目となったのである。

京都に戻った糸賀は、木村素衞から滋賀県に社会教育主事補として赴任することを薦められる。京都大学の先輩で社会教育主事補であった鈴木重信が主事に昇格し、総動員課も新設されたため増員が必要となったのである。糸賀は、初等教育の教員の仕事にやりがいを見いだしており、転出を躊躇したが「教育行政に関わっておくのも悪くない」という木村の薦めにより、代用教員を依願退職し滋賀県に入職する（一九四〇年一月一一日）。学務部社会教育課と総務部総動員課の兼務であった。

滋賀県庁に移って二年目の一九四一（昭和一六）年一月、糸賀は知事官房秘書課長に抜擢される。高等文官でもなく、二七歳の若さであり、主事補から「三段とびの栄進」であった。この異例ともいえる人事を行ったのは、当時「断行の志」として知られた近藤壌太郎滋賀県知事である。

近藤は、一九〇一（明治三四）年、長野県埴科郡代町に生まれた。東京帝国大学入学の後、高等文官試験行政科に合格し、卒業後に内務官僚となった。滋賀県知事としては一九四〇（昭和一五）年四月九日から一九四二（昭和一七）年一月九日まで在任している。その後、神奈川県知事に異動となったが一九四四（昭和一九）年八月一日に辞任し、その後は役職には就かず、埼玉県浦和市で引退生活を送った。また、官僚として初めての任地が糸賀の出身地の鳥取県であり、一九二〇（大正九）年八月二三日から翌年まで赴任している。(29)

近藤が行った異例ともいえる人事について『滋賀新聞』(昭和一六年一月一〇日)は、「革新的努力家　糸賀秘書課長」と題して、「社会教育主事から県属となり一躍秘書課長の金的を射とめた糸賀氏は二十八歳の若手で鳥取出身、松江高校を経て京大文学部哲学科を卒業後昨年一月県庁入りをするまでは京都で一介の代用教員を希望し初等教育者としての体験を積んだという変わり種、温厚な性格のうちに学究的なところがあり□に、単に県下の常会活動に努力を払ひ革新気分も積溢してゐて近藤知事の秘書課長には打ってつけといふところである」と報じている。さらに、同紙の「異動評」では、「糸賀君の秘書課長は誰もが想像せぬところだつたがこゝらに革新的な近藤知事の肚がみえて頼もしい」と評されている。

なお、滋賀県知事時代の近藤に仕えた県職員からは著名な人物が多く出ている。一例を挙げると、警視総監から後に参議院議長になった原文兵衛、千葉県知事から衆議院議員となった友納武人、神奈川県教育長となった鈴木重信、また当時は県立女子師範学校付属小学校の主事であり、群馬大学教授となった永杉喜輔などである。全て糸賀の先輩にあたるが、近藤を含めてこれらの人物がさまざまな経路で糸賀の戦後の実践に関わってくる。

糸賀の抜擢について永杉は、「知事の信頼する知人の某があるとき知事をたずねて、『君のところに糸賀という若者がいるはずだが、この若者見どころがあると思うので、めんどうみてやってくれんか』と言った。それだけで糸賀を抜てきしたのではない。それ以来、それとなく糸賀の仕事ぶりを、そしらぬ顔で見ていると知人のげんは当たっている、という経路をへて抜てきということになった[30]」と、糸賀自身から聞いたとしている。しかし、糸賀を近藤に推薦した人物については不明と言わざるを得ない。

糸賀は一年半の間、近藤のもとで行政官として厳しく鍛えられ、多くの薫陶を受ける。近藤から受けた「事業は人である」との示唆は、近江学園以降の事業展開において人材の育成を重視する姿勢となって具現化された。しかし、その指導は想像を絶する厳しさであったと言われる。永杉喜輔は、近藤知事について「その知事は、部長であろうが県会議員であろうが、まちがったことをいうと言下に『おまえやめろ』というそうであった。部長らの机の上に知事室から通じるベルがあって、知事が出勤してそのベルが鳴ると部長は鳥が飛び立つように机を離れて知事室に走るありさまだとのことであった[31]」と聞いたという。そして糸賀が、永杉を師範学校付属小学校に訪ねた時、始業のベルがなり、糸賀がびっくりして立ち上がった。知事のベルと勘違いしたのであるが、「秘書課長になったばかりのころだったので、糸賀は知事の猛訓練に神経がやられていたのである[32]」と、当時について回想している。

## 第三節　学生義勇軍同志会への関与と「同志」との出会い

糸賀は、近藤知事に仕えた間、戦時下の労働力不足を補う勤労奉仕活動をしていた学生義勇軍同志会を支援し、会長であった十河信二（第三代会長・後の国鉄総裁）との出会いを得ている。

学生義勇軍同志会とは、「国家の難にジッとしていられなくなり、学業の余暇を利用し、自ら汗を流して資源を開発し、国家の発展にいささかなりとも寄与したい[33]」という志を持った学生の集まりで、戦時下の労働力不足を補うことを目的とした全くの自主的な奉仕活動を行っていた。学生義勇軍同志会は、一九三七（昭和一二）年に「学生義勇軍」として、茨城県内原で国民高等学校を経営していた加藤完治を初代会長として発足した。加藤は、満州移民の経験から義勇軍を全国の教育に普及させようとしていたのである。そして、事務局長として実務を担っていたのが、後に「精神薄弱児育成会」の初代事務局長となる江木武彦である[34]。

加藤の後を継いだ二代目の会長は、当時農林大臣であった石黒忠篤であった。しかし、政府は文部省の管轄による学生報国団の組織化を進めており、活動内容の重なり合う団体が存在することや、その会長を農林大臣である石黒が担うことに支障が生じてきた。その影響もあって、一九四〇（昭和一五）年に石黒が健康上の理由で大臣を辞任する際、同会の会長も辞すとともに学生義勇軍も解散することとなった。しかし、中心メンバーは直ちに「学生義勇軍同志会」を結成し、事務局長の江木を中心に活動を継続することにした。そして、江木の父の親友であった十河信二がその会長となった[35]。

彼らは、その活動を自らを鍛錬する「訓練」と位置づけ、「北海道訓練」「滋賀訓練」などと呼んでいた。滋賀における活動は、芹川ダムの工事、家棟川改修工事、能登川町乙女部落の排水溝の掘削（食糧増産のための二毛作対応）や北部の壬生村の開墾などである。

当時の新聞記事によれば、一九四二（昭和一七）年の夏から翌年春にかけて、滋賀県内における活動が行われていることが確認出来る。また、江木武彦が本部長として引率したこと、そして家棟川の改修工事にあたっては、当時京都帝大の学生であった岡崎英彦（後の近江学園医師、びわこ学園初代園長）が、隊長として三小隊のうちの一隊を率いていることも報じられている[36]。

十河は後年、近藤知事と糸賀から受けた協力について、「知事の近藤壌太郎君の熱心な協力がありまして、しばしば訪れたのでありますが、直接われわれの面倒をみてくれたのが糸賀君でありました。（略）昼間は泥にまみれ、夜は更けるのも忘れ人生・国家を論じる若者たちの美しく逞ましい姿に、生来、熱血の人である糸賀君は心底から感動し、率先、何百人もの食事、宿泊など一切の世話を、あの物資困窮の時代にやってくれたのであります[37]」と、述懐している。やがて糸賀は、学生義勇軍同志会の関西支部長となり、活動に対して協力を惜しまなかった。活動の参加者は後に、「滋賀県における数々の訓練を主導した糸賀一雄氏の存在を忘れることはできない。近藤知事の当初の秘書課長であった糸賀氏がこの学生運動に共鳴して、芹川ダム、家棟川改修訓練などと企画を引き受け、いつしか関西地区のリーダーとして学生たちの衆望を集めた。戦後、氏が全国にさきがけて身体障害者施設近江学園を作られた時、岡崎英彦君をはじめ多くの同志が参加した[38]」と、糸賀から受けた協力について回想している。

この活動を通じて培われた十河や学生義勇軍同志会メンバーとの関係は、戦後に引き継がれることになる。会長の十河は国鉄総裁として、糸賀に日向弘済学園（知的障害児施設）の設立を持ちかけ実現させた。また、近江学園と表裏一体の関係である財団法人大木会の名誉会長に就任するなど、糸賀の活動を後援することになる。

また、近江学園の設立につながる重要なことは、当時の学生メンバーのうち岡崎英彦（京都帝国大学）、矢野隆夫（同志社大学）、増田正司（大倉高等商業学校）らが後に近江学園に合流し、中心的な職員として重要な役割を担っていくのである。さらに、同会の実質的な主導者であった江木武彦[39]は、「精神薄弱児育成会」の結成に際して初代事務局長となり、初期の組織化に貢献する。そして、糸賀に同会へ参画を要請し、糸賀もこれに応えて中央の役員として同会の運営を担っていくことになる。

糸賀が県庁の幹部という立場で関わった時期だけでなく、それを辞して一福祉施設の施設長となった後も、学生義勇軍同志会の元メンバーは糸賀のもとに参集し、頼りにしていることからも、糸賀の人間的な魅力がうかがい知れるのである。

## 第四節　三津浜学園、石山学園と池田・田村両氏の招聘

滋賀県庁時代の糸賀は、行政官として社会事業（厚生事業）や軍事援護事業にも携わり、三津浜学園と石山学園という、近江学園設立の源流となる重要な事業の設立にも関与している。ここでは、糸賀が設立に関わった二施設について、当時の社会事業を取り巻く状況との関連について検討しておきたい。なお、戦後に廃止され、そのことが近江学園設立の直接の契機となった三津浜学園については不明な点も多く、その実態の解明も含めて検討を要するため、章を改めて検討することにしたい。

まず、当時の社会事業と軍事援護事業の状況について概観しておきたい。一九三七（昭和一二）年に軍事救護法は軍人扶助法へと名称を改められるとともに、その性格を変化させた。この変化については大きく三つあり、それは一

般救護法との区別化、対象範囲の拡大、「生活不能者」から「生活困難者」への扶助要件の緩和である。軍国主義化の進展による救貧施策の公的扶助化がはかられ、民間社会事業団体の活動が政府によって指導・統制されることになった。また、一九三〇年代の大恐慌による経済不況は、民間社会事業団体を経営難に追い込んだ。その結果、民間社会事業団体に国庫助成を求める動きが生じ、一九三八（昭和一三）年には社会事業法が成立した。この法律の制定により、民間団体の国家への依存と社会事業の公共化、官営化、そして国家による統制化が進むことになる。このような社会事業の官営化を背景にして、県庁関係者の主導による三津浜学園と石山学園の設立と、池田、田村両氏の招聘が行われた。

糸賀は、秘書課長を務めた後のわずか四カ月間であったが兵事厚生課長となる。この間に、池田を通じて知り合った田村一二を招聘し石山学園を創設するのである。田村は、京都の小学校教員として知的障害のある子どもと向き合っていたが、学校だけでは限界があることを感じ、生活を共にする教育施設をつくりたいと念願していた。田村は、一九四一（昭和一六）年頃から、大徳寺境内に「紫野学園」という学園の創設を目指していたが、具現化出来ないままでいたのである。糸賀は、田村の宿願をかなえるべく、知的障害児の生活・教育施設としての石山学園の設立に奔走し、滋賀県社会事業協会の運営する救護施設としてその創設にこぎつけた。石山学園については、田村の著書『開墾』（一九七九、北大路書房）に詳しいが、糸賀の協力について「糸賀さんは厚生課長の時に滋賀県に低能児の収容教育施設をつくることを計画し、私を京都から引張ってくれた人である。私が年来の宿望であるこの仕事に就く事ができたのは全くこの人のお陰である」(40)と述べている。糸賀が池田に連れられて、初めて田村と面会したのが一九四三（昭和一八）年の一月であり、田村が石山学園の創設のために滋賀県に移ったのが翌一九四四（昭和一九）年の一月である。両者の出会いから、わずか一年の間に石山学園は実現したのである。むしろ、すでに教育界に名の知れていた田村の転出を京都市が拒んだ事情により当初の予定より遅れたようである。

両学園の創設と、両氏の招聘に糸賀は深くかかわっており、ここからも糸賀の教育に対する関心の強さがうかがわれる。滋賀県に移った糸賀と池田、田村は、「蛋白会」と称して、月に一回程度親交を暖めるようになり、近江学園へとつながっていく流れができつつあったのである。(41)

行政官時代に近藤知事によって鍛え上げられた経験が、その後の福祉実践を強力に推し進める源となり、培った人脈が幾度もその後の糸賀の危機を救い、支えていくのである。

しかし、この時期の糸賀の活動と親交は、本章で取り上げた木村素衛や近藤壌太郎、池田太郎、田村一二、学生義勇軍同志会のメンバーにとどまらず、さらに広範に及んでいる。それは、木村素衛との親交や行政官としての活動を通した人間関係にとどまらない。特に、先輩である永杉喜輔や永杉の師である下村湖人との親交や、下村が提唱した「煙仲間」運動への関与は、後の福祉実践に向かう姿勢や思想形成に看過できない影響を与えている。次章では、これまであまり検討されてこなかった永杉や下村との親交について、そして下村が展開した「煙仲間」運動に糸賀がどのように関与したのか検討してみたい。

---

(1) 小畠逸夫「代用教員の頃」糸賀記念会編『(伝記叢書六七)糸賀一雄 追想集』(一九八九、大空社)三一頁。
(2) 同右、三二頁。
(3) 糸賀一雄「跋――池田太郎先生のこと」池田太郎『ガウス曲線の両端』(一九五一、黎明書房)三七八頁。
(4) 池田太郎「解説」糸賀一雄著作集刊行会編『糸賀一雄著作集Ⅰ』(一九八二、日本放送出版協会)四四二頁。
(5) 木村の経歴については、以下を参照した。前田博「木村素衛教授の生涯と業績」『京都大学教育学部紀要』第四号(一九五八、京都大学教育学部)。張さつき『父・木村素衛からの贈りもの』(一九八五、未来社)。
(6) 京都大学文学部編『京都大学文学部五十年史』(一九五六、京都大学文学部)を参照した。

（7）木村が私淑したフィヒテも、その晩年にはペスタロッチに傾倒するなど、教育に関心が強かったと言われる。
（8）糸賀一雄『この子らを世の光りに』（一九六五、柏樹社）四五頁。
（9）木村は、一九四六年二月一一日、講演先の信州において急逝する。五一歳であった。
（10）前掲、糸賀『この子らを世の光に』四五頁。
（11）木村素衛『花と死と運命（日記抄）』（一九六六、木村素衛先生日記抄刊行会）二五二頁（昭和一九年九月一四日の記述）
（12）大西正倫「コンテクストから読み解く――木村素衛と『身体と精神』」藤田正勝編『京都学派の哲学』（二〇〇一、昭和堂）一六一頁。
（13）木村素衛『国民と教養』（一九三九、弘文堂）及び、木村素衛『国家における教育と文化』（一九四六、岩波書店）を参照した。
（14）前掲、木村『国民と教養』三頁。
（15）小坂国継「京都学派と『近代の超克』の問題」藤田正勝編『京都学派の哲学』（二〇〇一、昭和堂）二九一頁。
（16）前掲、木村『国民と教養』一八五―一八六頁。
（17）糸賀一雄「国家と教会の現実」基督教青年会『開拓者』一九三九年四月号（一九三九、基督教青年会）一一頁。
（18）同右、一五頁。
（19）同右、一五頁。
（20）同右、一七頁。
（21）糸賀一雄「精動指導者の手記」基督教青年会『開拓者』一九四〇年五月号（一九四〇、基督教青年会）三六頁。
（22）同右、三六頁。
（23）前掲、糸賀『この子らを世の光に』四五頁。
（24）矢野隆夫「糸賀一雄伝の試み」『精神薄弱問題史研究紀要』第一一号（一九七二、精神薄弱問題史研究会）三八頁。
（25）木村素衛『教育学の根本問題』（一九四七、黎明書房）一〇九―一一二頁。
（26）蒲生俊宏・冨永健太郎「糸賀一雄の実践思想と木村素衛」『日本社会事業大学研究紀要』五三号（二〇〇六、日本社会事業大学）
（27）三浦了「木村素衛先生と糸賀先生」糸賀記念会編『（伝記叢書六七）糸賀一雄　追想集』（一九八九、大空社）二四三頁。

(28)　糸賀一雄「目覚めたるものの責任——映画『夜明け前の子どもたち』に関連して」『まみず』第三巻第十号（一九六八、柏樹社）等。
(29)　近藤壌太郎の経歴については、主に近藤壌太郎追想集編集委員会編『追想近藤壌太郎』（一九八〇、近藤壌太郎追想集編集委員会）を参照した。
(30)　永杉喜輔「好きなことをしてきた男の話」近藤壌太郎先生追憶記刊行会編『近藤壌太郎先生追憶記』（一九七九、近藤壌太郎先生追憶記刊行会）一七五頁。
(31)　同右、一七四頁。
(32)　同右、一七五頁。
(33)　十河信二『有法子』（一九五九、交通協力会）一五七頁。
(34)　江木武彦は、戦後には衆議院議員に立候補し、社会党職員を経て、一九四九年に言論科学研究所を設立し所長となる。また、精神薄弱児育成会の設立に際して事務局長となり、同会の初期の活動に参画している。本書、第七章参照。
(35)　学生義勇軍については、十河信二『有法子』（一九五九、交通協力会）、中村薫『学生義勇軍』（一九八七、農村更生協会）、江木武彦先生顕彰行事実行委員会編『夢を喰った男「話し方教室」創始者江木武彦』（一九九六、あずさ書店）を参照した。
(36)　「錬成に正月なし　見よ‼　学生義勇軍同志会　家棟川改修工事に挺身」『滋賀新聞』（昭和一八年一月一日）、「芹川ダム完遂へ　学生義勇軍再度来る　三月廿日から百名」『滋賀新聞』（昭和一八年三月二二日）、「芹川ダムへ学徒隊二百八十名勤労奉仕」『朝日新聞〔滋賀版〕』（昭和一八年三月二一日）等。
(37)　十河信二「序文」糸賀記念会編『〔伝記叢書六七〕糸賀一雄　追想集』（一九八九、大空社）一頁。
(38)　旧学生義勇軍の集い事務局「学生義勇軍と江木先生」江木武彦先生顕彰行事実行委員会編『夢を喰った男「話し方教室」創始者江木武彦』（一九九六、あずさ書店）三四頁。
(39)　本書、第七章参照。
(40)　田村一二「開墾」『特異工場』（一九四六、大雅堂）一四六頁。
(41)　同右。

# 第二章　下村湖人との出会いと「煙仲間」運動

糸賀は、戦後の障害福祉における先駆的な実践のみならず、思想面においても重要な足跡を残しており、これまでにもその研究が取り組まれてきた(1)。これらの先行研究においては、近江学園創設以前、青年期の苦悩からキリスト教に入信して宗教哲学を専攻し、教育現場を経験して、哲学者の木村素衛に私淑していく過程が、思想的な準備期間であったことが指摘されている。しかし、先行研究では糸賀の宗教的教養や木村から受け取った哲学的教養を重視する傾向がある。そのため、糸賀の思想の全体像を解明するためには、これら以外の影響についても検討していく課題が残されている。

あらためて糸賀の著作を繙いてみると、生涯を通じてさらに多くの多様な人物との交流があり、それらの人物からの思想的な影響がうかがわれる。例えば、糸賀は知的障害児者の問題を施設の中においてのみ解決しようとするのではなく、常に地域社会や国家政策との関係で捉えて「社会的な解決」を目指している。この根底にあったのが、社会関係の広がりを同心円的に捉える「同心円」観であるとされるが(2)、この関連については木村の思想の中からは明確には見出せない。また、最晩年に展開した地域福祉論における「地下水型」活動の提唱など(3)、検討すべき点が残されている。それゆえ糸賀の思想における全体像を把握するためには、これまで取りあげられてこなかった人物との関係についても解明する必要がある。

以上のような視点で、糸賀の活動や人間関係を見ていくと、滋賀県庁への就職から近江学園初期に関わった下村湖人（下村本名虎六郎、一八八四―一九五五）と「煙仲間」運動の存在に行き当たる。糸賀は、『この子らを世の光に』（一九六五、柏樹社）の中で三津浜学園創設の経緯にふれ、「その頃、県の秘書課長や青年教育官をつとめていた私は、仕事のうえばかりではなく、人間的にしばしば先輩に接触して教えられるところが大きかった。ことに永杉氏は『次郎物語』の著者である下村湖人先生に私淑していた。青年団運動を介して知り合ったそうだが、（略）ときどき湖人先生を迎えては『煙仲間』の運動を展開していた。私もいつとはなくその運動にまきこまれていった(4)」と述懐している。ここからは、糸賀が下村湖人と親交があり、自身も「煙仲間」運動へ関与していたことがうかがわれる。

木村素衛の薦めで就職した滋賀県庁には、藤堂参伍、太田和彦、永杉喜輔、鈴木重信らの京都大学哲学科の先輩がいた。糸賀は、赴任から一年足らずで近藤壌太郎知事の秘書課長に抜擢されたが、それは糸賀や周囲の教育関係者にとっては全く思いもよらなかった出来事であり(5)、その後も先輩たちとの交流は続いていく。そのような、関連から「煙仲間」に関与するようになったと推察されるが、糸賀自身はその経緯についてほとんど触れておらず、先行研究でも扱われてこなかった(6)。

そこで本章では、糸賀の回顧にあるように、下村や「煙仲間」運動といかにして出会い、そして近江学園の運営との間にどのような関連が見出されるのか、糸賀への思想的影響をその著作や関連のある人物の著作を中心にみていく。特に、下村と出会う一九四二（昭和一七）年頃から近江学園の設立までの時期に焦点をあてる。

# 第一節　壮年団の解消と下村湖人による「煙仲間」運動の展開

## （一）壮年団運動とその「発展的解消」

下村湖人は、小説『次郎物語』の作者として知られるが、生涯の大半は教育者として活躍し、本格的な文筆活動に入ったのは、一九三七（昭和一二）年頃、五〇歳代前半のことである。また、教育者としての下村の履歴をたどると、一九一一（明治四四）年に佐賀中学校へ赴任して、一九三一（昭和六）年に台北高等学校長を辞職するまでは学校教育に、一九三三（昭和八）年から一九三七（昭和一二）年までは大日本青年団講習所所長として社会教育の指導者養成に携わっている。

ところで、下村に青年団講習所所長への就任を要請したのは、青年団運動の中心的な指導者の一人であり、内務官僚や協調会理事を経て、大日本青年団理事長を務めた田澤義鋪（一八八五―一九四四）である。田澤は、熊本の第五高等学校における下村の一年先輩であり、『次郎物語』全編に登場する次郎の父俊亮や、第五部に登場する青年塾の理事長・田沼先生のモデルとされる人物である。糸賀と下村を結びつけた「煙仲間」運動の背景には、田澤らが創設した壮年団の活動と、それが翼賛体制へ吸収されていく経緯と深い関連がある。これについては、いくつかの研究があるが[7]、それらを手がかりにして糸賀と「煙仲間」にとって関係の深い部分を中心に見ておきたい。

壮年団とは、一九二九（昭和四）年に内務官僚出身の「田澤義鋪の指導の下、市町村単位に青年団出身者によって自主的に組織された自主的な団体」である。「選挙粛正運動とそれに連なる啓蒙・教化運動」を基調としながら、「日中戦争下では、さらに部落会・町会レベルでの日常活動」に力を注いだ。田澤らが、一九三四（昭和九）年に公表した『壮年団趣意書』には、壮年団の運動方針が「郷土の魂」「社会の良心」という標語で表され、その使命は地域社会における「縁の下の力持ち」であることがうたわれている。田澤は、「道の国日本」という遠大な理想社会の実現を目標にしつつ、その具体的な方法として郷土における社会改良を置き、青年団や壮年団運動を指導したのである。しかし、これらの運動は、地方改良運動の流れを受ける田澤ら内務官僚の指導によって発展してきた経緯を有し、その性格は国家機構と対立したり、純粋な在野性にその特徴を求めたりするのではなく、個々人が属する既存の組織を内部から「浄化」することを目的とした「官僚的国民総動員運動の一翼」を担う運動であった[8]。そのため、壮年団は日中戦争下において郷土の問題に積極的に対処していくが、次第に「縁の下の力持ち」的役割りに対する物足りなさを訴えたり、団体としてより前面に出て国家権力とより直接に結びつこうとする勢力も出始めたりと、団体の性格や運動方針をめぐってせめぎ合いがくり返されていく。

下村は、一九三八（昭和一三）年、壮年団中央協会理事に就任し、雑誌『壮年団』に「煙仲間」と題する一文を掲載して、田澤らの意志を擁護する論陣を張る。そして、郷里の佐賀鍋島藩に伝わる『葉隠』に「恋の至極は忍ぶ恋と見立て候。逢うてからは、恋のたけが低きなり、一生忍んで思い死にすることこそ、恋の本意なれ、歌に、『恋死なん後の煙にそれと知れついにもらさぬ中の思いを』これこそ丈高き恋なれ、と申され候えば、感心の衆四、五人ありて、煙仲間と申され候」とあるのを引いて、「壮年団はつまりこの煙仲間である。忠義々々と口には云わないが、いつも忠義をしてゐる煙仲間である。煙仲間だから朦朧として捕捉しがたい。しかし、彼等の力は、丁度台所の隅つこからこつそり立ちのぼる煙が、天井裏にも、床の下にも、柱の割目にも流れこむやうに、いつのまにやら国の隅々に流れこむ。その力によつて、誰が手柄を立てたともなく、国民全体の歴史が作りあげられて行くのである[9]」と、決して組織としては表に現れず、個々の「地下水的な役割」を通して地域社会に仕える壮年団の運動方針を論じている。つまり、壮年団としての「自我」や「団体我」を退けて、組織としては決して表に現れることなく、それぞれの持ち場における「地下水的な役割」を通して地域社会に仕える運動方針を提起しているのである。このように下村の運動論は、戦時下における画一的な統制によって地域社会が破壊されることに対する批判を含み、「国民が出来るだけ帰納的に、各自の経験を綜合して国家の方針を打ち立てて行くべきは当然だ」という立場を取っている[10]。

しかし、一九四〇（昭和一五）年に、翼賛壮年団が結成されたことにより、「東条政権下に軍部のイニシアティブで創設され、親軍的色彩の強い組織」となり、従来の壮年団は「発展的解消」されることになった。そして、翼賛壮年団は国家のあり方を地域社会にまで上から浸透させるシステムとして、翼賛体制を支える中核的な組織となっていった[11]。

## （二）下村湖人による「煙仲間」運動の展開

下村は、壮年団運動の本質が損なわれることを危惧しながら[12]、翼賛壮年団とは一線を画した「煙仲間」運動を展開していく。壮年団の出身者や、青年団講習所の出身者の中には下村の運動に共鳴してグループを形成する者もあり、下村は彼らを訪ねて全国を行脚するようになる。このような有志の集まり、または人間関係が「煙仲間」である[13]。

「煙仲間」運動に関しては、永杉喜輔『下村湖人伝』（一九七〇、柏樹社）や村山輝吉「下村湖人研究――煙仲間運動について（一）」『駒澤大学教育学研究論集』一（一九七七、一〇五―一一一頁）、「下村湖人研究――煙仲間運動について（二）」『同上』二（一九七八、六一―七四頁）、久田邦明『教える思想』（一九九八、現代書館）等の研究がある。しかし、そもそもの運動の性格が「縁の下の力もち」「地下水的役割」であったことや、「煙仲間」の名称を用いて活動することも、独自の組織を持つこともなかったため、その活動実態は極めて捕捉しづらく、全体像は明らかではない。ここでは、これらの先行研究を手がかりにして、下村の足跡を中心に「煙仲間」運動の展開を概観しておきたい。

下村は翼賛壮年団に距離を置き、雑誌『新風土』に「煙仲間」運動の論陣を張っていく。そして、一九四一（昭和一六）年には『続次郎物語』（『次郎物語　第二部』）の連載を開始し、次いで『青年次郎物語』（『次郎物語　第三部』）

を連載している。したがって、この時期の『次郎物語』は、「煙仲間」の精神を訴えかける内容となっている。例えば、次郎が朝倉先生の自宅に集う「白鳥会」に加わり、会の名の由来となった「白鳥入蘆花」[14]の意味を理解していく場面では、「真白な鳥が、真白な蘆花の中に舞ひこむ。すると、その姿は見えなくなる。しかし、その羽風のために、今まで眠つていた蘆花が一面にそよぎ出す」という情景を用いて、朝倉先生に「煙仲間」情操を語らせている[15]。また、「(略) 三十台ぐらいの若い人たちが、二十数名集まって、一つの団体をつくり、いつも村のことを研究し、熱心に村生活の調和と革新とを図っている。しかし、世間普通のそうした団体のように、正面きって改革をさけんだり、集団行動にでたりするようなことはほとんどない。団員は、月になんかいとなく集まって、意見をだしあい。議をねり、計画をさだめ、その実現をちかいあうが、それをその団体の決議などといって、おおっぴらにはっぴょうしたりすることはけっしてない。彼らは、それがめいめいにできることだったら、だまって率先躬行するし、村全体でやらなければならないことだったら、めいめい自分の近しい人から、茶飲み話のあいだに角立てないでときふせていく。そんなふうで、いつのまにやら、村の気風をあらため、世論を指導していくので、たいていの人は、そんな団体の存在をはっきり知らないし、知っていても気にとめない。いわば村の地下水となって村民の生活の根をうるおしているようなものだ。こういうのが、本当の意味で公共につかえるみちではないか[16]」と、朝倉先生の台詞を通して、本来の青年団や壮年団のありようについて訴えている。

一九四一(昭和一六)年には、『次郎物語』(小山書店)が出版され、大阪中央放送局のラジオ小説や、島耕二による同名の映画にもなった。そして、翌年には『続次郎物語』(小山書店)が出版されるなど、徐々に文名が知られるようになっていく。

同時に下村は、全国の「煙仲間」に請われて行脚していく。とりわけ頻繁に訪れたのは、名古屋市、福岡県大和村、香川県の小豆島、三重県、そして滋賀県の「煙仲間」である。下村は、各地の実践を行き来しながら、「煙仲間」の理論化を図っている。それはやがて以下に示す「我等の誓願」として五項目にまとめられ、『新風土』昭和一八年六月号の巻頭に掲げられる。[17] そして、以後同年一二月号にかけてその内容を詳述している。[18]

我等の誓願

一　謙虚に自己を省み敬虔に自然と人と神とに仕へ、真智・真愛・真勇の泉を生命の至深所から汲みとりたい。
二　独自無双なる個性の自立的前進が、同時に調和と統一への前進であり、全一なるものの歓びであるやうに行動したい。
三　伝統に育まれ、歴史を呼吸しつつ、しかも生々発展、不断に未見の世界を開拓して新しき伝統と歴史とを創造したい。
四　家庭と職場と郷土と国家とを一如に把握し、具体的生活の実践をとほして、喩々赤子の至誠を積みあげたい。
五　清澄皎潔にして、雄渾豊潤なる新風土を、皇国日本に実現し、道義国家の真姿を中外に掲揚したい。

このような下村の活動は、かつて田澤らが構想した壮年団をより純化することを意図したものといえる。そしてそれは、戦時下において国家の方針が始めにあって国民はそれに従うという「国家の演繹的活動」に対して、国民が個人や家族、地域社会が自律性を保って、それぞれの活動をしていくうちに自ずと国家の方針が定められていくという「国家の帰納的活動」を目指したものであった。[19] しかし、下村の「煙仲間」運動は、純粋に地域社会における民間活動のみを対象としたわけではなく、地域社会における自治活動全体をその射程に捉え、地域職域の凡所に「煙仲間」情操を浸透させることを意図している。そして、地域社会を構成する個人の自律性と、異なる職域における横の連携を重視していた。

# 第二節　滋賀県の「煙仲間」と下村との親交

## （一）滋賀県の「煙仲間」運動

下村と糸賀を結びつけたのは永杉喜輔（一九〇九―二〇〇八）である。永杉は熊本県で生まれ、福岡中学校から第五高等学校を経て、一九三四（昭和九）年に京都帝国大学文学部哲学科を卒業し、日本青年館青年団講習所に社会教育研究生として採用される。日本青年館の社会教育研究生は、一九三一（昭和六）年に創設された制度で、毎年学卒者四名を採用して社会教育の実習を受けさせた後、府県の希望に応じて社会教育課もしくは社会教育関連専門職として送り出すという制度であった[20]。永杉も、青年団講習所に学んだ後、滋賀県の社会教育行政に就職している。その後、永杉は主事となり滋賀県立女子師範学校に転出し、後任の主事補には糸賀と同郷で京都大学哲学科の先輩である鈴木重信が就いた。さらに、鈴木が主事に昇格した際、総動員課兼務として赴任したのが糸賀であった。

下村は、壮年団が翼賛壮年団となった直後から、永杉の要請に応じて度々滋賀に足を踏み入れるようになっている。永杉は、滋賀県の「煙仲間」について「滋賀県にはおもしろい煙仲間があった。いわば自称煙仲間であった。その仲間が戦争中から戦後にかけてたびたび湖人をよび、講演をさせたり、会食をしたり、魚釣りをしたり、吟行としゃれたりしたこともあった。県庁の教育関係の小役人たちがその中心グループだったが、ときには青年団の先輩なども加わった[21]」と述懐している。そして、そのメンバーとして、県庁職員の太田和彦、笹川泰広、藤堂参伍、和田利男、糸賀一雄、青年団出身者の辻良一、河瀬義夫、藪下俊郎らの名を挙げている。

## （二）糸賀と下村との出会い

「煙仲間」や下村との関係について、糸賀自身はほとんど記していない。また、滋賀県庁在任中における糸賀の著作は極めて限られており、下村との直接の関連を示す資料は披見出来ていない。一方、下村から永杉ら滋賀県の「煙仲間」に宛てた書簡が、『下村湖人全集一〇』（一九七六、国土社）[22]に収載されている。これによれば下村は、一九四一（昭和一六）年から四四（昭和一九）年まで一年に数回の頻度で来県しており、永杉らに宛てて頻繁に書簡を差し出している。そして、その文中に糸賀の名前が確認出来る書簡が二三通ある。一方、滋賀県の関係者から、下村に宛てた書簡については、下村の新宿百人町の自宅が一九四五年の空襲により消失していることから、一切披見できていない。ゆえに、ここでは下村の書簡を手がかりに、糸賀と下村の関係を傍証していくことにする。

下村が、滋賀県にいる永杉を初めて訪ねたのは、一九四〇（昭和一五）年であった。一一月四日付の永杉宛書簡には、「昨日は突然参上大変御世話になりました、御家庭の御様子も拝見致し学校の方の御話も承りましてうれしく存じました　その上多年の宿望であつた比叡山登りの御案内をして頂き何よりに存じてゐます」（一九四〇年一一月四日永杉宛）と認められている。

翌々年の一九四二（昭和一七）年一月から二月にかけて、下村は永杉からの講演依頼に応えて五通の書簡を差し出している。それらによると、下村が滋賀県に講演に訪れたのは、一九四二（昭和一七）年の二月一九日である。そして、帰京後の下村からの書簡には、「堅田の一夜は愉快でした。（略）笹川、糸賀、太田、和田諸氏へは呉々もよろしく」（一九四二年二月二七日永杉宛）と認められており、ここで糸賀が下村と対面していることが確認出来る。

この時期の糸賀は、知事官房秘書課長を務めながら、池田太郎を三津浜学園に招聘し、自身も滋賀県青年教官を務めるなど、教育分野への関与も持ち続けていた。下村と糸賀の関係が進展するのは、それから半年後の八月二八日、糸賀が上京して下村の新宿百人町にある自宅を訪ねてからである。下村は、その時の糸賀の印象を「糸賀君昨夜来訪三時間ほど雑談をいたしました、極めて良心的な熱のあるしかも識見に秀でた人で君にかうした友人のある事を心から祝福致します　私としても新たに若い友人を得た事を心から感謝いたします」（一九四二年八月二九日永杉宛）と認めており、これ以後の永杉宛書簡の大半に糸賀の名前が登場するようになり、両者の親交は深まっていく。糸賀自身も後に、「戦時中に、私が滋賀県庁の官舎におりましたころも、御西下の折、訪ねて下さつて、額や軸のものもいろいろかいていただいた」と述懐している(23)。

そして、下村はその年の秋にも再度来県する。下村は来県前から、「太田、糸賀、の諸氏と水入らずで話すことが出来れば何より幸です」（一九四二年九月一四日永杉宛）、「拝見醒ヶ井はいい処だとのお話は糸賀氏と承つてゐました、是非参上したいと存じます」（一九四二年九月二〇日永杉宛）と差し出している。そして、帰京後「醒ヶ井の印象をはじめとして何もかもが新鮮で温いものであつたやうに感じられます、（略）『続次郎』幸ひにどうなり読めるやうな印刷が出来ましたのですぐ送らせます、太田、糸賀、藤堂、庄田の四氏にも夫々一冊づゝ送る事にして置きました」（一九四二年一〇月一三日永杉宛）と認めている。

翌四三（昭和一八）年には、下村が二月、五月、一二月の三度来県し、糸賀も五月に上京して下村を訪ねていることが確認出来る。そして同年六月、糸賀がこれまでの知事官房秘書課長に兼ねて兵事厚生課長に就き、内政部教学課兼働となるが、下村は「太田、糸賀とのコンビが再び御県教育界に物をいふ事になつた事を喜びます」（一九四三年八月三一日永杉宛）と、糸賀が教育分野に関わることについて期待を寄せている。

そして、この時期に著された、永杉や糸賀の著作には、下村の影響をうかがわせる内容が含まれている。例えば、永杉は、滋賀県芸術文化報国会の結成に際して「国民的性格を培う地下水の役目たれ」と題した一文を『滋賀新聞』に寄稿し、下村が壮年団運動や「煙仲間」運動で提唱した「地下水的役割」を当該団体にも期待して、「地下水としての使命を遂げしめるためには、自由に流れる道をさへぎつてはならない」と、「統制の乱用をいまし」めている(24)。また、糸賀は下村の新著である『青少年のために』（一九四三、小山書店）が出版された際には、「最近著者は本県に来り、教育者の会合の席上葉隠の『煙仲間』や『白鳥蘆花に入る』の禅語を説かれた」と紹介し、「何も彼も規定される世界であつても、その世界自体を作り之に方向を与えて行く者として、主体的にこの世界に住むのでなければならないと思ふ」と、述べている。(25)

なお、この時期の下村の書簡には、すでに糸賀の体調が芳しくなかったことをうかがわせる内容が散見される。一九四三（昭和一八）年の二月に来県した後の書簡では、「糸賀氏もあの様子では大丈夫だと思ひますが無理の無いやうこれも御注意を願ひます」（一九四三年二月二三日永杉宛）とあり、その一カ月後の書簡でも「糸賀氏御退院後の御様子如何、すでに御全快に近い事とは想像しますが又無理をしてぶりかへす事がないやうに御注意を願ひます」（一九四三年三月一八日永杉宛）と、糸賀の体調を気遣う内容が認められている。

このように下村と滋賀県の「煙仲間」との親交は、この後昭和二〇年代まで続いていくこととなる。本章の冒頭で提起したように、下村の思想の特徴的な概念が、その後の糸賀の著作においても重要な概念として用いられていることから、糸賀の思想における下村の影響は重要である。そのため、近江学園設立以降の活動と思想を検討するのにあたっては、下村からの思想的影響も視野に入れる必要がある。

また、下村が滋賀県の「煙仲間」との交流を持ち始めた時期、近江学園の前身の一つとされる三津浜学園が設立されている。そして、三津浜学園の設立を担った滋賀県学務部の職員と「煙仲間」運動に集った人物とはかなり重なり合っている。つまり、三津浜学園の設立過程には、下村の思想に共鳴した「煙仲間」が関わっており、その構想や理念は、後の近江学園構想にも影響を与えている可能性がある。しかしながら、三津浜学園については、これまでその実態がほとんど解明されてこなかった。そこで、次章ではこの学園の実態に可能な限り迫るとともに、「煙仲間」運動との関連についても検討してみたい。

（1）吉田久一『（社会福祉と諸科学一）社会事業理論の歴史』（一九七四、一粒社）、清水寛『発達保障思想の形成』（一九八一、青木書店）、洪浄淑・松矢勝宏・中村満紀男「糸賀一雄の『共感』思想に関する考察」『心身障害学研究』二五巻（二〇〇一、筑波大学心身障害学系）七七―八七頁、蒲生俊宏・冨永健太郎「糸賀一雄の実践思想と木村素衛」『日本社会事業大学研究紀要』五三号（二〇〇六、日本社会事業大学）五三―六一頁、等が挙げられる。

（2）吉田は、前掲の『社会事業理論の歴史』で、「糸賀の社会福祉の実践の特色は、特殊→普遍、一般化への才能が各処に現れていることである。『一隅を照らす』ことから出発した精薄児教育は、行政さらにソーシャルアクションへ普遍化した。白痴の社会保障を求める根底には『同心同円』観があったと指摘している（三八八頁）。また、清水も「『同心円』の概念によって、（略）障害者と健体者との間の人格的価値の平等性・対等性の思想を確立するに至った」と指摘している（『発達保障思想の形成』（一九八一、青木書店）二二二頁）。

（3）糸賀一雄『福祉の思想』（一九六八、日本放送出版協会）二二三一―二三三頁。

（4）糸賀一雄『この子らを世の光に』（一九六五、柏樹社）二一頁。

（5）この時期、糸賀は新潟県の視学官に請われていた。永杉喜輔の記述によれば、「（一九三九年一一月）「新潟県学務課長鷲見正氏より新潟県視学に請われたが、（略）かわりに糸賀一雄を推薦、そこに糸賀が突如として秘書課長に抜擢されて動けず」（「自伝的年譜」『永杉喜輔著作集一〇』（一九七六、国土社）三〇七頁）とある。

（6）ただし、清水によって、「十河氏らとの『学生義勇軍』運動や下村湖人を迎えての『煙仲間』の運動なども、広い意味での地域社会事業へのとりくみとして注目される」と、提起されている。（清水寛「戦後障害者福祉と発達保障――近江学園における糸賀一雄の『発達保障』の立場にたつ福祉思想の形成過程」『戦後社会福祉の展開』（一九七六、ドメス出版）四六〇頁）

（7）永杉喜輔「大日本連合青年団の成立とその変貌」『群馬大学教育学部紀要　人文・社会科学編』二二（一九七二、群馬大学教育学部）一五三―一六八頁、北河賢三「解説」『復刻版・壮年団』別冊一（一九八五、不二出版）五―二九頁。

（8）北河賢三「解説」『復刻版・壮年団』別冊一（一九八五、不二出版）五―二九頁。

(9) 下村湖人「煙仲間」『壮年団』第四巻第九号（一九三八、壮年団中央協会）一九頁。
(10) 前掲、北河「解説」一八―一九頁。
(11) 同右、二六頁。
(12) 下村湖人「新生翼賛壮年団に寄す」『壮年団』第七巻第一一号（一九四一、壮年団中央協会）一〇頁。
(13) 永杉喜輔『下村湖人伝』（一九七〇、柏樹社）
(14) ここで用いられている「白鳥入蘆花」は、『臨済録』の「白馬入蘆花」に因んだ下村の造語である（下村湖人「書簡」『下村湖人全集一〇』（一九七六、国土社）四六頁）。
(15) 下村湖人「青年次郎物語」（六）『新風土』第六巻第一一号（一九四三、小山書店）二六―四五頁。
(16) 同右、四一頁。
(17) 下村湖人「我等の誓願」『新風土』第六巻第六号（一九四三、小山書店）巻頭。
(18) この連載は、『我等の誓願』（一九四四、小山書店）として出版された。
(19) これについては、久田邦明は、「『煙仲間情操』は、決して心構えに解消されるものはなく、『良心的な自由人』相互の『自由な討論』と実践という理論的裏付けをもったものである」と評価している（久田邦明『教える思想』（一九九八、現代書館）三二三頁）。また村山輝吉も、その特徴は「個と全との関係の一元的理解、個の生長と集団の生長との一如的把握」にあるとし、「それぞれの個がそれぞれの個性に応じて独自な発展を遂げつつ、しかもそれが同時に他の発展を招来するように活動することなのである」と評価している（村山輝吉「下村湖人研究――煙仲間運動について（二）」『駒澤大学教育学研究論集』二（一九八七、駒沢大学）、六一―七四頁）。
(20) 青年団講習所については、永杉喜輔『下村湖人伝』（一九七〇、柏樹社）を参照した。
(21) 前掲、永杉『下村湖人伝』二〇九頁。
(22) 前掲、下村「書簡」二五九―五六二頁。
(23) 糸賀一雄「先生の魅力」永杉喜輔編『一教育家の面影――下村湖人追想』（一九五六、新風土会）一五八頁。
(24) 永杉喜輔「国民的性格を培う地下水の役目たれ」『滋賀新聞』（昭和一八年七月一五日付）
(25) 糸賀一雄「下村湖人著『青少年のために』を読んで」『滋賀教育』五六八（一九四三、滋賀教育会）二四頁。

# 第四章　近江学園前史としての三津浜学園と「塾教育」の思想

近江学園は、一九四六（昭和二一）年の設立にあたって、戦災孤児や生活困窮児と知的障害児を複合的に収容し、両者がお互いに助け合い提携することを目指していた[1]。これは、学園内部における取り組みだけを意味するのではなく、彼らを排除する社会のあり方に対する問題提起を伴っており、先行研究でも「相互の長所を認め合いつつ協力して協同の生活（社会）を築いていくという、新しい人間関係のあり方を社会に示していく実践でもあった」と、評価されている[2]。しかし、このような理念や構想が生まれた経緯については、必ずしも明らかになっているとはいえない。

近江学園の設立経過については、その前身にあたる三津浜学園と石山学園という二つの施設が、第二次世界大戦中に設立されていたことが知られている。そして、これらの施設には、それぞれ近江学園の設立メンバーである池田太郎と田村一二が招聘されていた。この内、知的障害児を対象とした石山学園については近江学園の設立と同時に廃止され、入所児童は近江学園の最初の入所児童となった[3]。一方、主として身体虚弱児を対象としていた三津浜学園は、後述する事情から一九四六（昭和二一）年三月をもって活動を休止している。そして、この時期に作成された『近江学園（仮称）設立案[4]』には、「三津浜学園移転ノ問題ニ関係シテ京津阪本線穴太駅付近ノ元海軍航空隊宿舎ガ払下ゲラレルナラバ、コノ広大ナル土地ニ、三津浜学園及ビ石山学園ヲモ包合シタ一大綜合学園ヲ建設シ、滋賀県ハ勿論広ク全国的ニ戦災孤児、環境不良児、精神薄弱児等ヲ収容シテ教育スルコト」と、近江学園が石山学園だけでなく、三津浜学園をも含んで構想されたことが記されている。また糸賀も、三津浜学園と石山学園の児童が往来し、交流する取り組みを重ねたことが、近江学園における複合的な児童の構成、とりわけ知的障害児と戦災孤児や生活困窮児との提携のよりどころとなったと述べている[5]。

ところで、先行研究における三津浜学園の取り扱いについては、糸賀一雄が池田太郎や田村一二と出会い、三津浜学園と石山学園の実践を経て、近江学園の構想が熟すまでの一九三八（昭和一三）年から一九四六（昭和二一）年一〇月までを近江学園前史として位置づけているものもあるが[6]、三津浜学園に関しての実証的な研究は行われていない。そのため、この学園については、糸賀[7]や池田[8]が、後にそれぞれの著作で回顧している内容しかわかっておらず、設立に関する経緯や詳細な点で不明な点が多い。そして、糸賀が述べているように、この学園が近江学園における複合的な児童の構成に影響を与えた要素の一つであることはうかがわれるが、どのように近江学園へ連続していくのかといった点についても不明なままである。

本章では、近江学園における複合的な児童の構成や、知的障害児と知的障害のない児童の提携を目指した理念の背景を探る試みとして、その前身の一つである三津浜学園に焦点を当ててみたい。そのため、まず三津浜学園設立の経緯やその実像について、史料の渉猟が及ぶ限り明らかにし、近江学園構想にどのような影響を与えたのか検討していくことにする。

## 第一節　三津浜学園の設立と永杉喜輔、藤堂参伍

三津浜学園は、恩賜財団軍人援護会の経営する軍事援護施設という性格をもち、身体虚弱児を対象として、教育とともに医療的な配慮がなされていた(9)。このような施設が設立された背景には、戦時体制下における戦死者の遺家族保護の要請に加えて、これらの分野を所管していた滋賀県学務部に関連する職員による主体的な動機があったと考えられる。

一九三八（昭和一三）年、前年に施行された軍事扶助法の適用されない範囲については「法外救護」として、民間救護団体による活動に期待し、その主な受け皿として恩賜財団軍人援護会（以下、軍人援護会）が設けられた。滋賀県においても県支部が設立され、平敏孝知事が支部長となり、軍関係者以外では副支部長に県学務部長、常務理事に社会課長、社寺兵事課長が就き、県庁内に支部事務所が置かれた(10)。これらの人事が示すように、軍人援護会は形式上は民間救護団体と位置づけられながら、その事業は県行政、とりわけ学務部が主導することになる。

糸賀は「三津浜学園という虚弱児施設の構想がどこから、または誰からうまれたかはくわしくは知らない。ただ昭和一六、七年頃には既に私たちの仲間のあいだにその構想が胚胎していたことは事実である。私たちは三人、四人あつまれば、よくこのような夢を語りあい、そういうヴィジョンの実現のために静かな情熱を燃やした。三津浜学園の誕生の背景にはこういう友情の母体があった。それはさきにも見たような一種の『煙仲間』のはたらきであったともいえる(11)」と、述べている。

既述の通り、滋賀県では、青年団講習所の出身で当時滋賀県立女子師範学校付属国民学校主事であった永杉喜輔を中心に、学務部医技師の藤堂参伍や視学官の太田和彦、社会教育主事の鈴木重信、笹川泰広、秘書課長となっていた

糸賀一雄ら、滋賀県学務部に関連の深い職員が下村を招いて度々集っていた[12]。また、やや遅れて池田太郎も加わっていることも確認できる[13]。これらの人物の内、三津浜学園の設立に中心的に関与したのは、永杉喜輔と藤堂参伍であったと考えられる。

まず永杉喜輔は、一九三九（昭和一四）年四月に滋賀県立女子師範学校に教諭兼舎監として転出している[14]。三津浜学園設立当時の役職は、付属国民学校主事である。永杉は後に記した「自伝的年譜」の中で、三津浜学園の設立準備期と思われる時期の動きについて、「唐崎にあるメリノール教会にしばしば行く。将来ここに養護学級をおく計画を県社会課技師藤堂参伍らとする」と、記している[15]。また、同時期には糸賀から推薦された池田太郎を自ら主事を務める付属国民学校に招聘するなど[16]、学園の設立に中心的な役割を担ったものと思われる。

また、藤堂参伍（一九〇二―六五）は、三津浜学園の園長を務めた人物である。藤堂は滋賀県大津市出身で、一九二八（昭和三）年に京都帝国大学文学部哲学科を卒業した後、千葉医科大学へ進み、同大学助手（一九三四）となった[17]。つまり、藤堂は永杉や糸賀ら京大哲学科出身者の先輩であるとともに、医学博士の学位をもった医師であった。滋賀県には、一九三九（昭和一四）年から学務部社会課に医技師として勤務した[18]。この時期の藤堂の活動について、学務部に勤務した笹川泰広は「県厚生課技師としての藤堂さんの主たる任務は国民健康保険の普及徹底を図ることの外に乳幼児の保健指導、軍人遺家族及び傷痍軍人医療扶助の適正を推進すること等広い範囲のものであったと思う[19]」と、回想している。滋賀県社会事業協会の機関誌『共済』によれば、藤堂が一九三八（昭和一三）年の全国児童保護大会に出席していたり[20]、「母子健康相談所」を指導したりと[21]、児童の保健に関する分野へも関与していたことがうかがわれる。

前章で見たとおり、下村は一九四一（昭和一六）年から四四（昭和一九）年まで一年に数回の頻度で来県しており、頻繁に永杉らに書簡を差し出している。そして、滋賀県学務部の職員を中心とした下村を囲む集まりが、三津浜学園が設立される前年の一九四二（昭和一七）年初頭から始まっている。

下村も、学園開設の準備が佳境に入っていたと思われる一九四二（昭和一七）年一一月八日付の書簡では、「唐崎私設《ママ》の御進行の間欣欠至極、都合では二女を手助けに差し上げます」[22]と、三津浜学園の開設に期待を込めた書簡を永杉に差し出しており、彼らの活動に期待していたことがうかがわれる。

このように、下村を囲む「煙仲間」には、永杉や糸賀の他、滋賀県学務部の藤堂や太田、笹川らが集まっていた。彼らの働きによって、三津浜学園は構想されていったと推測される。

## 第二節　三津浜学園の開所と施設概要

一九四三（昭和一八）年四月二日、三津浜学園開園式が挙行された。その様子は、「関西唯一の誉の学園として開園を待たれてゐた軍人援護会支部経営の三津浜学園は二日午前十時半から滋賀郡下阪本村の名所唐崎の松に隣接した新学園で盛大な開園式を挙げた。この日入園する男女児童二十五名はお母さんや兄姉などに伴はれ来園、来春三月まで一年間暮らす各自の居室を割当てられた（略）。朝は午前五時半起床、朝の散歩などののち七時十分朝食、八時半から朝会、国旗を掲揚、遙拝、体操を行つて朝の学習に移り、十二時昼食、午後は学習、午睡、入浴、乾布摩擦などで体を鍛練するなど規則正しい日々を送ることになつてゐる」[23]と、報じられている[24]。

学園設立の年の後半には、軍人援護会に関連の深い皇族の訪問を二度受けている。一度目は軍人援護会総裁である朝香宮が一〇月二一日に[25]、二度目は梨本宮妃が一一月四日に来訪している[26]。そして、梨本宮妃の来訪に際して作成された『梨本宮妃殿下御成関係書類』[27]が滋賀県庁に残されており、この資料の中に園長の藤堂が説明に使用したと思われる『言上書』と、当日の案内経路を表した『三津浜学園見取略図』が含まれている。ここでは、これらの資料を中心に、三津浜学園の概要について見ていきたい。

学園の施設として使用された建物は、カトリックのメリノール宣教会（Catholic Foreign Misson Society of America Marynoll Missioners）のパトリック・ジェイムス・バーン（Patrick James Byrne: 1888–1950）が、[28]一九三六（昭和一一）年に土地と建物を合わせて購入していたものである。[29]日米開戦後は、大津にあった同会の聖堂とともに接収されていた。『三津浜学園見取略図』に基づけば、一部二階建て、教室、教護員室、医務室、保健婦室、栄養士室、食堂、配膳室、児童室からなっている。児童室は一一室、あるいは一二室と思われる。また、開園を報じた前掲の新聞記事には、二段ベッドが設置された児童室と思われる部屋の写真が掲載されており、定員が二五人であることから二人部屋が主であったと推測される。

学園設立と運営の財源については、「設立ニ当タリマシテハ政府及ビ恩賜財団軍人援護会本部ヨリ多額ノ助成金ノ交付ヲ受ケタ」とあり、[30]軍人援護会滋賀県支部より一九四三（昭和一八）年度に一二、四一〇円が助成されていることが確認できる。[31]しかし、一九四四（昭和一九）年度、一九四五（昭和二〇）年度の助成金額を含め、これ以外の収支については不明である。因みに、軍人援護会発行の『軍人援護』によると、同会における事業としては、「特殊事業」中の「常設保健所」に位置づけられている。「常設保健所」は、滋賀支部以外では山形支部の蔵王高湯養護林間学校、東京支部の片瀬臨海寮、福岡支部の愛国寮の四カ所の設置である。これらの内、三津浜学園は児童数、助成金額ともに最も小規模でありながら、表1に示するように、唯一、年単位の収容を前提とし、施設内に学校教育の機能を有していた。[32]

**図1　三津浜学園見取略図**

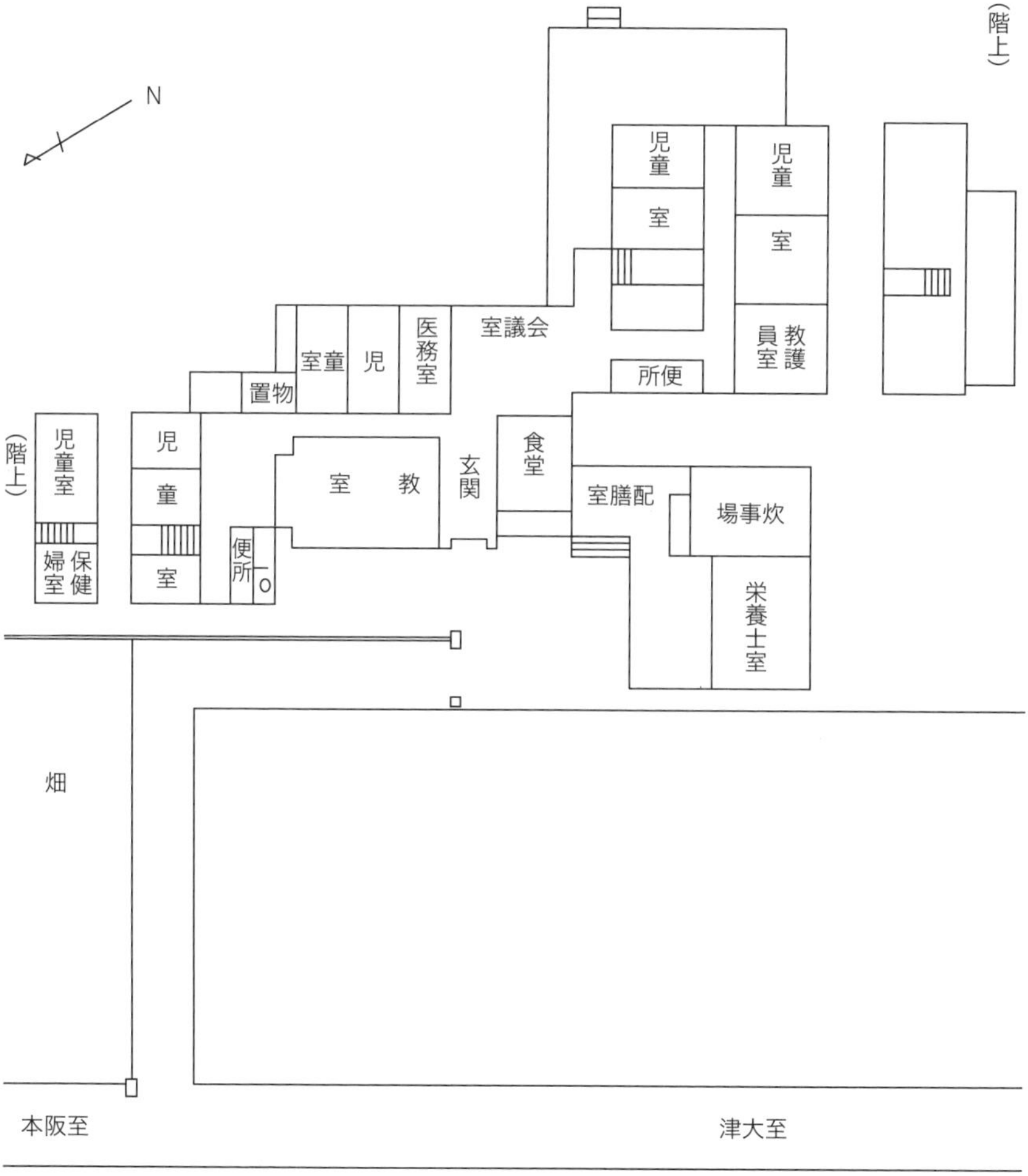


※滋賀県庁所蔵『三津浜学園見取略図』［梨本宮妃殿下御成関係書類（昭和18年11月4、5、6)］を元に作成した。

**表1　軍人援護会による「常設保健所」**

| 支部 | 三津浜学園 | 片瀬臨海寮 | 蔵王高湯養護林間学校 |
|---|---|---|---|
| 支部 | 滋賀 | 東京 | 山形 |
| 所在 | 滋賀県大津市 | 神奈川県鎌倉郡片瀬町 | |
| 開設 | 昭和一八年四月 | 昭和一五年七月 | 昭和一七年六月 |
| 定員 | 二五人 | 四〇人 | 一二〇人 |
| 対象児童 | 県下ノ戦死者ノ遺族出征軍人軍属ノ家族ノ子弟デ国民学校初等科第四学年以上ニ在学スル男子児童ノ中特ニ健康上注意ヲ要スルモノ（言上書） | 東京府下に於ける軍人遺族の虚弱児童／学童部・幼稚部（片瀬臨海寮訪問記） | 軍人、軍属の遺族、家族及び傷痍軍人の家族にして国民学校初等科児童中、身体の養護を要する者（校規第三条） |
| 学校 | 施設内 | 施設外（片瀬国民学校） | 施設内 |
| 入所期間 | 一年間（第五学年）二年間（第四学年） | 一年間 | 二〇日間（開設期間：六・一〜一〇・三一） |
| 建物・設備 | 一部二階建て、児童室、教護員室、栄養士室、炊事場、配膳室、食堂、会議室、医務室、教室、保健婦室 | 二階建て、保育室、診察室、静養室、浴室等 | 一階：講堂兼食堂、医務室、器具室、炊事室等、二階：教室、寝室、予備室、特別寝室 |
| 職員 | 園長、教護員、保母、保健婦、炊事婦、助手[33] | 寮長、職員、保母、保健婦、栄養士など約一〇名 | 校長、教諭三名、養護訓導一名、炊事婦一名、専門医（嘱託）、保健婦（嘱託） |
| 予算　一六年 | 〜 | 児童保健所臨海寮設置　二九、七六〇円 | 〜 |
| 予算　一七年 | 〜 | 児童保健所経営　三四、九〇〇円 | 常設林間学校経営　二五、二六〇円 |
| 予算　一八年 | 常設保健所経営　一二、四一〇円 | 児童保健所経営　四六、六三〇円 | 常設林間学校経営　二七、二二〇円 |
| 予算　備考 | | （昭和一六年度）児童保健所ノ新設　五五、〇〇〇円 | （昭和一六年度）虚弱児童保護ノ林間学校設置　七三、三四五円 |

※「予算」項目（「事業名」「予算額」「備考」）については、『軍人援護』に掲載された各年度「予算に現れたる特殊事業」に依拠した。

入所児童については、滋賀県下の戦死者の遺族や出征軍人軍属の家族の子弟で、国民学校初等科四年、五年次男子児童の内、特に健康上の注意を要する児童が対象とされた[34]。また、池田は学園に軽度の知的障害児も入所していたと述べ[35]、糸賀も近江学園の『設立ノ趣旨』に、「虚弱児ヤイロイロナ問題児ヲ収容教育シテキタ[36]」と記している。

職員については、園長で医師の藤堂参伍と、国民学校訓導にあたる教護員の池田太郎、保母の池田まさ、保健婦（炊事兼務）の馬場以恵である[37]。また、開設二年目の一九四四（昭和一九）年度は、高等女学校の学生が学徒動員により、池田の助手として携わっている[38]。なお、池田の述懐によれば、園長の藤堂は学務部の医技官を兼務しており、学園へは週に一回程度出勤するのみで、実際には池田が学園の実務を取り仕切っていた。池田は、藤堂について、「週に一日位の割で泊まりがけで来られた」「自己の仕事に関しては、実にきびしさをもった方であった。生徒の体温を毎朝必ず計って記録するように言われたこともその一つである。それまで私は教育者として十年余りの児童教育で、このような医学面での心づかいはなかったので感心したものである。私が、教育には心理的配慮だけではいけない、医学的な配慮が大切だと思うようになったのは藤堂さんのお陰である[39]」と、学園における医療面での働きと、藤堂から学んだことについて述べている。三津浜学園の閉鎖直後に作成された「近江学園（仮称）設立案[40]」においては「治療」と「医学的研究」を目的とする「医療部」の設置が構想されており、糸賀によって近江学園の設立に際して作成された『近江学園要覧』の「設立ノ趣旨」においても「医学ト教育ノ提携ガドウシテモ必要デアル[41]」と、医療的な配慮の必要が述べられている。実際、近江学園の開設にあたっては「医務室、病室」が設置されるとともに医師と保健婦が配置されるなど医局体制が整えられた。そして、「医局の設置は、障害の重い子どもたちを受け入れる条件ともなり、実際に一九五〇年代に入ると、ここを中心に重度重複障害児への独自の教育的働きかけが開始された[42]」のである。

学園の位置づけと指導内容について、『言上書』には「国民学校ノ養護学級ニ相当」、「入園中ノ児童ニハ国民学校ノ教科課程ヲ履修セシメマストトモニ専ラ健康ノ増進ニ努メマシテ一年間ヲ以テ健康児トシテ元ノ学校ニ復帰セシメタイ予定デ御座イマス」と記されている。また、池田は滋賀県立女子師範学校付属国民学校に訓導として赴任し、その身分のまま三津浜学園の主任となったとされる[43]。さらに、一九四四（昭和一九）年三月に滋賀県内の養護学級によって滋賀県養護学級連盟が発足したが[44]、その発会式と第一回の研究会は三津浜学園において開催されており[45]、県内の養護学級の中心的な役割を期待されていたこともうかがわれる[46]。

戦前期の虚弱児施設は、小学校令第三十六条第一項の家庭修学規定によって施設内教育を実施して小学校卒業資格を得ることができるようにしたり、小学校令施行規則第十七条に依る「小学校ニ類スル各種学校」の位置づけを得るなどしていた施設もあった。これらは国民学校令施行以降、家庭修学が認められなくなったため、虚弱児施設は国民学校分教室の形態を取ったり、国民学校令第四十三条の「国民学校ニ類スル各種学校」に依拠したりして、入所したまま国民学校の課程を修了させていた[47]。したがって、三津浜学園もこのような措置により、教育機関としての位置づけを得ていたものと思われるが、そのことを明確に示す資料は披見できていない。

## 第三節　三津浜学園における「塾教育」の思想

池田は、三津浜学園主任を受諾した動機について、「私は、昭和二年から小学校教師をしているうちに、子供の教育をするからには、一度は寝食を共にしての、かつて吉田松陰が、山口県、萩の町で行ったような塾教育がしてみたいとの思いが、心のすみにわだかまっておりましたので、三津浜学園主任の話がもたらされた時には、躊躇なく承諾したものです[48]」と、回顧している。また、園長の藤堂も『言上書』で、「園ニ於キマシテハ塾教育ノ特色ヲ発揮致シマシテ一日中ノ全時間ヲ家庭的ナ和サノ中ニ教育ニ充テルコトガ出来マス」と述べている。このように両者が、共通して「塾教育」と記している背景には、かつて下村が所長を務め、永杉らが学んだ青年団講習所の存在があったことが考えられる。

青年団講習所は、田澤義鋪が設立した社会教育の指導者養成機関である。下村はこの講習所内に住み込んで、研修生と寝食を共にしながら指導にあたっていた。その様子は、下村によって『次郎物語』第五部の「青年塾」の舞台としても描かれている。下村は一九三七（昭和一二）年に青年団講習所所長を辞した後も「塾教育」について度々発言し、一九四〇（昭和一五）年には『塾風教育と協同生活訓練』（一九四〇、三友社）を著している。下村が特に重要視したのは次のような点である。

(1)　協同生活訓練を中核におき、塾生の自律性と創造性とに訴え、その横の連絡によって塾内の協同生活を建設して行く。

(2)　師弟関係より朋友の関係を重視し、友愛感情の組織化のために塾生活における地域社会的性質を取り入れる。なぜなら、実際の社会においては気のあった者だけが同一地域内に住むとは限らない。ゆえに、出来るだけ異質的なものによって塾内を構成することにより、地域社会人としての訓練に役立つ。

(3)　協同生活の形式は、一見日常生活と何ら異なるところのないものを理想としている。そして、塾堂は同時に家庭であり、部落であり村でなければならないとし、そのような環境において「日常生活の深化」を目指すとしている。

そして、この基盤には「老幼、男女、職能、貧富、社会階層の如何をとわず、それらの一切を抱擁して、全一的な共同体を形造るところに、地域社会の地域社会たる特質があるのであります。（略）もし、地域社会が『全体の利益』という理由のもとに、成員の一部を排除したり、無視したりすることを、当然だと心得るならば、それは、もはや、真の意味での地域社会ではなく、純然たる利益社会に堕したものと言わなければなりません[49]」という、下村の地域社会に対する理想があった。加えて、ここで下村が「全一」としているのは、田澤の「全一論」である。田澤は、すべての人間は祖先から子孫に受け継がれる縦のつながりと、家族や地域社会、国といった横のつながりの中で相互に影響し合う存在であるとし、「我々一人一人が全一の表現者である。我々一人一人の表現者を無視しては、全一は一つの空理となって実態がなくなってしまう[50]」と、個の存在が尊重され、個性や自主性が発揮されつつ調和していくことを通じて、全体が発展すると主張している。下村は、田澤の「全一論」を受け継ぎ、講習所内を地域社会の縮図と見立てて研修生相互の横の関係を重視し、研修生が個性を発揮しながら相互に影響し合い、自主的に全体が調和していくことをねらった教育を試みていた[51]。

一方、三津浜学園設立前後に永杉や池田の記したものの中には、下村の影響をうかがわせるものが散見される。例えば、永杉は一九四二（昭和一七）年の『家事裁縫』（東京家事講習所）への寄稿文で、「こどもが、決して外から型として、しつけをうけとるのではない。家庭のもつ雰囲気に、ひたりきることによって、内から、一定の行動様式に導き入れられるのである。（略）塾の教育が、人物養成に効果があったのもむろん塾長の人物いかんによるものではあるが、その生活が、塾長と塾生、とりわけ塾生相互を、つねに、人間の生地において交じらわしめたからである[52]」と、塾教育の意義について述べている。

また、池田が一九四三（昭和一八）年に出版した『子供を観る』（一九四三、一条出版）の学級のあり方に触れた節には、「組は社会の縮図である。組における一員は他の一員なくして一員たり得ず、他の員を俟つて初めて一員たり得る。団体と全体との関係を体験によって最もよく子供に知らし得るものは共同作業や団体協議である。全体を立派になし得るの道は、各自が各々の持ち場に於いて全力を傾けるにある[53]」と、「全一論」に類似した言説が見られる。さらに、一九四三（昭和一八）年四月一〇日に、下村が永杉に差し出した書簡には、「三津濱学園の成立慶賀にたへず、藤堂氏池田夫婦のコンビでやつていたゞけば理想的でせう、池田氏からは先般著書をいたゞきました、今後『新風土』誌上に随筆でも書いて貰へばと思つてゐます[54]」とある。『新風土』とは、下村が編集を担当し、「煙仲間」運動の論陣を張った雑誌である。この要請に対して池田は「随想」を寄稿し、「自分は、最近小さき子供の塾教育にあづからして戴いている[55]」として、学園において異なる背景をもつ児童が相互に影響することによって教育効果が上がった例を示して、「塾生活が教師の面から行く教育に劣らず、子供同志に依つて強く教育し合ふといふ面のあることを私はいろいろの場合に体験して、今更ながら、松下村塾その他の昔の塾生活の尊さを考へざるを得ないのである。

（略）ここでは、上から下への指導よりも、横にお互ひが指導して行くことが重んぜられる」[56]と、述べている。[57]

ただし、藤堂や池田が記した内容からは、下村が「塾教育」の目的とした、学園における教育が地域社会の形成や、さらに広範な社会の形成にどのように関わってくるのかという点については明確に示されていない。よって、藤堂や池田の「塾教育」の取り入れ方は、あくまで学園内に於ける教育の形態、または要素としてといった限定を持っていたと言わざるを得ない。

三津浜学園は、表向きは銃後で戦争遂行の一翼を担う軍人援護の一機関であったが、その設立には、滋賀県学務部の職員の内、下村を囲む「煙仲間」に集まった永杉や藤堂らが関与していた。彼らは、戦時体制下において上から押しつけられる演繹的な国家のあり方に対して、それぞれの持ち場における「地下水的」な働きを通じて、帰納的な国家のあり方を希求していた。当時は出征軍人の家族をとりまく生活状況の厳しさに起因する遺児の体位の低下が特に問題となっており、行政上の課題としても俎上に上がっていた。[58] ゆえに、「煙仲間」がこの学園を構想することは、上からの戦争遂行施策に表向きは従いながら、直面する現実の問題にどうにか自律性を保持しながら対応するという、戦時下抵抗のあり方の一つとして捉えられる可能性を含んでいる。

しかし、この学園については活動期間が戦時中にあたることもあって、実態を解明するための資料が不足しており、学園の周辺に関連する資料からの傍証に頼らざるを得ない。そのため、事蹟が明らかでない点も多く残されている。

## 補説　昭和一〇年代における虚弱児教育・保護事業と三津浜学園について

### 一　虚弱児対策の強化の方針

大正期において児童の人権の視点を含んだ虚弱児保護の要求や対応が展開されたが、昭和初期になると健民健兵策として国民体位向上が強調された。同時に、断続的な経済不況から、貧困層の虚弱児対策も進められた。学校の夏季休暇利用した「養護聚落」は、増設傾向にあるとともに、富浦海浜学校や花岡学園、一宮学園、六甲郊外学園といった「養護施設」、または「健康学園」と称される、固有の施設を備えた虚弱児童収容施設も設置され、医療・健康面の配慮と併せて初等教育を行うものもあった。

一九三八（昭和一三）年の国家総動員法制定以降は、人的資源拡充目的による虚弱児保護と、出征軍人・軍属や軍人遺家族の子弟保護の観点からの虚弱児保護が唱導される。一九三九（昭和一四）年の全国児童保護大会において、「特ニ人的資源拡充ニ直接関係アル各種施設制度ノ創設強化」については、「心身欠陥保護児童ノ徹底強化」として「従来斯種児童ニ対スル保護ハソノ施設立保護方法ニ於テ世人ヨリ顧ミラザルノ実情ニアリ、従ツテ之ガ整備ヲ図ルは一般的保護ノ見地ヨリ肝要ナルノミナラズ斯種児童ノ資質能力ノ向上ニ資スルコトヲ得ベシ」と、そして軍人遺家族の援護については「子弟ノ保健ニ遺憾ナカラシムルセウ健康相談、育児指導、虚弱児ノ養護及医療援護ノ万全ヲ期スコト」と決議された。また、同年一一月一八日の厚生大臣諮問に対する「軍人援護対策審議会答申」でも、「遺族家庭の医療並に乳幼児の保健に付一層適切なる方途を講ずること」と答申されている。このように、出征軍人の子弟の虚弱児対策が強調された背景には、出征軍人の家族をとりまく生活状況の厳しさがあり、そのことに起因する遺児の体位の低下は特に問題となっていたことを示している(59)。

さらに、一九四〇（昭和一五）年には、厚生大臣からの諮問に対して、社会事業委員会から「時局下児童保護ノ為特ニ急施ヲ要スベキ具体的方策ニツイテノ中央社会事業委員会答申」がなされ、その中に「虚弱児保護ニ関スル事項虚弱児保護ノ強化徹底ハ現下緊急ノ要務ナルニ鑑ミ速ニ左記事項ノ実現ヲ期シ之ニ対シ国費ヲ以テ助成ノ途ヲ拓クコト（一）無料又ハ軽費ヲ以テスル健康相談指導施設ヲ普及スルコト（二）虚弱児ニ対スル栄養品補給ノ方途ヲ確立スルコト（三）虚弱児収容施設ノ普及ヲ図ルコト」と、虚弱児対策の必要が強調された。

## 二　恩賜財団軍人援護会の設立と、法外救護としての虚弱児対策

次に、三津浜学園の設立、運営主体である軍人援護会の虚弱児教育・保護事業について関連のある事項を見ておきたい。一九三八（昭和一三）年一〇月には、厚生省臨時軍事援護部に遺族援護課が設置され、翌年度予算に戦死者遺家族援護施設費として一〇〇万円が計上されることになった。そして、軍事扶助法の適用されない範囲については、「法外救護」として、民間救護団体による活動に期待し、恩賜財団軍人援護会（以下、軍人援護会）が設けられることとなり、都道府県支部の長には地方長官（知事）が就いた。滋賀県においても直ちに県支部が設立され、県庁内に支部事務所が置かれた。そして、平敏孝知事が支部長となり、軍関係者以外では副支部長に県学務部長、常務理事に社会課長、社寺兵事課長が就いた[60]。この人事が示すように、軍人援護会は形式上は民間救護団体と位置づけられながら、その事業は県行政、とりわけ学務部が主導することになる。

軍人援護会各支部の事業には、「共通事業」（「生業援護」「生活援護」「慰藉」「医療」等）と、それぞれの支部で実施される「特殊事業」がある。そして、軍人援護会の各支部における虚弱児を直接の対象とした事業は、「特殊事業」として実施されている。軍人援護会滋賀支部の予算における昭和一四年度から一八年度の事業費支出を追ってみると、合計額については三八〇、〇〇〇円程度でほとんど変化が見られないものの、「援護事業ノ助成」が一八、〇〇〇円から九六、〇〇〇円に増加し、事業支出全体に占める比率は七・四％から二四・七％に拡大している。これは全国的にも同様の傾向が見られ、全国に於ける事業費支出は同期で二倍に、「援護事業ノ助成」についてはほぼ三倍に増加しており、「隣保相扶」を原則とし、扶助法を中心とした国家的援護の限界と、「その限界を補充すべく、都道府県レベルでの地域的な援護が広範に展開されていた事実[61]」の一端が窺える。

次に、「特殊事業」における虚弱児保護・養護事業に類する事業に限定して見てみよう。一九四一（昭和一六）年には、「虚弱児童保養所設置」として九府県で事業が実施されていることが確認できる。

この内、東京の「児童保健所臨海寮」と、山形の「虚弱児童保護ノ林間学校設置」のみが常設で、他は夏季休暇等のみに開設される「養護聚落」であった。滋賀県においても一九四〇(昭和一五)年と、一九四一年には軍人遺族家族の児童を対象にした「夏期保養所」が設置されており、期間は二週間で、対象児童は尋常小学校四、五、六年の児童であった(一九四〇、滋賀県社会事業協会)。一九四二(昭和一七)年には、「養護聚落」は項目から消え、東京と山形の「常設保養所」と、新たに群馬と徳島に「虚弱児委託保育」が設けられている。そして、一九四三(昭和一八)年には、東京と山形の「常設保養所」に、福岡の「愛国寮」と滋賀の「三津浜学園」が加わり、名称も「常設保健所」となって四カ所が挙げられている。つまり、昭和一五年の社会事業委員会答申において「虚弱児収容施設ノ普及ヲ図ルコト」と示されたように、「養護聚楽」のような短期間のみ開設される事業から、常設で一カ月間から年間を通じた収容形態をとる「常設保健所」への重点の移行が見られる[62]。これら「常設保健所」の内、最も早く開設された「片瀬臨海寮」について、「全国には数多くの母子寮、授産場に各託児所が設けられて、昼間のあひだゞけ母の手を離れた遺児たちを訓育する施設は枚挙にいとまがないが、この臨海寮のやうな施設は未だ例の見ない唯一のものであらう[63]」と述べられているように、「常設保健所」は昼間や夏季の一時期に限定せず収容形態をとるものとしてその特徴が見出される[64]。

## 三　国民学校令の施行による虚弱児養護学級開設の促進

次に、公教育における虚弱児教育の状況について見ておきたい。一九四一(昭和一六)年に国民学校令が制定され、同令施行規則によって「国民学校ニ於テハ身体虚弱、精神薄弱其ノ他身心ニ異常アル児童ニシテ特別養護ノ必要アリト認ムルモノノ為ニ特ニ学級又ハ学校ヲ編制スルコトヲ得」と規定された。さらに、文部省令をもってこれらの学級または学校は、養護学級または養護学校と称されることとなり、その一学級の児童数は国民学校初等科が六〇人以下とされたのに対して三〇人以下とし、「成ルベク身体虚弱、精神薄弱、弱視、難聴、吃音、肢体不自由等ノ別ニ学級又ハ学校ヲ編制スベシ」と、障害種別で設置することが望ましいとされた。一連の行政布達により、全国の虚弱児学級数は、一九四〇（昭和一五）年の六〇四学校（一四一三学級）から二年後の一九四二（昭和一七）年には七五三学校（一六八二学級）に増加し、収容児童数も五〇、二五五人から六五、九三〇人に増加した[65]。

滋賀県においても各校に虚弱児学級を設置する動きが進んだ。一九四一（昭和一六）年九月に長浜国民学校に養護学級（健組）が開設され[66]、一九四二年には、八日市国民学校、大津中央国民学校、八幡国民学校、膳所国民学校、葉山国民学校に相次いで虚弱児学級が設置された。また、これらの養護学級では知的障害児をその対象として除外するものもあったが[67]、一九四二（昭和一七）年には、知的障害児を対象とした学級が大津中央国民学校に開設されている[68]。これらの設立の動機として、膳所国民学校の川崎平次郎は、「本校児童の健康状態を考ふるとき、昭和十六年度に於いて在籍一九〇三名、虚弱児童実に二四三名、これ本校多年の頭痛の種[69]」であったと述べている。

---

(1)　糸賀一雄「近江学園要覧」（一九四六）〔『糸賀一雄著作集Ⅰ』（一九八二、日本放送出版協会）一九二頁〕

(2)　森博俊「近江学園の精神薄弱教育実践と糸賀一雄」津曲裕次・清水寛・松矢勝宏・北沢清司編『障害児教育史――社会問題としてたどる外国と日本の通史』（一九八五、川島書店）二七七頁。

(3)　糸賀一雄『この子らを世の光に』（一九六五、柏樹社）七〇頁、池田太郎『めぐりあい・ひびきあい・はえあいの教育』（一九七九、北大路書房）

(4)　「近江学園（仮称）設立案」（一九四六）〔『糸賀一雄著作集Ⅰ』（一九八二、日本放送出版協会）一八七―一九一頁〕この文書には署名がないが、三津浜学園の閉鎖後、池田と田村が糸賀を訪ねて、初めて近江学園構想を相談した数日後に、「池田君と田村君の合作になった新しい学園の構想がプリントされて、私の許に届けられた」糸賀一雄「三津濱学園の解消」（執筆年月日不詳）〔『糸賀一雄著作集Ⅰ』（一九八二、日本放送出版協会）一八三頁〕とあることから、両者の合作によるものと推定した。

（5）糸賀一雄「設立ノ趣旨」（一九四六）『糸賀一雄著作集Ⅰ』（一九八二、日本放送出版協会）一九一―一九三頁」。ただし、森本元子氏（池田の長女で、小学一年から四年まで三津浜学園に暮らした）は、池田と田村の往来はあったが児童との交流はなかったと証言している。

（6）清水寛『発達保障思想の形成』（一九八一、青木書店）

（7）前掲、糸賀『この子らを世の光に』二〇―二八頁。

（8）池田太郎『めぐりあい・ひびきあい・はえあいの教育』（一九七九、北大路書房）二二一―二二八頁。

（9）前掲、糸賀『この子らを世の光に』二〇頁／前掲、池田『めぐりあい・ひびきあい・はえあいの教育』

（10）滋賀県社会事業協会「恩賜財団軍人援護会滋賀支部設立される」『共済』第一五巻第一二号（一九三八、滋賀県社会事業協会）一〇―一一頁。

（11）前掲、糸賀『この子らを世の光に』二〇頁。

（12）永杉喜輔『下村湖人伝』（一九七〇、柏樹社）二〇九頁。

（13）下村湖人「書簡」『下村湖人全集一〇』（一九七六、国土社）三七五頁等。

（14）滋賀県社会事業協会「彙報」『共済』第一六巻第五号（一九三九、滋賀県社会事業協会）、永杉喜輔「自伝的年譜」『永杉喜輔著作集一〇』（一九七五、国土社）を参照した。

（15）永杉喜輔「自伝的年譜」『永杉喜輔著作集一〇』（一九七五、国土社）三一二頁。ただし、これについて永杉は、一九四三（昭和一八）年の項目として記載しているが、この時期はすでに三津浜学園は設立されているため、一九四二（昭和一七）年の誤りであると思われる。

（16）滋賀県立女子師範学校は、一九四三（昭和一八）年の学制変更により、官立に移管されて滋賀師範学校女子部となっている。ゆえに、一九四二年の赴任の際は、滋賀県立女子師範学校付属国民学校であり、一九四三年以降の所属は滋賀師範学校女子部付属国民学校である。

（17）藤堂の経歴については、藤堂参伍追悼録刊行委員会編『藤堂参伍追悼録』（一九六八、中央公論事業出版）を参照した。

（18）前掲、『藤堂参伍追悼録』

（19）笹川泰広「一麦のいのち」同刊行委員会『藤堂参伍追悼録』（一九六八、中央公論事業出版）二四八頁。

(20) 滋賀県社会事業協会「全国児童保護大会」『共済』第一六巻第一一号（一九三九、滋賀県社会事業協会）
(21) 滋賀県社会事業協会「大津に母子健康相談所」『共済』第一六巻第五号（一九三九、滋賀県社会事業協会）
(22) 前掲、下村「書簡」三六二頁。
(23) 朝日新聞社「誉の児らへ楽しき園・『三津濱学園』きのふ開演式」『朝日新聞（滋賀版）』（昭和一八年四月三日）
(24) 糸賀は後に、「昭和十七年には三津浜学園という施設が、滋賀県大津市の北端、三津浜という土地に誕生していた」（糸賀一雄『この子らを世の光に』（一九六五、柏樹社）二〇頁）と述べているが、この時期には三津浜学園はまだ設立されていない。そのため、これは池田太郎を招聘し、開園準備を開始した時期を指すものと推測される。
(25) 滋賀新聞社「朝香宮殿下近江神宮に御参拝・三津濱学園御成・畏し軍人援護の思召」（『滋賀新聞』昭和一八年一〇月二二日）
(26) 滋賀新聞社「梨本宮妃殿下秋の近江路御成・三津浜学園に御成」（『滋賀新聞』昭和一八年一一月七日）
(27) 滋賀県（梨本宮妃殿下御成関係書類（昭和一八年一一月四、五、六））
(28) 糸賀はバーンのことを「オランダ人宣教師」と記しているが（糸賀一雄『この子らを世の光に』（一九六五、柏樹社）等）、バーンはオランダ人ではなく、アメリカ生まれのアイルランド人（両親がアイルランド出身）であった。メリノール宣教会とバーンについては、レイモンド・A・レイン『鎖に繋がれたる使節――パトリック・ジェイムス・バーン司教の生涯：韓国教皇使節（一八八八―一九五〇）』（一九五七、ヴェリタス書院）及び、上智学院新カトリック大事典編纂委員会編『新カトリック大事典』（二〇〇九、研究社）を参照した。
(29) 三津浜学園として使用されたメリノールハウスは、当時と同じ場所に現存している。
(30) 滋賀県（梨本宮妃殿下御成関係書類（昭和一八年一一月四、五、六））
(31) 軍人援護会からの財政支援の状況については、「昭和一八年度支部予算に現れた特殊事業に就て」『軍人援護』第六巻第二号（一九四四、恩賜財団軍人援護会）六―八頁、「昭和一八年度支部予算に現れた特殊事業に就て（二）」『軍人援護』第六巻第三号（一九四四、恩賜財団軍人援護会）七―一三頁、「支部予算に現はれた特殊事業」『軍人援護』第一巻第九号（一九三九、恩賜財団軍人援護会）四四―五三頁、「支部予算に現はれた特殊事業」『軍人援護』第二巻第一二号（一九四〇、恩賜財団軍人援護会）二〇―二二頁、「支部予算に現はれた特殊事業に就て」『軍人援護』第三巻第一二号（一九四一、恩賜財団軍人援護会）二〇―三〇頁、「昭和一七年度支部予算に現れた特殊事業に就て」『軍人援護』第五巻第二号（一九四三、恩賜財団軍人援護会）二八―三七頁、を参照した。
(32) 村瀬登茂三「片瀬臨海寮訪問記」『軍人援護』第四巻第七号（一九四二、軍人援護会）二一―二三頁、室中儀一「蔵王高湯養護林間学校訪問記」『軍人援護』第五巻第九号（一九四三、軍人援護会）一六―一九頁を参照した。これらによれば、片瀬臨海寮は近隣の片瀬国民学校に通学形態をとり、蔵王高湯林間学校は入所期間が二〇日間と短期間である。また、愛国寮に関しては直接的な資料が披見出来ておらず、詳細は不明である。
(33) 開設二年目の一九四四（昭和一九）年度のみ女子学生が学徒動員により、池田の助手として携わっている（前掲、池田『めぐりあい・ひびきあい・はえあいの教育』二一三頁）。
(34) 滋賀県（梨本宮妃殿下御成関係書類（昭和一八年一一月四、五、六））
(35) 前掲、池田『めぐりあい・ひびきあい・はえあいの教育』二一一―二一八頁。
(36) 前掲、糸賀「設立ノ趣旨」一九二頁。
(37) 滋賀県（梨本宮妃殿下御成関係書類（昭和一八年一一月四、五、六））、滋賀新聞社「朝香宮殿下近江神宮に御参拝・三津濱学園御成・畏し軍人援護の思召」『滋賀新聞』（昭和一八年一〇月二二日）を参照した。
(38) 前掲、池田『めぐりあい・ひびきあい・はえあいの教育』二一三頁。池田は、「旧制女子中学校の学生」と記しているが、このような名称の教育機関は存在しないため、男子の旧制中学校と同等の学校とされる高等女学校と推定した。
(39) 池田太郎「藤堂さん」同刊行委員会編『藤堂参伍追悼録』（一九六八、中央公論事業出版）一八九頁。
(40) 前掲、「近江学園（仮称）設立案」一八七―一九一頁。
(41) 前掲、糸賀「近江学園要覧」一九四頁。
(42) 森博俊「二四　近江学園の精神薄弱教育実践と糸賀一雄」津曲裕次・清水寛・松矢勝宏・北沢清司編『障害児教育史――社会問題としてたどる外国と日本の通史』（一九八五、川島書店）二七七頁。
(43) 前掲、糸賀『この子らを世の光に』二〇頁。
(44) 滋賀県では、一九四一年九月に長浜国民学校に養護学級（健組）が開設され、一九四二年には八日市、大津中央、八幡、膳所、葉山の各国民学校に相次いで虚弱児学級が設置されている。
(45) 滋賀新聞社「養護学級連盟　廿一日発会式」『滋賀新聞』（昭和一九年三月一一日）
(46) 木全清博『滋賀の学校史』（二〇〇四、文理閣）一六二―一六六頁を参照した。木全によると、大津中央国民学校の養護学級や、八日市国民学校の養護学級の学級経営や教育課程は、池田の助言や影響を受けて指導されており、池田は県内のこれら養護学級の実践にも影響を及ぼしている。

(47) 桐山直人「国民学校令以前の『養護学校』教育制度による類型別検討」(二〇〇四、日本育療学会第八回学術集会研究発表要旨)

(48) 前掲、池田『めぐりあい・ひびきあい・はえあいの教育』二一三頁。

(49) 下村湖人「煙仲間」『下村湖人全集六』(一九七六、国土社)二三一―三七六。

(50) 田澤義鋪『青年修養論　人生論』(一九三六、日本青年館)一六四―一六五頁。

(51) 前掲、永杉『下村湖人伝』

(52) 前掲、永杉「自伝的年譜」二九頁。

(53) 池田太郎『子供を観る』(一九四三、一条出版)一六五頁。

(54) 前掲、下村「書簡」三七五頁。

(55) 池田太郎「随想」『新風土』第六巻第九号(一九四三、小山書店)二九頁。

(56) 同右、三二―三四頁。

(57) もう一人の中心人物である藤堂については、この時期の史料が前掲の『言上書』以外には披見できていない。永杉宛の書簡によれば、「三津濱通信には『学園から見た親達』といつたやうな事を藤堂さんにお願ひして置きました」(昭和一八年五月一四日)(下村湖人「書簡」『下村湖人全集一〇』(一九七六、国土社)三七八頁)、「新風土原稿藤堂氏にも是非お願ひいたします。三津濱学園から覗いた世相といつたやうな事はどうでせう」(昭和一八年七月一二日)(同上三八七頁)とあるが、これらの記事が『新風土』に掲載されたことは確認できない。

(58) 吉田久一『現代社会事業史研究』(一九七九、勁草書房)三八八―三八九頁。

(59) 同右、三八八―三八九頁。

(60) 滋賀県社会事業協会「恩賜財団軍人援護会滋賀支部設立される」『共済』第一五巻第一二号(昭和一三年一二月一五日)(一九三八、滋賀県社会事業協会)一〇―一一頁。

(61) 佐賀朝「日中戦争期における軍事援護事業の展開」『日本史研究』第三八五号(一九九四、日本史研究会)五五頁。

(62) 「養護聚楽」の事業が全く実施されなかったのではない。例えば、一九四四(昭和一九)年に発行された『軍人援護』

第六巻七・八号には、「虚弱児童夏季錬成事業好評」と題した、夏季林間・臨海学校実施を伝える記事が見られる。
(63) 前掲、村瀬「片瀬臨海寮訪問記」二一一―二一三頁。
(64) ただし、蔵王高湯養護林間学校については、降雪の影響で冬期は閉鎖された（前掲、室中「蔵王高湯養護林間学校訪問記」一六―一九頁）。
(65) 中央社会事業協会社会事業研究所『社会事業名鑑』昭和一八年度（一九四三、中央社会事業協会社会事業研究所）一六五頁。
(66) 『近江同盟新聞』（昭和一六年八月一〇日）は、「虚弱児のみの学級　長浜校の新試み」として、「長浜国民学校では九月の新学期から初等科二、三、四の各学級を増設することになつた。これは一般の児童に伍して行かない虚弱な学童のみ各二十名程度を収容して医学的注意のもとに健康的生活を営ましめつゝ、一般の学業を修めさせようとする特殊学級であつて、かふした特殊学級の設置は県下で最初の試みで各方面から注目されてゐる」と報じている。また、『長浜小学校百年史』（同編集委員会、一九七一）によれば、同養護学級は、昭和一六年九月一七日に設置され、昭和一九年一学期まで存続したが、八月二四日に空襲に備えて地区別に学級が再編成されたため解散された。
(67) 長浜国民学校の南出訓導によれば、「知能指数、八十五以下の児童はこれを省いた」（「養護学級経営」『滋賀教育』五五九（昭和一七年八月）滋賀教育会、三五頁）。また膳所国民学校では「先天的異常、精神薄弱は除外した、然し彼等も亦何等かの方法により救済の道を開かねばならぬ」（川崎平次郎「養護学級教育断想」『滋賀教育』五五九（昭和一七年八月）（一九四二、滋賀教育会）五四頁）と記されている。
(68) 『朝日新聞〔滋賀版〕』（昭和一七年八月三〇日）は、「特別の養護学級　精神薄弱児のため大津で計画　現在同市では膳所校に体力薄弱学級があるが、県からの話もあり当市局でも設置したい意向をもつてゐた矢先なのでまづ中央校に設置される模様である」と報じている。
(69) 川崎平次郎「養護学級教育断想」『滋賀教育』五五九（一九四二、滋賀教育会）五三頁。
（付記）本章の執筆にあたっては、メリノール宣教会のリージス・ギング神父、池田元子氏より、何かとご教示を賜りました。

# 第五章 近江学園の設立と戦後の「煙仲間」運動

太平洋戦争末期の一九四四（昭和一九）年九月、糸賀は内政部経済統制課長（後に経済部）となり、県民の食糧の増産の任にあたっている。当時の新聞記事によれば、海産物を求めて東北、北海道、樺太方面まで出張をしていることが確認できる(1)。そして、翌四五（昭和二〇）年八月には新設された経済部食糧課長となり、八月一五日の敗戦を迎える。戦後の混乱期に県民の食糧確保の任にあったことを考えれば、相当の激務であったことは想像に難くない。そのため、翌四六（昭和二一）年一月には、発病のために静養を余儀なくされた。

さらに同年二月一一日、糸賀に「国家再建の責務」を託したとされる木村素衛が、講演先の信州において五一歳で急逝してしまう。長兄のように慕い、私淑していた木村を失ったことは、糸賀に大きな衝撃を与える出来事であったことは推測に難くない。糸賀は敗戦間際にその報を受け、木村素衛と国家再建の決意を誓ったと述べており(2)、木村の感化や戦時体制を地方官僚として支えた反省から、「国家再建をいかにすべきかというナショナリスティックな課題があった」ことが近江学園創設の動機とされていた(3)。

一方、下村湖人は敗戦を迎えてどのように糸賀に対していたのであろうか。敗戦直後の、九月一日の永杉宛書簡には「再出発の御構想如何、小生には特別のものはない、只ふだん考へてゐた事がやはり正しかつたといふ悲しい現実を投げつけられて、かなり永い間眠れませんでした、（略）糸賀君御上京の機会があつたら会ひたいものです」（一九四五年九月一日永杉宛）と認めている。そして、九月一九日には、「糸賀氏の食糧課長、これも大いに期待がかけられるし、目下のところ最も大事な仕事の一つだと思ひますが、基礎的な仕事が一段落ついたら、今度は教育方面の事をやつて貰ひたいと思ひます、青少年の将来と日本の関係を考へますと、これからは第一流の役人が進んでその方向に向かはなければ嘘ではないでせうか」（一九四五年九月一九日永杉宛）と、下村は糸賀が教育分野に関わることを切望している。さらに、糸賀が病気療養していた一〇月から翌年にかけての下村の書簡には、「糸賀氏の御病状如何？」（一九四六年二月三日永杉宛）など、糸賀の病気を気遣う内容が認められている。

糸賀は、池田と田村から、近江学園園長の就任を要請された際、「私は来るべきものが来たという思いで、不思議な手に魅入られたように引きずりこまれていった」と述懐しているが[4]、糸賀が近江学園の設立に携わる動機については、下村との関係についても考慮して考察していかなければならない。

## 第一節　近江学園の創設と初期の運営方針

### （一）三津浜学園の閉鎖と近江学園構想

敗戦後、軍事援護関連事業の継続が困難になるとともに、メリノール宣教会のバーン神父からは接収していた三津浜学園の土地・建物の返還を求められた。そのため池田は、一九四六（昭和二一）年三月をもって園児を退所させ、学園の活動を停止し、同年六月までには建物を明け渡している。糸賀は、三津浜学園の活動停止に際して、「バーン神父の好意的な仲介があって」隣接する滋賀海軍航空隊跡地の利用について占領軍と交渉したこと[5]、近江学園の構想を池田、田村から打ちあけられ、三者で構想したことを回想している[6]。

三津浜学園の閉鎖直後に、池田や田村らによって作成された『近江学園（仮称）設立案』には、「戦災孤児ソノ他環境不良児、精神薄弱児」に加えて「将来ニ於テハ設備ノ完備ト共ニ肢体不自由児、難聴児、身体虚弱児等、国民学校デハ教育ヲ受ケ難イ児童ノ一切ヲ収容シタイ」[7]と、さらに幅広い児童を対象とすることが想定されていた。糸賀は、この構想を聞かされた際、「私にとっては全く予想外の解決であった」[8]と、述懐している。しかし、この年の四月には、「浮浪児其の他児童保護等の応急措置実施に関する件」が厚生省社会局長通達として出されており、「浮浪児」の存在が深刻な社会問題となっていたことを鑑みれば、池田らがこの事業を構想したことは当然のことであったと解せる。ただ、池田と田村は、この経緯については詳しく述べておらず、池田、田村の両氏による『近江学園（仮称）設立案』にも、「敗戦後の平和国家再建の方途は政治上、経済上種々なる方面に緊急を要するもの数多くあるが、再建に邁進する社会の負担となるべきかかる児童を、多数収容して教育をなすこの種社会事業も亦決して看過することの出来ぬ大きな仕事である」[9]とあるのみで、知的障害児を戦災孤児や生活困窮児とともに同一施設に収容する積極的な意義については触れられていない。

そもそも田村は石山学園への赴任以前には、「私は特別学級を作るよりも特別学校を造る方が良いと言ふ。この教育から云へば、普通小学校に付設されていることは飽くまで変態である。（略）精薄児は、普通児から何か利益を得るよりも更に大きい害を受けるのが事実であるのだ」[10]と、知的障害児を「普通児」から隔離して教育する必要を提起していた。また、池田も知的障害児と「普通児」の複合的な構成については、明確には言及をしていない。

この点について、学園内部の構成を地域社会との関連で示しているのは糸賀である。まず、近江学園長を受諾した直後に作成した『設立ノ趣旨』には、「ココデ頭ノイイ子ハ難シイ仕事ヲ受持ツテ、ソレゾレ自分ノ持前ヲ生カシナガラオ互ヒニ扶ケ合ツテ行クトイフ精神ヲ養フノデアリマス。教育モココマデ行カナケレバナラナイノデハナイカト思ヒマス」[11]と、記している。[12]そして、学園設立までにはこれに加筆して、「嘗テ三津浜学園児ト石山学園児トヲ屢々往来セシメテ相互ニコノ問題ガ深メラレタ経験モアリ」「教育的ニハムシロコノ姿ガ本質的形態デアルトノ確信ガ抱カレルニ至ツタ」としている。そして、従来は「同一施設ニ収容教育スルコトハ困難視サレテ来タ」が、教科教育に関してはひとまず別々に対応するとしながらも「生産作業トカ遊ビノ中ニ於テ両者ハ顔ヲ合セ、協同スル。（略）複雑ナ社会ニ生活スルタメノ相互ノ訓練トナルノデアツテ、謂ハバ教育ノ本質的ナ課題ガヒソンデヰル」と、学園における複合的な児童の構成について、学園を出た後の社会生活との関連でその意義を示している。[13]

先述の通り、糸賀は教育哲学者の木村素衛の感化を受け、障害児の教育や社会事業を通じて敗戦後の国家再建を目指したとされてきた。[14]しかし、近江学園構想における複合的な児童の構成については、下村湖人らの「全一」論を基盤に持つ「塾教育」という実践モデルが、その背景にあったものと考えられる。

## （二）近江学園の設立と園長就任

近江学園は、ＧＨＱが管理している旧海軍滋賀航空隊の跡地が建物ごと払い下げられ、その用地とすることを期待して準備が進められた。前掲の設立案には、「コノ広大ナル土地ニ、三津濱学園及ビ石山学園ヲモ包含シタ一大綜合施設ヲ建設シ、滋賀県ハ勿論広ク全国ニ戦災孤児、環境不良児、精神薄弱児等ヲ収容シテ教育スルコトハ、マ司令部厚生省方面ハモトヨリ、社会各方面ニ於テコノ種社会事業ノ活動ガ強ク要望サレテヰル現在、実ニ有意義ナル事業デアリ且ツ設立ニハ絶好機会ト云ワナケレバナラヌ」[15]と、近江学園の設立は占領政策の方針とも合致し、土地が払い下げられることが期待されている。

しかし、七月になってその土地はすでに県の外郭団体である「農業会」の指導農場として払い下げられて居ることが判明し、近江学園の構想は暗礁に乗り上げてしまう。その後も池田は、この跡地利用に関して努力するが奏効せず、八月半ば頃には「その後の努力も結局有郁無郁となった」[16]と糸賀に報告している。

糸賀は、七月から真野村長であった西条孝之の所有する別荘で、療養生活を送っている。周囲から「再起不能」と言われるほど健康を害しており、糸賀自身も行政官としての生活を継続することへの迷いを感じ始めていたようである。そしてある時、思いがけなく池田と田村から新たに設立される学園の園長への就任を要請される。『この子らは世の光に』に転載された日記によれば、それは九月五日（木）のことである。糸賀はこの要請に対して驚くと同時に、「あたりまえ」のような使命を感じ、その身を社会事業に投じる決意を固める。

糸賀が園長就任を受諾してから学園の構想は急速に具現化し、一九四六（昭和二一）年一一月一五日、近江学園は創設される。糸賀が園長の就任要請を引き受けてからわずか二カ月後のことであった。当初は県営ではなく、軍人援護会から名称を変えた同朋援護会と滋賀県社会事業協会の共同経営であった。また当時は、児童福祉法の成立以前であり、制度上は救護施設の位置づけをとった[17]。

糸賀は当初、学園において取り組まれる事業の構想についてどのように認識していたのであろうか。糸賀は、園長就任を受諾した直後に「近江学園設立趣意書」[18]を著しているが、近江学園の構想は、池田、田村の両氏が園長を打診した際には、両氏によってその詳細まで形作られていた。また、両者を比べてみれば、糸賀の「趣意書」が両氏による「近江学園（仮称）設立案」をもとに書いたものであることがうかがえる。

「趣意書」には、知的障害児のおかれた状況と彼らを放置することによって生じる社会への影響について、「一般ニハマダ忘レラレテイル精神薄弱児（低能児）ガ、コレマタ放ッテアルタメニ不良ノ徒トナッテ行クモノガ沢山アルコトモ、犯罪者ノ半数以上ガ精神薄弱者デアルトイウコトカラ見テモ頷ケルト思イマス。ソノタメニコレカラ健全ニ進ンデイカネバナラナイ社会ガ、ドレ程迷惑ヲ受ケテイルカトイウコトモ、ヨク考エテミルトナカナカ大キイ問題デアリマス」と、社会が損失を被っていると強調している。しかし、その原因は知的障害児の側にのみあるのではないとし、「我々ガ彼等ヲ放ッテオクコトガイケナイノデ、彼等ヲヤハリ私達ノ仲間トシテ温ク育テ上ゲ、正シク教育スレバ、ソレガ又同時ニ社会ノ健全ナ発展ヲ少シデモ助ケルコトニナルノデ、ドウシテモコノ子供達ヲ適当ナ施設ニ収容シテ教育シナケレバナリマセン」と、そこに社会的養護や教育的な配慮がないことが問題であり、そのために収容施設が必要であると主張している。

従来から指摘されるように、近江学園設立当初の糸賀には、純粋に子どもの立場に立ってというよりも、社会防御的な観点から社会事業に取り組もうとする意図が見られる[19]。ただ、これらの「設立案」や「趣意書」といった文章は、これから取り組まれる事業に対して賛同を求める性格から、広く一般に共鳴を得やすい内容となっていることを念頭におく必要があるだろう。

一方で、津曲裕次は、近江学園の設立の背景には、「児童問題は、単なる緊急援護的な措置だけでは解決されえないことが気づかれ」「単なる収容所の設置だけでは不十分で、衣食住という基本的な生活の保障と同時に、教育（文化的向上と職業的陶冶）と医療の保障が不可欠であることが明らかに」されたことがあると、それが理念として掲げられたことの重要性を指摘している[20]。

近江学園の具体的な教育内容については、職業教育を核としているが「同時ニコレラノ生産設備ニヨッテ収益ヲアゲ、ソレニヨッテ将来学園ノ独立自営ニマデイキタイトイウ夢ヲモッテオリマス」と述べ、従来の社会事業における「保護」の対象を、教育の介在により「生産主体」へと転換することを目指している。

さらに医療面の配慮にも特徴が見られ、「本当ニ心モ身体モヨクシヨウトスルナラバ、ドウシテモ医学ト教育トガシッカリト手ヲ握ラレナケレバナリマセン。（略）学園ハ専任ノオ医者サンヤ保健婦サンヲ置イテ、コノ方面カラモ子供達ノ教育ニ力ヲ合ワセテヤッテモラッテ貰ウノデアリマス」と、医療の専門家の配置を構想している。これは、藤堂らが構想した三津浜学園の機能を引き継ぎ、医療体制の整備を重視したものである。後に医務室は、学生義勇軍同志会で活躍した岡崎英彦が担当することになり、ここでの活動がやや遅れて設立される研究部と共に、後の重症心身障害児施設びわこ学園にむかって展開していく原点となった。

最後に、研究部門の設立についても触れられている。これは、一つには「日々子供達ヲ相手ニ忙シイコトデスガ、ヤハリ研究ヲ怠リマスト仕事ガ進マズ、カエッテ世ノ中ニ遅レテシマウヨウナコトガアリマスカラ、ヨク注意シテ努力シナクテハナリマセン」という教育実践上の意味があり、二つには「コレマデノ社会事業ガ初代園長ガナクナルト急ニ火ガ消エタヨウニ衰エタリ、解散ニナッテシマッタリシテ残念ニ思ウコトガママアリマスガ、コレハ後ヲ継グ人ガイナイノデ、ドウシテモ早クカラ後ヲ継グ人ヲ見ツケ出シテ置クトカシナケレバナリマセン」と、後継者の育成の意味でも重要視していたようである。後に「不断の研究」として近江学園三条件の一つに掲げられるように、実践を裏付け、学園の進むべき進路を方向づけ、新たな施策の必要性を明らかにするとともに、枝葉のように分かれていく施設展開を理論の面から後押しする役割を果たしていくことになる。

## （三）初期近江学園の運営方針

一一月に設立された近江学園は、初めての冬をどうにか越していく。糸賀は、学園の機関誌である『南郷』創刊号に、設立直後の学園の様子を記している。

園児は今三十名で、更に近く入園予定の者が約十名ある。八歳になる女の子で二期の黴毒の患者も居れば、生後一ヶ月の生み捨てられた乳呑児もあり、知能指数が三十にもならぬ白痴が数名いて、中には生理的な制動機が完全になくなっている児もいる。この児らを立派に育てるにはどうしても一人に一人先生がいる。しかしそんなぜいたくは言って居られない。生活と教育を相即させたこの学園では、学課だけが教育でなく、炊事も医局も農場の開墾も薪割りも、朝夕の便所掃除も三匹の子豚の世話も、どっさりたまる洗濯も、すべてがその一環として仕事である。学園の職員はその意味でみな教育者なのである。そして夜は、子供達がねしずまってから学問的な専門研究あり、子供達一人、一人についての綜合研究あり乏しい炭火を囲んで語り合っては、明日への希望と勇気

を湧き立て合ふのである。(21)

設立当初の近江学園は、戦後の混乱期という困難な状況においても、糸賀らの理想を追求する姿勢によって支えられていた。それを裏付けたのが、「近江学園三条件」と「どんぐり金庫」である。「三条件」と「どんぐり金庫」の構想は、近江学園の設立以前、池田と田村が取りまとめた「設立趣意書」にその要点が見られる。

「三条件」とは、「四六時中勤務」「耐乏生活」「不断の研究」である。園長の糸賀をはじめとして、職員一四名全員が学園内に住み込み、子どもと生活の全てを共にすることを原則とし、「年中園児ガ居ルノデアルカラ職員ノ休日ハナイ」とされている。(22) そして、「オ互ヒニ働イテソノ生産シタモノデ互ヒガ食フノデアルカラ、各自ノ仕事ニ於テ怠ケ者ハ馘首」と厳しく規定されている。そして、「職員及ビソノ家族ノ生活ハ園ニ於テ保證スル。尚職務ニ打込ミ得ル為老後ノ憂ナキ様ナ制度ヲ確立スル」と、運命共同体を形成するといった趣旨が述べられている。また、研究活動についても、「新ニ近江学園職員ヲ希望スルモノハ、教育部研究科ニ入リ、一定期間教育ヲ受ケ（実習ヲ含ム）人物モ適当トミトメラレタナラバ全職員ノ協議ヲ経テ採用サレル。職員ノ研究ノ為出張ハドシドシヤリタイ」と、強調している。

近江学園の設立を支えたのは盟友である池田太郎、田村一二や、戦時中滋賀県庁に勤務の後徴兵され復員してきた荒川友義、自らの鍛錬と称して学生義勇軍同志会の活動を行っていた岡崎英彦、矢野隆夫、増田正司ら「学生義勇軍の残党」であった。皆、戦時下の苦楽を共にしてきた同志であり、その強力な結合によって近江学園は成立が可能であったのであるが、職員には悪条件下での、相当の激務を強いるものであったことは想像に難くない。さらに、秘書課長として仕えた近藤壌太郎滋賀県知事に厳しく鍛えられた糸賀は自身に対して厳しかったが、職員にも厳しかった。近江学園に、一九四八（昭和二三）年から一九五三（昭和二八）年までの五年間在職した中村健二は、「創設の理念に燃えておられた当時の先生の厳しさは、現在からは想像されるものでない。それは、私が在職中のわずか五年半に、職員の移動がたしか六四人あったことでもわかると思う。近江学園の理念の旗印に共感して馳せてきたが、その現実には耐えられなかった者か、園側から解雇を言い渡された者である」[23]と、回想している。敗戦後の厳しい情勢の中で、学園職員の「三条件」や「生活即教育」の理念は、この同志的結合によってのみ可能であったのである。

また、全職員の給料は「どんぐり金庫」にプールされ、学園の運営と職員の生活費に当てられていた。いわば「原始共産的な運営形態」である。「どんぐり金庫」は、一九四九（昭和二四）年まで続いた後、一九五一（昭和二六）年に設立された財団法人大木会（後の社会福祉法人大木会）に引き継がれ、その後の近江学園を中心とした施設展開を支えていく基盤となっていく[24]。

## （四）後援組織の設立

糸賀は近江学園設立当初から、官僚時代の知人を頼って事業の後援を依頼していた。頼った先は、元安土村村長の伊庭慎吉[25]や彦根市長の安居喜八、後に彦根市長になる井伊直愛[26]らである。また、戦前の下村湖人を囲んだ壮年団のメンバーや、各地域の婦人会のメンバーなどとの関係も続いていた。糸賀は、これらの後援者に学園の後援団体の結成を呼びかけ、一九四八（昭和二三）年、後援組織としての「近江学園椎の木会」を設立した。

「椎の木会」の名称は、松尾芭蕉の「まづたのむ椎の木もあり夏木立」の句に由来するものであり、石山学園から引き継いだ近江学園歌[27]の一節ともなっている。糸賀は「椎の木会趣意書」の中で、「我等はこの学園をして、戦災孤児、生活困窮児、精神薄弱児らにとって楽しい、快い憩ひの樹陰たらしめたい。ここに休み、精気を養って、再び目くらむような激しい炎天の道に元気一杯で進んで行く如く、園児らもやがて学園から明るい性格と逞しい身心をもって、実社会へと闊歩して行ってくれるであろう」と、その設立に対する思いを表している。「椎の木会」は、「近江学園に対し精神的及物質的に援助することを目的」として、「近江学園の維持経営に関しその諮問に応へると共に其の具体的なる方途を講ずること（特に生産部門設置運営）」「厚生思想の普及宣伝」「其他必要なる宣伝」を行うこととなった。[28]

なお、「椎の木会趣意書」は、糸賀と斎藤謙蔵（弔花）によって筆作されたものである。斎藤謙蔵は、明治期から昭和初期に活躍した文筆家であり、国木田独歩や徳富蘇峰、蘆花兄弟とも親交のあった人物である。神戸新聞を駆け出しに新聞記者としても活躍しており、昭和に入ってからは関西日報の主筆を勤め、大阪の社会事業とも関連があった。滋賀県が近江学園のために雅楽園を買収するまで、この建物は日本医療団の結核療養施設（奨健寮）として使用されており、斎藤はその住人の一人であった。建物が引き渡される際、糸賀の引き留めにより学園内にとどまり、「近江学園のおじいちゃん」として園児に親しまれる存在となっていた。

一九四八（昭和二三）年、児童福祉法の施行により、近江学園は滋賀県立に移管されると共に、児童養護施設兼精神薄弱児施設として認可される。当時の定員は、養護児一〇〇人、知的障害児五〇人であった。

この時期になると学園の様子は、厳しい現実の課題に直面する中で、当初の構想とはかなり異なったものになっていた。糸賀自身、「いろいろな抱負や構想や理念は一年の間にいくたびも変更を余儀なくされたし、具体的な事実の前に観念の脆弱さをいやといふ程味はされもした[29]」と述べている。設立から一年半ほどの間に、収益事業の失敗もあり、運営資金面のつまずきや、重度知的障害児の「さくら組」の編成、「幼稚部」の設置など、当初の想定を超える学園の実態が生じていたのである。県の組む予算についても「どんなに節約しても、約七百万円の経費がいるのに事実上昭和二十四年当初予算は四百万円程可決され、需要の約五八％に過ぎぬ[30]」と、学園の活動を支える費用が公費のみでは賄えず、財源の確保が急務であったことがうかがえる。

「椎の木会」は、このような状況を打開するために設立されたのであったが、同時期に共同募金が全国的に展開され、これと競合しないようにと事実上の活動停止となってしまう。これにより「椎の木会」はその性質を大きく変えてゆくことになり、一九五〇（昭和二五）年に、社団法人「近江学園椎の木会」となって、重度知的障害児を対象とした「落穂寮」の運営母体となっていく。

さらに、創設から二年を経た一九四八（昭和二三）年、いわゆる近江学園事件が起こる。事件の兆候は、その年度の共同募金の配分対象から「椎の木会」がはずされてしまった時からあった。事件の背景には、県の支援を受けて発足し、運営が軌道に乗り始めた近江学園に対する、従来からの社会事業家によるねたみがあったとも言われる。そして、一二月の突然の軍政部より調査を受け、「どぐんり金庫」が非難の対象にあげられるなど、翌年二月まで立て続けに様々な立ち入り調査を受けることになる。しかし、近江学園自体に不正があったわけでもなく、またかつて糸賀が仕えた滋賀県知事で、中央の政治情勢にも通じていた近藤壌太郎の尽力もあってほどなくして収束していく。

近江学園事件が収束した後、一九四九（昭和二四）年の四月には、非難の発端となった「どんぐり金庫」は解散され、職員による内部組織として「近江学園大木会」が結成される。全職員の給料をプールし、学園の運営にあてることを止め、職員が給料の一部（三％）を自主的に拠出することに改めたのである。この「近江学園大木会」は、一九五六（昭和三一）年に財団法人「大木会」となり、重度知的障害児者や、後のびわこ学園に至る重症心身障害児への取り組みといった先駆的な事業を支える基盤となったのである。

## 第二節　近江学園設立直後の糸賀の社会事業観

糸賀は、最晩年に著した『福祉の思想』（一九六八、日本放送出版協会）の中で、近江学園と関連する施設での取り組みに依拠した独自の社会福祉論を展開している。しかし、近江学園創設期においては、晩年とはかなり異なる社会事業観をもっていたことがうかがわれる。

また、近江学園の設立以前、糸賀は滋賀県の内政部兵事厚生課長として、僅かな期間ではあるが（一九四三年六月四日から九月二七日に経済統制課長になるまでの約四カ月間）、戦時厚生事業に直接的にかかわった。また、この期間の前後に、自ら池田太郎と田村一二を京都から招聘した。このように近江学園の園長となる以前に、社会事業との接点がなかったわけではないが、いずれも短期または側面的な関わりである。この時期の糸賀の動向を明らかにすることの重要性については、田中和男による「行政マンとしての糸賀と近江学園経営者・福祉実践家としての糸賀にはガヴァナンスについての連続性が感じ取られる」ため、「総力戦下に滋賀県の官僚として糸賀が行政にどのように関与したかを明確にすべきであろう(31)」という指摘もあるが、このことを明らかに示す史料は披見出来ていない。

またさらに溯って、糸賀が鳥取第二中学校在学中から通い、洗礼を受けた鳥取教会と関係が深い人物に尾崎信太郎がいる。当時、尾崎が糸賀の住む隣町で鳥取育児院を経営しており、糸賀が育児院の事業に触れる機会は十分あったと思われる。しかしながら、糸賀と鳥取育児院との関連を示す資料は発見されていない(32)。また、クリスチャンとしての糸賀が、信仰との関連においてどのように社会事業を認識していたのかなど、明らかにすべき事項は多いが、現在のところ糸賀の社会事業観について披見できるのは、近江学園の設立以降のものである。

糸賀が社会事業についての考え方を示した最も初期の資料としては、前掲の「(近江学園) 設立ノ趣旨」、近江学園の機関誌『南郷』第二号に掲載された「社会事業の在り方 (一)」、第四号に掲載された「社会事業の在り方 (二)」の三点の資料がある。「設立ノ趣旨」は近江学園の開設の一カ月前 (一〇月一日) に執筆され、『南郷』第二号は、学園の創設から四カ月目の一九四七年三月、第四号は九カ月目の七月の発行である。しかしながら、これらに見られる内容は、糸賀独自のものであるとはいえない。なぜなら、これらは糸賀が近江学園の構想に本格的にかかわる以前、池田と田村らによって作成された「近江学園 (仮称) 設立案」に、すでにその要点が述べられているのである。ここでは、設立案に示された内容と、糸賀の著作とを比較しながら「設立案」の継承と、糸賀の独自の展開について検討してみたい。

近江学園が構想された当時はGHQによる統治下であり、社会事業改革についてもGHQの主導のもとに実行されていた。「設立案」では、GHQによる社会事業改革について、次のような見解が示されている。

マッカーサー総司令部福祉部長サムス大佐ハ、社会事業ハ政府自ラノ責任ニ於テ政府自ラノ手ニ依ツテナセト命ジタ。コレハ殆ド民間団体ノ活動ニ依ツテ経営サレテキルアメリカノ社会事業施設ノ経営法ト比較シテ全ク逆ノ行キ方デアルガ、現在潰滅ニ瀕シテキル日本ノ社会事業情態カラ観テコレヲ救フ為ノ、臨機ノ処置デハナイカト思ワレル。コノ事ハ、一時的ニ我国ノ社会事業施設ヲ救フ上ニ於テ有難イ事デアルガ、コレニ甘ヘル事ニヨツテ、社会事業家ノ持ツベキ不屈ノ精神ト広大ナル気宇トヲ弱メハシナイカト云フ危惧ヲ感ジル、若シサウナレバ社会事業将来ノ発展ノ為ニハ恐ルベキ障害トナル。社会事業家タル者ハ、コノ処置ニ甘ヘルコトナク厳ニ自戒シテ独立不羈ノ精神ヲ堅持シナケレバナラヌ。(33)

「福祉部長サムス大佐」とは、GHQの福祉行政機関である公衆衛生福祉局の局長に就任したC・F・サムスのことである。GHQは、一九四五（昭和二〇）年一二月に「救済ならびに福祉計画に関する件」を、翌年二月に「SCAPIN七七五（社会救済）」を日本政府に示し、社会事業の在り方について指示している。特に、「SCAPIN　七七五」では、「日本帝国政府ハ一九四六年四月三〇日マデニ本計画ニ対スル財政的援助並ニ実施ノ責任態勢ヲ確立スベキコト。従ッテ私的又ハ準政府機関ニ対シ委譲サレ又ハ委任サルベカラザルコト」と、政府の責任に於いて、保護を実施することが示されているが、「設立案」においては「独立不羈ノ精神ヲ堅持シナケレバナラヌ」と、社会事業家が自ら奮起すべきことを強調している。

次に、糸賀による「社会事業の在り方（一）」の、社会事業の必要性について述べた部分を見てみよう。

民主教育が叫ばれ、社会の改造が絶糾され、個々の人格の尊厳と公共福祉の向上が目標とされてゐる今日の日本に於いて「問題の子供」が依然として「問題のまま」で後廻しにされてゐることに対する義憤を感ずるものは私一人ではあるまい。街頭や駅頭に「問題の子供」たちがさまよつてゐる今日只今の状態こそ、日本に残された最後の大切な機会ではあるまいか。もう暫くすれば彼等は解決されたのではなく、数年後に何倍かにして返さねばならぬ借金として彼方に押しやられたに過ぎぬのである。このことは政治の問題である。と同時に社会の自己反省として、社会自体の問題である。そして最後に、かくの如き問題に使命を感じて蹶起せる社会事業家の問題でもある。凡そ人が問題を自覚して使命を感じたといふことは、その問題に対して責任をとるといふことである。社会事業はかりそめのなぐさみ事ではなく、真剣な必死な義務的な一面をもつものであると思ふ。[34]

ここでは、戦災孤児や知的障害児の教育について、国家の責任より社会の責任が前面に出ており、その目的も子どもの幸福という視点より、社会防衛的、あるいは社会的効用論が強調されている。そして、「設立案」と同様に社会事業家の役割の重要性が主張されている。しかし、池田と田村から近江学園構想を打ち明けられた際、戦災孤児を対象とすることについて、「私にとっては全く予想外の解決であった」、「私にとってはかうした戦争の幼い犠牲者を気の毒だ、可哀想だと思ふ心はあっても、それは政府の責任に於いて、解決すべき問題だと理由づけて、敢えて自己の問題に掘り下げやうとしないで今日まで来たのだった[35]」と、回想している。そして、社会事業に取り組むようになってから、木村素衛から受け取った「自覚者の責任」と社会事業家としての姿勢との接点が見られ、社会問題に対する自らの責任が意識されている。なお、「自覚者の責任」は、後に重症心身障害児に対する施策を求める中でも、度々強調されることとなる。

同様に、戦前・戦中の日本の社会事業の在り方の問題点を指摘した部分についても見ておきたい。「設立案」には、次のように記されている。

従来ノ社会事業施設ノ興亡ノ様ヲ観ルノニ、創設者ニ徳望アツテソノ存命中ハ隆盛デアルガ死亡ノ後、続ク者ナク、衰路ノ一途ヲ辿リ或ハ有力ナル後援者ト運命ヲ共ニシテ亡ビ、又現在ノ様ナ社会激動期ニ際シテハ経済的ニ経営維持ノ困難ヲ来シ、或ハ解散シ或ハ気息奄々トシテ僅カニ形ヲ止メテヰルモノガ甚ダ多イ。コレハ、創立者ノ個人的人望ニノミ頼リ過ギテ、人ノ組織ノ力ノ強サヲ忘レ或ハ後継者ノ養成ヲ怠リ、又単ニ外部ヨリノ財的援助ニノミ依存シテ自ラ独立自営ノ生産設備ヲ強大ニスルコトヲ為サナカッタ事ニ起スルコト大デアル。我国ノ社会事業団体ノ多クガ消滅ニ瀕シテ居ル現在程、又社会事業団体ノ活動ガ強ク要望サレテヰル時ハナイ。[36]

このように、民間による社会事業の問題点は、その組織的経営の弱さと、財政面の外部への依存によるものであり、「独立自営ノ生産設備ヲ強大」にしなかったことが衰退の原因であると断じている。そして、「将来ノ社会事業施設ハ必ズ独立自営ヲナスニ足ル生産施設ヲ有シテナケレバナラヌ。由来社会事業ハ経済上ノマイナストサレテヰタ。金ヲ注ギ込ム一方ダト云フノデアル」と、社会事業が社会にとって経済的な負担となっていたと主張する。そこで、「生産施設ノ増強ニ依ツテ製品ガドシドシ社会ニマデ流出スル様ニナレバ、経済上ノプラスデアツテコレハ実ニ望マシイコトデアルガ、少ナクトモプラスマイナスヲナシノツマリ社会ニ製品ヲ出ス事モナイガ、又助ケテモ貰ハヌト云フ状態ニデモナレバマコトニ結構ナ事デアル」と、経済的に利潤を生んで社会に貢献しないまでも、独立自営によって経済的な収支の均衡を図ることを目指すことを目標に掲げているのである。これについて、糸賀は次のように詳述している。

従来の我国の社会事業が不振であり、近代国家として列国の社会事業の在り方のそれに比べて余りにも恥ずかしいものであったことは政府の援助がほんの申訳的なものであったことや、社会の之に対する関心理解が極めて薄く、極論すれば日本には社会的な自覚が殆どなかったことによるものであるとされやう。（略）社会事業と言へば、すぐ寄付が連想されるほどそれは所謂「お布施」によって維持されるものといふことが一般通念になってゐる。事実今日までの日本の社会事業はよくよくの例外を除いて殆どさうであった。一般からの寄付のみが唯一の財源であったり、有力な特定の援助者の基金を基にしてその利子でまかなったり、政府の補助や事業収入があっても極めて零細であるために、経営者は勢ひ金権の前に膝を屈して、聖なる事業のためとは言へ卑屈な心根に知らず識らず陥って行くといふ悲しむべき実情であったのである。（略）
私は社会事業の在り方として、その聖業の将来の発展のために、それ自らの力による、生きた社会の一環としての経済的独立性を提唱したい。公正に言って此の種の事業に対しては国家も社会も之を支持し応援すべきものであらう。しかし、かくも混乱して先後も見えなくなった今日の現状では、如何ともし難いであらうし、又それのみを期待することは過去に於ける弊害を再びくり返すに過ぎないであらう。[37]

戦時体制下の一九三八（昭和一三）年、厚生省の設置と社会事業法制定がなされ、民間施設の経営に対する公的な補助制度が実現する。それは、行政による指導、監督の強化も同時に規定するものであった。また、寄付に頼ることは経済情勢の変化による運営環境への影響を免れず、民間社会事業の自立性の弱さがその官営化をもたらした側面もある。戦時中の糸賀は、行政官として民間施設を管轄する立場であり、またその立場を利用して三津浜学園に池田を招聘し、石山学園を設立して田村を招聘したのであった。しかしながら、これらの施設への補助は決して充分ではなく、両氏は独自に農地を開墾するなどして、半ば自給自足の施設運営を余儀なくされていた。また、敗戦直後の混乱期においては、政府の補助も民間からの寄付も期待できる状況はなく、「経済的独立性」を志向する他はなかったのである。そこで糸賀らは、「組織的計量的に生産的な産業と取組んでゆくこと自体が、収容している子供たちのために如何ほど大きな教育になるか知れない。（略）生活と教育と医学と、そして独立的な産業部門とが相互に深い有機的関係を保つべきであって、茲に日本に於ける社会事業の今後の正しい在り方があると信ずる」[38]と、社会事業の組織の内部に産業部門を設立し、教育との有機的連携によって運営していくことを構想していくのである。

「設立案」が作成された時期、すでに池田や田村の実践の蓄積から「生活即教育」という、生活と教育とを相即させる考え方は成立していたと思われる。[39] また、田村は石山学園において自給自足的な施設運営をしてきた経験があった。施設が産業活動を行い、その収益を公的な補助と共に施設運営にあてることで、安定的な事業運営を目指したのである。

「社会事業の在り方（一）」の掲載から、四カ月後の「社会事業の在り方（二）」には、「生産部門はそれ自身施設の独立的な部門として、収容せる子供達を労力の給源として初めて成立するのではなく、それ自体立派な営利事業として一般社会の営利的な生産事業と異ならない本質を持つべきである」[40]として、その構想をさらに具体的に示している。

勿論社会事業家が同時に斯くの如き生産部門経営の主体であることは、よくよくの場合を除いて殆ど不可能に近い。従ってその形態は人により場合によって異って然るべきであらうが、いづれにしても生産部門を内包し或はそれと緊密に結合した施設といふものは、全体の運営に非常に幅のある明察を必要とする。そこで社会事業家の真剣な努力と相俟って、之を助ける各方面の知識経験が綜合されることが望ましい。嘗て施設のもった一般民間的後援会はその殆ど凡てが単に一時的寄付による財団として法人化されるか、或は年々の維持費の拠出団体でしかなかった。しかし後援会の任務として我々は更に、右の如き生産部門と教育とを内容とせる施設の全体的運営の内部に深く関与することが必要であると考えてゐる。明確にこのやうな任務をもった後援会若しくは委員会が施設を中心として結成されるとすれば、施設は自己の独断から開放されて、その公的な使命に相応しく公的な民主的な運営を図ることが可能となるであらう。(41)

ここでは、「設立ノ趣旨」や「社会事業の在り方（一）」に見られるような「経済的独立性」の意味がやや変化しながらも具体化してきており、学園の外部に生産部門を設立する構想が述べられている。この論考が掲載された『南郷』第四号は、「近江学園椎の木会」設立の直前に発行されていることから、これは学園の後援団体でありながら学園内部の教育活動に深く関与する趣旨で設立された「椎の木会」を意識したものである。

しかしながら近江学園事件の影響もあって、「椎の木会」は当初の目的を果たせず、社団法人化され、重度知的障害児施設である「落穂寮」の運営母体となっていくとともに、財政的な支援は「どんぐり金庫」を引きついだ「大木会」が担っていく。また、一九四七（昭和二二）年七月には「窯業場」を設置したが度重なる失敗により、財政的にはさらに困窮を深めていくことになる。糸賀のこの時期の論考に見られるような構想や、その具体的な目論見はみごとに外れ、運営方針の転換とともに、思想的な練り直しを迫られるのである。

## 第三節　『新風土』の復刊と「一隅を照らす」姿勢

近江学園の設立時、木村素衛はすでに亡く、戦後の昭和二〇年代末まで続く下村湖人との親交は、この時期の糸賀の思想展開を検討するにあたって重要である。下村にとっても、糸賀の近江学園長就任は、糸賀にかけてきた期待がかなった出来事であったことは想像に難くなく、創設間もない一二月二二日には下村が近江学園を訪れて座談会が実施されている(42)。

下村は敗戦後しばらくしてから全国の「煙仲間」への行脚を再開していたが、一九四八（昭和二三）年一〇月、『新風土』の誌名を小山書店からもらいうけ、新宿百人町のバラックの自宅に「新風土社」を設立してこれを復刊する。そして、永杉が滋賀県職を辞して編集責任者を担うこととなり、糸賀も編集同人として関わることとなる。復刊当初の編集同人は、滋賀県の「煙仲間」である永杉喜輔、糸賀一雄、太田和彦、和田利男の他、鈴木健次郎、布留武郎、大西伍一、加藤善徳、吉田嗣延、江崎誠致である。

下村は、復刊の目的を「全国各地の良心的分子が、それぞれの地域職域ごとに相たずさえて、私のいわゆる『煙仲間』的情操につちかい、民衆の共同生活を内から浄化し、その創造的全一的な発展を促進することの急務なるを痛感いたします(43)」と述べ、「煙仲間」運動の拠点としての役割を期待していた。また同時に、全国の「煙仲間」を行脚し、『新風土』昭和二三年一一月号に「（略）滋賀の近江学園に一泊して田村一二先生ものすところの『愚子銘々伝(44)』中の英雄たちとも親しむことができた」とあるように、再び近江学園を訪れている(45)。

戦後における糸賀と「煙仲間」運動との関連は、実践に向かう際の「一隅を照らす」という姿勢への影響として見出される。最澄の「照千一隅此則国宝」に因んだこの標語は、糸賀にとって「生涯の実践の姿勢となった」と、従来から許されてきた[46]。しかし、これはかつての壮年団の標語であった「縁の下の力持ち」と同意のものとして捉えられる。復刊した『新風土』の各号の巻頭には、下村によって書き改められた五項目の「誓願」が掲げられていた[47]。その第四項目には、「家庭と職場と郷土と国家とを一如に把握し、日常的任務の実践を通して、年々積誠の生活を実現したい」と掲げられている。そして、下村は『新風土』昭和二三年二月号の巻頭において、「なお一層わるい社会人は、狭い視野に立つて広い範囲の仕事に従事したがる人々である。（略）ある時は愛国の名において、ある時は人民の名において、自他の精力と時間とを空さわぎのために浪費し、あらゆる実質的な仕事の遂行を妨げることによつて、社会を一歩一歩と不便と窮乏とに追いこんで行きがちなものである。最も望ましい社会人は、広い視野に立つて狭い範囲の仕事に専念することを喜ぶ人々であろう[48]」と唱えている。

ここには、全体主義や革命を否定し、地域社会からボトムアップで、国のあり方を展望していくといった戦前から貫かれた下村の姿勢が表されている。そして、『新風土』昭和二四年三月号では、「一国政治の腐敗を憤るまえに、先ず自己の脚下に眼下に眼を注ぎ、わずかに一隅を照らすことに精進せよ。道の遠いのを嘆いてはならない。一隅を照らすことは坐して徒《いたず》らに憤るにまさること万々である。しかも、全国津々浦々の同志がそれぞれに一隅を照らす努力に成功した時、それは直ちに全国家が清まったことを意味するにおいてである[49]」と、その姿勢を著している。そして「一隅を照らす」は、度々『新風土』の誌面や「煙仲間」に宛てた書簡の中で用いられるようになる。

一方、糸賀も近江学園の創設初期からこの標語を使用し[50]、その実践においては目前の課題に対して正面から取り組みつつ、学園だけでは解決出来ない問題に対しては、外部にその解決の糸口を求めるという姿勢が貫かれている。また、『この子らを世の光に』（一九六五、柏樹社）では、「一隅を照らす灯」がⅣ章のタイトルとして用いられ、「それはほんの一隅を照らす底のささやかなこころみであるにはちがいなかった。それをやったとて天下の大勢に何ほどのひびきもあたえるものではなかろう。しかし私たちはやるべきだと考えていた[51]」と当時を振り返って述懐している。

しかし重要な点は、「一隅」という言葉の狭い意味の通りに狭い範囲の仕事にのみ専念せよというのではないことにある。下村は、この言葉の意味について、次のように述べている。

煙仲間が、将来の構図を完成するために果たしうる最も本質的な役割は、何といっても実践であります。（略）何かの行き詰まりが生ずれば、こんどは隣接地区と協同して、一層高い見地に立った新しい構図を作り、それに基づいて、さらに実践を進めていく。こうして進んでいくうちには必ずやある程度の解決ができるでありましょう。（略）もしそれでも解決出来ない部面があるとすると、それは思うに国全体の問題であります。そしてその場合国家の側に欠陥があるにしても、あるいは各地域社会の側になお足らざる所があるにしても、とにかく、問題の所在は明確になるはずであり、従つて国全体の正しい構図も、それを反省することによつて自然に出来あがつて行くわけであります。(52)

糸賀も後に、「ひとつの小さな砦がなしうることはもとよりたいしたことではない。天下国家を論ずるように景気のよいものではない。しかしどんなにささやかないとなみであっても、それは実践しているという強みがある。実践の中からうみ出された考察が、地域社会の人びととのかかわりのなかで声となり力となり、それは施策や政策をゆりうごかすものとなる。施設社会事業は現実の社会欠陥を補完しようとする実践的な努力のなかから新しい社会をうみ出すのである(53)」と、あくまで個々の実践や地域社会の取り組みから積みあげ、施策に反映させていくという社会事業のあるべき姿勢について論じている。このように、糸賀の「一隅を照らす」姿勢は、「煙仲間」運動の同志として共有されたものである。そしてそれは最も日常的な実践において現状と向き合い、社会の内側から漸進改良主義的に現状を変革していくという姿勢である。

## 第四節　「経済的独立性」から「社会的な解決」への転換と『我等の誓願』

『新風土』は経営難と下村の病気療養のため、一九五〇（昭和二五）年五月号をもって休刊となるまで二九冊が刊行されている。そして、糸賀も二編の論考を寄せており、これらは糸賀と「煙仲間」運動との関連を考える上で貴重な資料である。昭和二三年二月号に寄稿した「山伏の夢――近江学園の建設をめぐって」と題した一文には、近江学園の設立当初の「自我的」運営を自省した内容が見られる。

いったい自立とは何であらうか。そして二義的なものにしりぞけようとしてゐた他力とは何であらうか。自力といひ、小さな自我の感情にこだわってゐた愚かさがこの上なく醜いものに思はれてくる。（略）自力、他力の対立的な気持を捨てて、もっともっと謙虚な心の持主にならなければならない。神と人とに身をもって仕へやうとする深い宗教的心情こそ社会事業に携はる者の基本的な態度であって、自力といひ、他力といふも、この根底の上に時に臨み境に応じて咲きいづる花に過ぎないものではなからうか。この心情こそが主体的な立場といふことの真の意味であって、きほひ立った主我的な精神は一見雄々しく勇ましくはあってもやがて崩れ去る砂山のやうなものに過ぎないのであった(54)。

近江学園は、池田や田村らによって作成された設立趣旨に示されるように「社会事業の独立性」をうたって創設された。その背景には、戦前の寄付に頼った経営の不安定さや利害対立、そして社会事業に対する国家管理に対する反省があった。糸賀も、当初はこの方針を踏襲し、「私は社会事業の在り方として、その聖業の将来の発展のために、それ自らの力による、生きた社会の一環としての経済的独立性を提唱したい(55)」と述べていた。しかし「最初は、産業的な設備をしつかり作つて、それに子供達を教育的に従事させることを通じて、学園の全経費を自分たちの手で生み出したいという希望であつたが、そんなことは夢のような話で、この願いは間もなく放棄しなければならなかつた[56]」と後に回顧しているように、この構想は直後に破綻する。このような時期に寄稿されたのが前掲の論考である。

ここで糸賀が用いた「神と人とに身をもって仕へ」については、下村の「我等の誓願」第一項目に同様の意味が見られる。この第一項目の主題は、「謙虚な反省」に裏打ちされた創造的前進である。それは、「独りよがりな主観から生まれるもの」ではなく、「忠実に客観の世界を観察し、対象を見極め、それらに内在するあらゆる力を尊重することによって、はじめて可能な」科学的、帰納的活動である。そしてそのようなあり方は「敬虔に自然に仕えるということでありますが、それはまた同時に、自然の発展としての人と神とに仕えるということ[57]」であると掲げられている。糸賀は後に「福祉の実現は、その根底に、福祉の思想をもっている。実現の過程でその思想は常に吟味される。どうしてこのような考え方ではいけないのかという点を反省させる。福祉の思想は行動的な実践の中で、常に吟味され、育つのである[58]」と述べているが、実践の中で自らの思想や態度について、自省をくり返しながら前進していくといった姿勢も「煙仲間」によって共有されたものにある。

さらに、翌年に出された『新風土』昭和二四年三月号には、養豚事業の失敗により多数の子豚を死なせてしまい、その教訓をもとに生き残った豚が育っていることと、学園の児童のおかれた社会的な状況とを関連させて「この子供たちの犠牲において、残りの世の中がともかくも治つているといえば言い過ぎであろうか。生き残つた三十九匹の子豚が、二十二匹の不幸な運命を踏み台にして、今はまるまると肥つているように[59]」と述べている。そして、この時期の糸賀の論考には「社会的な問題」や「社会的な解決」が目立つようになる。一九五一（昭和二六）年の『年報　第三号』では、「学園という一つの世帯が、自分たちの生活の内部に発見した様々な問題というものが、たとえそれが一人の子供の運命に対す苦悩であつても、或いはみにくい人間の感情の闘いであつても、それらは決して学園という閉鎖社会の内部だけで形式的に処理出来るものではなくて、深く人間性の根底に迫り、広く社会の課題にまで展開するものであることを知つたのである[60]」と述べている。しかし、同時に「これらの諸要求はくり返し提出されたが、昭和二十五年度においては、遂にどの一件も予算的措置を見ることは出来ず、特に経常費の不足に文字通り喘ぎながら、年度末をむかえることとなった[61]」と述べているように、一九五〇年代前半は生活保護費の引き締めや、いわゆる「逆コース」の影響もあり、糸賀の目論む「社会的な解決」は容易に実現出来るものではなかった。

## 第五節　「同心円」観と「全一思想」をめぐって

一九五〇年代前半の糸賀の著作には、人間存在の平等性についての思索が目立つようになる。一九五二（昭和二七）年の論考には、「何よりもうれしいことは、知能の正常なものも低いものも、五年間の共同生活が、彼等をお互いに人間性の最も深いところで認め合い触れ合うものに育てつ〻あることである。（略）一体知能の優劣だけに人間の価値の根本的な差別を認めようとする論拠そのものが、実は一般社会に無意識に根を張っているエゴイズムというものではないであろうか。（略）正常と異常の区別なく、保護と教育の目標は、ひとしく健全な社会生活を営むことができることである[62]」と、学園内における戦災孤児や生活困窮児と知的障害児の統合の成果をもとに、それが一般社会に拡大し、普遍化していくことを訴えている。

このような思索の深まりの背景には、この時期の知的障害児者への社会保障を求める運動の高まりがあった。前掲の論考が書かれた年には、知的障害児者の親の会組織として、全日本精神薄弱児育成会（現　手をつなぐ育成会連合会）が設立され、徐々に運動の裾野を拡げていく。糸賀は、育成会の設立について、パール・バック（Pearl S. Buck 1892–1973）の言説を引きつつ、「それは独り、精神薄弱な子供やその親たちばかりの問題ではなく、（略）生きとし生ける凡ての人々にとって、まことに、『人は何のために生きるか』という峻しい問いが投げかけられていることに等しい、凡ての人の問題である[63]」と、社会的な問題として認められることを求めている。そして翌年の一九五四（昭和二九）年の『近江学園年報　第六号』における糸賀の論考に「同心円」観が登場する。

われわれは彼らより広い世界に住んでいるという。それは自我の拡大の狭さ広さであり、人間関係の単純さと複雑さの差であり、性格や感情や知能などの質的な相違とまで揚言しているだけのことであって、人間存在の根源的な事実に照らしてみれば、同心円的であるに過ぎない。もし永遠の時と無限の空間の観点に立てば、同心円のいかなる広がりの差も五十歩百歩であり、一点に過ぎないものとなるだけである。白痴に対する社会保証《ママ》は、その経済的、社会政策的な側面を考える根底に、この同心円に対する深い理解が必要であると思うのである(64)

ここで糸賀は、それまでの人間存在の絶対的な尊厳を土台にして、個の人間存在の相互の関連性と、それをもって全体へ統合していく必然性を示し、そのような観点に立って差異のとりとめの無さを指摘することによって、平等性・対等性を導き出した。そして、これに近似した概念は、下村と関連の深い田澤義鋪の「全一」思想に見られる(65)。

従には、祖先より子孫に相承け相伝えて、初めなき初めより終りなき終りまで、永遠にわたるところの大人生があり、横には一切を包括し、一切が相互に関連する無限絶大の人生がある。かくの如き存在を私はかりに全一の存在と呼びたいと思う。全部にしてただ一つ、そういう大人生という意味である(66)。（略）

我々一人一人が全一の表現者である。我々一人一人の表現者を無視しては、全一は一つの空理となって実態がなくなってしまう(67)。

田澤は、この「全一」思想によって社会問題を個人の問題に帰結させる「個在分立論」を斥け、社会連帯や社会政策によって社会問題に対応することの必要性を論じている(68)。そして、「全一」思想は下村の著作の中にも多数見出される。例えば、早い時期のものでは雑誌『壮年団』昭和一五年四月号に寄せた「地域社会と人」で、次のように論じている。

地域社会の人的構成は職能社会のやうに単純ではない。老幼、男女、職能、貧富、社会階級の如何をとはず、それらの一切を抱擁して、全一的な共同体を形造るところに地域社会たる特質があるのである。住民の中には、職能社会的立場からは全然排除された方がいいやうな無能力者も多数ゐるであらうし、また、時としては道徳的に見て有害だと思はれるやうな分子もゐるだらう。だが、地域社会が真にその地域社会的使命を果たすためには、それらのすべてを自己のものとして抱擁し、しかも進んでそれらを全体のために正しく生かす工夫をしなければならないのである。(69)

このように下村は、田澤の「全一」思想を、地域社会と個人との関係において具体的に展開し、個人と地域社会や国家が同時に前進する関係を表す概念として用いている。ゆえに「全一」思想は「煙仲間」運動の展開においても用いられ、「我等の誓願」の第二項目には「独自無双なる個性の自律的前進が同時に調和と統一の前進であり、全一なるものの歓びであるやうに行動したい(70)」と掲げられている。

田澤や下村の思想に、知的障害児者への眼差しは見られない。しかし、糸賀は「全一」思想を知的障害児者の社会保障を求めた人格的価値の平等観の支柱として取り入れたと考えられ、彼の後半生の思想形成に重要な位置を占めている。ただ、糸賀は下村との交わりやその著作を通じて「全一」思想にふれていたと思われるが、「全一」思想からの具体的な影響について直接述べていない。そのためここでは「同心円」観と「全一」思想をつなぐ可能性のある状況を、特に田澤との関係について述べるに留めたい。

一つは、この時期の下村が、著作のなかで田澤を扱っていることである。下村は『新風土』の休刊の後、しばらくして文筆活動を再開している。一九五三（昭和二八）年には、『次郎物語』第五部を雑誌『大法輪』に連載し、翌年単行本として出版している。この『次郎物語』第五部の舞台となった「青年塾」のモデルは大日本青年団講習所であり、田澤義鋪をモデルにした田沼先生が重要な登場人物として描かれている。また、田澤の没後十年となる一九五四（昭和二九）年に向けて、田澤義鋪記念会から委嘱されて伝記『田澤義鋪伝』（一九五四、田澤義鋪記念会）を執筆している。この伝記は同年一一月末配布されているが、下村は原稿段階から謄写版で各方面に配布しながら執筆していた。

もう一つには、全日本精神薄弱児育成会（以下、育成会）の財団法人化の経緯に糸賀が深く関与していることである。育成会は、一九五四（昭和二九）年に社団法人化され、理事長に田澤と同年代の内務官僚であり、壮年団運動にも深く関与している前田多門が就いている。前田は下村とも親しく、復刊後の『新風土』にも度々寄稿している。しかし、糸賀が前田を通じて田澤の思想にふれていたかどうかについては、両者の具体的な関係の解明を待たねばならない。

糸賀は、近江学園での経験を通じて、自らの実践と、地域社会、国家といった社会との関係を構図に描き、目前の課題を具体的に解決していく過程を構想した。それは、戦前から戦後にまたがる下村湖人との親交と「煙仲間」運動への関与を通じて受け取ったものを基底としている。糸賀らは、知的障害児者福祉の開拓に臨んで、常に理念と現実との矛盾への対応を求められ、如何にして具体的に実状を前進させるかという漸進主義的な姿勢を維持している。そして、問題や矛盾を生み出す要因を体制や社会構造に見出しながらも、変革の起点を日常の取り組みに置いた。その意味では、糸賀の実践は「煙仲間」運動であったといえる。

しかし糸賀自身は、下村や「煙仲間」運動との関連についてほとんど語っておらず、著作においても触れられていないのはなぜだろうか。一つには、「煙仲間」情操に従って、その存在を目立たせなかったという解釈が成り立つだろう。また、糸賀は下村の追想集の中で「文化的な割り切った宗教論が気になっ」たと述懐しており[71]、木村素衛との関係とは異なり、糸賀が下村の思想に対して何かしらの交われないものを感じていたことがあるのかもしれない。

最後に、下村の逝去後、特に晩年の糸賀の著作には、下村からの影響をうかがわせるものが多数ある。とりわけ糸賀の社会福祉協議会論は、田澤や下村が構想した壮年団のあり方がひな形として存在していることがうかがわれる。例えば、「地域福祉の指導性」については、『次郎物語』の「白鳥入蘆花」を引いており[72]、「地下水型社会福祉協議会」の提唱についても壮年団の運動方針と重なるところが大きい。これについては後の章において、近江学園を中心とした施設展開やアクションとの関連において考察していくこととしたい。

（1）「食糧増産陣へ――東北北海道から海幸の訪れ　糸賀課長の土産話」『滋賀新聞』（昭和一九年五月一〇日）
（2）糸賀一雄『この子らを世の光に』（一九六五、柏樹社）四四頁。
（3）吉田久一『（社会福祉と諸科学一）社会事業理論の歴史』（一九七四、一粒社）三八六頁。
（4）前掲、糸賀『この子らを世の光に』一〇頁。
（5）糸賀一雄「敗戦後の日本再建のために」（執筆年不明）〔『糸賀一雄著作集Ｉ』（一九八二、日本放送出版協会）一七六―一八七頁〕
（6）前掲、糸賀『この子らを世の光に』六頁。
（7）「近江学園（仮称）設立案」（一九四六）〔『糸賀一雄著作集Ｉ』（一九八二、日本放送出版協会）一八九頁〕
（8）糸賀一雄「三津濱学園の解消」（執筆年不明）〔『糸賀一雄著作集Ｉ』（一九八二、日本放送出版協会）一八三頁〕
（9）前掲、「近江学園（仮称）設立案」一八八頁。
（10）田村一二『鋏は切れる』（一九四一、京都市教育部学務課）四〇頁。
（11）糸賀一雄「設立ノ趣旨」（一九四六）〔『糸賀一雄著作集Ｉ』（一九八二、日本放送出版協会）一九二頁〕
（12）永杉は、この『設立ノ趣旨』について、自らも関与していたと述べている（永杉喜輔『永杉喜輔著作集一〇』（一九七五、国土社）五二頁）。
（13）前掲、糸賀「設立ノ趣旨」一九四頁。
（14）吉田久一『（社会福祉と諸科学一）社会事業理論の歴史』（一九七四、一粒社）三八六頁、高谷清『異質の光――糸賀一雄の魂と思想』（二〇〇五、大月書店）一二一―一二四頁等。
（15）前掲、「近江学園（仮称）設立案」一八八頁。
（16）同右、一八五頁。
（17）設立の翌々年、児童福祉法による県立の養護施設兼知的障害児施設となる。
（18）同右、一九一―一九三頁。

(19) 田中和男は「後藤新平・衛生警察論の射程」元村智明編『日本の社会事業――社会と共同性をめぐって』(二〇一〇、社会福祉形成史研究会)で、「こうした表現、断定、恐怖などが、戦後の混乱にあたって困難な事業を開始するための社会からの支援を求めるための手立て・戦術であり、糸賀自身もそれを自覚して使っているとすれば、糸賀自身はその『偏見』から免れているが、一般世論の偏見に阿っているという問題もある」(一三九頁)と、指摘している。

(20) 津曲裕次「精神薄弱者福祉の成立――精神薄弱者福祉法まで」『戦後社会福祉の展開』(一九七六、ドメス出版)三九三頁。

(21) 糸賀一雄「春を迎へる心」『南郷』創刊号昭和二二年二月二二日[『糸賀一雄著作集Ⅰ』(一九八二、日本放送出版協会)二二〇頁]

(22) 「但シ仕事ニ差支ヘノナイ様ニオ互ヒニ交替シテ、用事ヲ果タシ休養スルコトハ構ハナイ」ともあり、休養まで皆無とはしていない。

(23) 中村健二「糸賀先生と私――糸賀先生の三回忌に際して」『精神薄弱児研究』第一四五号(一九七〇、全日本特殊教育連盟)四三頁。

(24) 「四六時中勤務」は、後に労働基準法が制定され、近江学園にも労働組合が作られるようになると、そのあり方が問題となってくる。糸賀は後に、三条件を打ち立てた当初を次のように述懐している。「ただ私たちが当時、心構えとしてもちたいとねがったことは、むしろ積極的に仕事をやっていく本当の自由さということでした。束縛からの解放でした。自分の全身全霊をそのことに自由な意志でうちこみたいということであったのです。(略)四六時中勤務は、勤務という拘束にすべてをゆだねることです。すべてをゆだね、ささげ切ってしまったあとにいったい何がのこるのか。何もないということはこのばあいすべてだということなのです。すべてが自分のものなのです。否定をくぐった肯定がそこに現出するのだなどと私たちは理屈をこねたものです」(糸賀一雄「ささげる心――四六時中勤務」『まみず』第二号(一九六六、柏樹社))。

(25) 伊庭慎吉は、住友財閥二代目総理事で「別子銅山中興の祖」と言われた庭貞剛の四男である。

(26) 旧彦根藩井伊家に生まれる。京都帝国大学農学部出身の農学博士であり、糸賀の滋賀県庁勤務と同時期に、滋賀県水産試験場に勤務した。

(27) この歌は、「手をつなぐ子ら」(田村一二著)を映画化した際に脚本を担当した伊丹万作から、石山学園園歌として贈られたものである。

(28) 椎の木会同人(糸賀一雄)「椎の木会趣意書」(一九四七)[『糸賀一雄著作集Ⅰ』(一九八二、日本放送出版協会)一九九頁]
(29) 糸賀一雄「一年を回顧して」『南郷』第六号(一九四八)[『糸賀一雄著作集Ⅰ』(一九八二、日本放送出版協会)二三五頁]
(30) 同右、二三五頁。
(31) 田中和男「後藤新平・衛生警察論の射程」元村智明編『日本の社会事業――社会と共同性をめぐって』(二〇一〇、社会福祉形成史研究会)一三九頁。
(32) 糸賀を鳥取教会に誘った圓山文雄の『追悼集』には、鳥取育児院の関係者や農村セツルメントに取り組んだ石田英雄らが追悼文を寄せている。
(33) 前掲、「近江学園(仮称)設立案」一八七―一八八頁。
(34) 糸賀一雄「社会事業の在り方(一)」『南郷』第二号(昭和二三年三月一五日)[『糸賀一雄著作集Ⅰ』(一九八二、日本放送出版協会)二九八頁]
(35) 前掲、糸賀「三津濱学園の解消」一八三頁。
(36) 前掲、「近江学園(仮称)設立案」一八七頁。
(37) 前掲、糸賀「社会事業の在り方(一)」二九八―三〇〇頁。
(38) 同右、三〇一頁。
(39) 木村素衛が研究対象としたフィヒテは、ペスタロッチの教育方法に共鳴しており、その内容には「生活即教育」の要素が含まれている。しかし、木村がそのことをどのように受け止め、池田らに伝えていたかについては不明である。
(40) 糸賀一雄「社会事業の在り方(二)――児童保護施設に於ける生産部門と教育との関連性について」『南郷』第四号(昭和二二年七月一日)[『糸賀一雄著作集Ⅰ』(一九八二、日本放送出版協会)三〇三頁]
(41) 前掲、「社会事業の在り方(二)――児童保護施設に於ける生産部門と教育との関連性について」三〇四頁。
(42) 『近江学園年報　第二号』(一九五〇、近江学園)の「学園日記」には、「十二月二十二日　下村湖人氏座談会」(一九五五頁)との記載がある。
(43) 下村湖人『新風土』復刊にあたっての挨拶文(昭和二十二年十月十日)(一九四七)
(44) 田村は、『新風土』第一巻第八号から六回にわたって「愚子銘々伝」を連載している。
(45) 下村湖人「巻末記」『新風土』第一巻一一号(一九四八、新風土社)四七頁。

(46) 吉田久一『社会事業理論の歴史』(一九七四、一粒社)二八五頁。
(47) これについては、下村自身が一九四三年に『新風土』に連載した「我等の誓願」を踏襲しつつ、一部の表現を改めたものであると、「巻末記」『新風土』第一巻第一号(一九四八、新風土社)五一―五二頁で述べている。
(48) 下村湖人「視野と仕事」『新風土』第一巻第二号(一九四八、新風土社)一頁。
(49) 下村湖人「巻末記」『新風土』第二巻第三号(一九四九、新風土社)四七頁。
(50) 高谷清『異質の光』(大月書店、二〇〇五)一五五頁には、三浦了氏が糸賀に勧誘された際、糸賀が「一隅を照らす」の比喩を用いたとある。また、糸賀一雄『この子らを世の光に』(柏樹社、一九六五)の「あとがき」には、「私たちはみな、この近江学園の丘の上から、はるか北方にそびえる比叡の山を遠望しながら暮らしてきたものである。一千年余りの昔、伝教大師があの山を開き、一隅を照らす人こそ国宝だと喝破されたことを偲んだ。私たちもここで、ほんの小さな一隅を照らそうと思うのであった」三〇一―三〇一頁と記されている。
(51) 前掲、糸賀『この子らを世の光に』五七頁。
(52) 下村湖人「煙仲間の提唱」『新風土』第一巻第八号(一九四八、新風土社)四―一一頁、また同じ内容は、一九三九(昭和一四)年に下村虎六郎「国家の構図と壮年団の実践」『壮年団』第五巻第一二号(一九三九、壮年団中央協会)四―一一頁でも著されていた。
(53) 糸賀一雄『福祉の思想』(一九六八、日本放送出版協会)一三―一四頁。
(54) 糸賀一雄「山伏の夢――近江学園の建設をめぐって」『新風土』第一巻第二号(一九四八、新風土社)一六頁。
(55) 前掲、糸賀「社会事業の在り方(一)」三〇〇頁。
(56) 糸賀一雄「精神薄弱児の職業教育――学園の五年間の記録と反省」『近江学園年報　第四号』(一九五二、近江学園)二四二頁。
(57) 下村湖人「『我等の誓願』について」(二)『新風土』第六巻第七号(一九四三、小山書店)一〇―一二頁。
(58) 前掲、糸賀『この子らを世の光に』六四頁。
(59) 糸賀一雄「子豚談義」『新風土』第二巻第三号(一九四九、新風土社)二七―二八頁。
(60) 糸賀一雄「まえがき」『近江学園年報　第三号』(一九五一、近江学園)四頁。
(61) 糸賀一雄「昭和二十五年度歳出予算と決算」『近江学園年報　第三号』(一九五一、近江学園)三一頁。

(62) 糸賀一雄「まえがき」『近江学園年報　第四号』（一九五二、近江学園）
(63) 糸賀一雄「神の栄光に悲劇――手をつなぐ親たち」『大津郵便局ニュース』昭和二八年二月一日号（一九五三）
(64) 糸賀一雄「カリキュラムの背景」『近江学園年報　第六号』（一九五四、近江学園）一二三頁。また、この内容が含まれる論稿は、後に『この子らを世の光に』（一九六五、柏樹社）に収録された。
(65) 田澤の「全一」思想については、長清子「田沢義鋪の人間形成論　青年団教育に追求した国民主義の課題」『国際基督教大学学報』I―A、教育研究一〇（一九六三、国際基督教大学）四一―九三頁を参照した。
(66) 田澤義鋪『青年修養論　人生論』（一九三六、日本青年館）八六頁。
(67) 同右、一六四―一六五頁。
(68) 同右、一〇七―一三五頁。
(69) 下村湖人「地域社会と人」『壮年団』昭和一五年四月号（一九四〇、壮年団中央協会）一二頁。
(70) 下村湖人「我等の誓願」『新風土』第六巻第六号（一九四三、小山書店）巻頭。
(71) 糸賀一雄「先生の魅力」永杉喜輔編『一教育家の面影――下村湖人追想』（一九五六、新風土会）一五九頁。
(72) 前掲、糸賀『福祉の思想』二三三頁。

# 第六章 昭和二〇年代におけるコロニー構想と知的障害観

昭和二〇年代における糸賀の活動に目を向けると、一九四六（昭和二一）年に池田太郎や田村一二らと近江学園を設立して以降、ほぼ一〇年間に、落穂寮（一九五〇）、信楽寮（一九五二）、あざみ寮（一九五三）、日向弘済学園（一九五三）といった施設を相次いで設立している。そして、それらを児童福祉施設である近江学園に続く、「アフターケア」機構の整備を目的とするコロニーと位置づけた。しかし、これらのコロニーは、今日、知的障害者のコロニーとしてイメージされるような大規模なものではなく、(1) 十数人から数十人を対象とした比較的小規模のものであり、その性格や機能についてもそこを拠点としながら社会的な自立を目指す「出発点」としてのコロニーであった。(2) しかし、糸賀の著作を繙くと、近江学園の設立直後から晩年にかけて、コロニー構想が知的障害観と関連しながら変容していることがうかがわれる。そのため、糸賀のコロニー構想と知的障害観を検討するにあたっては、ある時期を断片的に取り上げるのではなく、それぞれの時期において、どのような意味づけをもってコロニーが構想されているのか、その背景も含めて検討する必要がある。

ここで、糸賀のコロニー構想と知的障害観に関連のある先行研究について整理し、本章における課題を明らかにしておきたい。清水寛は、「発達保障」理念の形成過程から糸賀の思想を分析し、糸賀の福祉思想にとって昭和二〇年代前半は、福祉・教育事業観が生成され、児童福祉観の深化が図られた時期であるとしている。そして、昭和二〇年代後半は、近江学園初期の知的障害者観・福祉観が自己変革され、後の重症心身障害児の取り組みを促し、重症心身障害児観の変革への「橋渡し」の時期であったことを指摘している(3)。清水は、当初の糸賀のコロニーについて「『(その施設）自体が社会の生産単位を構成』し、『生産的、教育的に運営され』、『実社会への道がひらかれている』ところの『言わば社会への橋渡しの性格』をもった『保護施設』のみをコロニーと呼んでいる(4)」と、指摘をしている。ただ、これは「発達保障」思想の形成過程に焦点をあてたものであり、コロニー構想がどのような経過や背景をもって形成されたかという点や、その後どのように変容したかといった点についてはあまりふれられていない。

また、加瀬らによる研究では、昭和二〇年代に糸賀の知的障害観が大きく変容していることを確認し、その具体的な要素についても詳細な検討を加えている(5)。ただ、近江学園内における取り組みや「糸賀の主体的な動機」に焦点があてられており、「歴史的動機からの検討」は今後の課題であると提起している。糸賀の構想したコロニーは重症心身障害児施設であるびわこ学園を除けば、近江学園設立後の昭和二〇年代にその基盤が形成されている。この期間は、日本が敗戦の混乱から急速な復興を遂げると同時に、いわゆる「逆コース」を歩んでいく時期でもある。急激な社会の変化は、糸賀のコロニー構想や思想にも何らかの影響を与えていると考えられ、近江学園内部における取り組み状況だけではなく、広く社会状況をも視野に入れておく必要がある。

さらに、知的障害分野のコロニーについては、その背景や実践者による意味づけからも検討されねばならない。それは、次のような二つの問題関心からである。一つには、成人した知的障害者に対する公的な支援がほとんど望めない中で、生涯にわたる支援の仕組みを構築していかざるを得なかったという点である。本格的な法整備は、一九六〇（昭和三五）年の精神薄弱者福祉法の制定まで待たねばならず、知的障害児施設等においては、財源的な悩みを抱えながらも、児童福祉法の対象年齢を超えた知的障害者への支援が模索されていた。さらに、戦前に溯ると石井亮一や岩崎佐一らも、生涯の生活保障の仕組みとしてのコロニーを構想していたことが指摘されている[6]。また、結核回復者の予後保養のためのコロニーも設けられ、戦後には結核患者や回復者によるアフターケア・コロニーが設置されている（序章　注(9)(16)参照）。そして糸賀の構想したコロニーも、成人した知的障害者に対する生活保障の方策として構想されており、公的な支援を引き出すためにコロニーを通して課題を普遍化する意図もうかがえる。

もう一つには、知的障害観や優生思想とも関連して、社会防衛的観点からの知的障害児者に対する社会的排除への対応である。これは、知的障害のある当事者と社会との関係において、福祉実践がどのような立ち位置を取り、いかなる目的でコロニーを構想したのかという点に現れている。例えば、社会防衛的な考えを受け入れ隔離的な形態を取るのか、排除や差別、搾取から逃れさせるために別世界を形成するのか、あるいはそれと対峙して、社会変革を目指す拠点としてコロニーを考えていたのか、実践者の知的障害観とともにその実体化としてのコロニーの意味づけがうかがえるのである。糸賀も、社会との関係に苦慮しながらコロニーを展開していったことがうかがわれ、彼の実践と思想を検討するにあたっても、これらの側面から迫っていくことが重要である。

本章では、以上の視点のもとに、糸賀がどのようなコロニーを構想したのか、そしてその背景にはどのような知的障害観があったのか、昭和二〇年代に焦点をあて、当時の社会状況との関連も含めて明らかにすることを試みる。その際、まず先行研究が指摘する「社会への橋渡し」の性格をもったコロニーが構想される前段階の状況についてふれ、次にそれが構想された経緯について明らかにし、さらにそれがどのように変容していったのかを明らかにしていきたい。

## 第一節　近江学園の設立理念と、重度知的障害児の例外化（昭和二一―二四年頃）

近江学園は、生活保護法による救護施設として設立され、一九四八（昭和二三）年の児童福祉法の施行にともなって養護施設兼知的障害児施設となった。設立にあたっては、戦災孤児や生活困窮児を主な対象としながら、田村一二が一九四三（昭和一八）年から担当していた石山学園の知的障害児を受け入れたのである。糸賀らは、知的障害児と戦災孤児や生活困窮児といった「普通児」を同一施設内に収容するにあたって、両者の「提携」を目指すことをその理念に掲げている(7)。

糸賀は、このような複合的な児童の構成と学園内における両者の「提携」について、「教育目的が当然に社会生活に対する適応性の獲得であるべきだとすれば、その社会性の陶冶は、社会的な環境、言いかえれば、隔離された環境でない環境の下に初めて可能である（略）子供達同志の日常生活の中に、自然に知能による優劣による段階性が、或は実社会の構成に等しく構成されて来るわけであり、而もそれが教育の対象として意図的に整備されることが出来て、夫々に相応しい陶冶が可能となるであろう(8)」と、述べている。そして、「単に陶冶の方法論上の観点にとどまらず、彼等が実社会に出て生活を営む場合の、真の協同者としての提携の点を指摘したい」と、「活きた社会性を相互に錬磨される機会をもつ」ことを重視し、「普通児と精神薄弱児の提携」が双方の教育にとっても、将来の社会形成にとっても有意義であると主張している(9)。

ただし、ここでいう「提携」は職業教育においてのみ可能であるとされ、それが可能な児童と不可能な児童とに区分けがなされていた(10)。すなわち、「精神薄弱児の中でも痴愚級以上の子供達は以上の如き方法の樹立が可能であるが、白痴の場合のみは、社会性も陶冶性も甚だしい限界があって、同日の論ではない」と、「提携」における例外を設けている。そして、「施設の中で生涯を特別な保障の下に生活せしめ」る必要があるとして、「白痴院」の設立を提起しているのである。[11]

しかし、職業的自立が可能なまで教育効果が見込めない知的障害児について、ひたすら保護的な施設で処遇するべきとの考え方は糸賀に限って見られるものではない。例えば、一九四〇年代の「精神薄弱児者保護法制」を求める動きの中では、職業的・経済的な自立が困難な重度知的障害児者を対象とした「白痴院」の設置が度々建議されている。[12]また、田村一二も、「白痴と云うのは、医学の方からは無脳児と云はれてゐるもので教育の力でも、どうとも致し方がない」、「結局、保護的な施設に収容してやるより仕方がない」と、重度の知的障害児の教育についての限界を吐露していた。[13]

このように、初期の近江学園における「普通児と精神薄弱児の提携」は、包摂的であるというよりはむしろ分類処遇的であって、知的障害観についても独自の展開の範囲は限定的であった。糸賀は、「同じ精神薄弱といってもその程度はさまざまで、人間であるよりはむしろ動物に近いようなものもあれば、ある種の白痴の如きは植物的でさえある」[14]と、重度の知的障害児を社会的な存在として認めていない。

そして、一九四八（昭和二三）年四月より、このような重度の知的障害児を集めて「さくら組」と呼ばれるグループを編成し、一九五〇（昭和二五）年には社団法人椎の木会の経営になる知的障害児施設「落穂寮」として独立させた。これは、前掲の清水や森の指摘にもあるように、「他のクラスにおける理念を実践するために、かれらを隔離する意味をもたされていた」[15]のである。[16]糸賀は、落穂寮の設立にあたって、「白痴・痴愚児はその他の児童との共同生活は殆ど意味を有しません。それは殆ど徹底的に社会性を欠如するからであります。従って、白痴・痴愚以外の精神薄弱児や知能普通児に対して要求される社会性の陶冶は、茲では意味を失って、ひたすら保護が問題となるのでありま す」[17]と、述べている。落穂寮は、後には「重度痴愚・白痴コロニー」と位置づけられるようになるが、当初はコロニーの位置づけがされていなかったことに注目しておきたい。

ただし、糸賀は重度知的障害児の存在そのものについては、宗教的観点から肯定しており、[18] どんな程度の障害児も受け入れ、重度・重複の子どもの実践の中で、自らの内にある差別的な人間観を反省し、新しい発達観を生み出す基盤となった。[19] つまり、学園の本流からは隔離したわけだが、「落穂寮」の名称がジャン＝フランソワ・ミレーの『落穂拾い』に由来することが示すように、切り捨てたわけではなく「なんとか拾い上げなければならない」という意図があった。[20] 糸賀のこのような姿勢が、後の重度知的障害児や重症心身障害児の取り組みを生んでいくわけだが、これについては、本章第四節においてふれることとしたい。

## 第二節　社会への過渡的機能としてのコロニーの構想（昭和二五―二七年頃）

一九四八（昭和二三）年四月に施行された児童福祉法によって、精神薄弱児施設が規定されたが、適応範囲が一八歳未満と規定され、独立自活に必要な知識技能を与えるという目的規定が設けられた。これは児童福祉法が対象とする一八歳までに独立自活を果たし、施策が終結する体裁を整えなければならなかったことや、「被救済者が他日納税者になれるような救済」でなければならないという、立法時における法律的、行政的な制約が反映された結果であった。[21] 一応の対策として二〇歳に達するまでは措置解除が猶予されていたが、職業的・経済的な自立が困難な重度の知的障害者への支援策は講じられないままであった。そのため精神薄弱児施設関係者は重度知的障害児の施設内における処遇内容や、成人しても施設に留まらざるを得ない知的障害者への対応に苦慮することとなる。

近江学園においても、重度の知的障害児を学園から分離していく一方で、職業的自立を目指した知的障害児についても、就職できずに園内に留まらざるを得ない入所児が次第に増加したり、継続的な就労が出来ずに学園に戻ってくる者もあった。[22] その一方で、「養護児」は徐々に減少していき、「普通児と精神薄弱児の提携」という理念は、学園の内から外へ向けざるを得なくなる。糸賀は、彼らに対する「アフターケア」の必要を痛感し、「彼等のためには調整された社会環境が必要である。そして彼等に相応した仕事が必要である。若し既存の会社や工場や農園に、彼等のための調整され得る環境を見出すことが出来なければ、その様なものを新しく創り出さなければならない[23]」と、述べている。糸賀は、このような「調整され得る社会環境」を、職業的な自立を目指す拠点としてコロニーと称するようになる。

糸賀が「調整され得る社会環境」に対してコロニーという用語をあてるのは、管見の限り一九五〇（昭和二五）年である。これらの知的障害児者を生涯にわたって完全に社会から隔離するのではなく、「生活の保護と指導を受けつつ、而も何らかの生産的事業と直結して自活度を高めて行く様な調整された環境が荒波の実社会への過渡的段階として考慮されていくことは出来ないものであろうか。或いはそうした環境に根を生やして生涯をそこに暮らすものも生じて来てもよい。（略）児童福祉施設における生活内容が、いわばコロニーともいうべき将来の生産保護施設に連結する時に『問題児』の問題解決への方向が確立したといえるであろう[24]」と、知的障害児施設と実社会への「過渡的段階」としてのコロニーが構想されていくのである。

ただし、その根拠としては、「白痴でもなく普通でもない低能であっても、社会的熟成度は人なみである。しかし社会がこれを受け入れようとしないこれらの薄幸の青年達は、必然的に反社会的な行動に出る外はないと想像される」としており、他の論考でも「児童福祉の施設に沈殿する者達を、法の不備の故をもって無理矢理に社会につき放すことのおそろしい社会的害毒を考えるときに、このようなコロニーの存在は決してぜいたくに属しない[25]」と、その合理性を主張している。ここからは、知的障害児者の保護と指導に対する社会的な意義や国家責任について、社会防衛的な意義から求めざるを得ない情勢があったにしても、この時期の糸賀の知的障害者観が、戦前から続く支配的な認識から大きくは変わっていないことがうかがわれる。

また、保護施設については、「第一は、殆んど全く社会性を有しないもののための施設。従って純然たる救護施設。第二は、低い程度ではあるが社会性もあり、能力もあり、陶冶性もあって、調整された環境を与えれば、その環境の中でまがりなりにも社会人として活動出来るもののための施設、従って、此の施設は各人の能力に応じた生産の段階が用意されており、社会人としてそれらの生産に従事しつつ教育を受けることのできる『コロニー』としての形態をもつことが理想的であろう」と述べ、「対象の社会性に応じて」区分した。つまり前者は「白痴院」とし、後者のみをコロニーとしたのである。さらに、「調整された環境が、生産的、教育的に運営されつつ次第に自活度を高めながら、その内部にあって個別的なケースが検討され、それに即して実社会への道がひらかれている。そのような保護施設を我々は試みにコロニーと呼ぶのである」[26]としている。

このような主旨に基づいて、「窯業コロニー（産業コロニーとも）」として「信楽寮」（一九五二）と、女性のみを対象にした「あざみ寮」（一九五三）[27]、「農業コロニー」として「日向弘済学園」（一九五三）を設立していった。信楽寮は、児童二〇名と池田らが近江学園から移り、陶芸の技術を取得して業者への就職を果たしている。また、あざみ寮は、近江学園内の「あざみ組」の児童一二名が転出することになるが、糸賀は「まだ個々に職業につくことはできないとしても適当な指導者さえあれば、集団で、いわゆるコロニーの形でならやっていけそうに思えた」と、述べている。同時に、「生活訓練や作業といっても、いつまでも『ままごと』のような学園という一つの閉鎖社会の中だけで通用するものでなくて、生きた実社会で役に立つようにしなければならないが、そのためにはその訓練内容に、社会の息吹を吹き込まねばならない」と、かなり具体的に社会との関わりや将来的な職業自立が強調されている。[28]また、「農業コロニー」については、一九五一（昭和二六）年頃から構想をもっていたようで、北海道にその用地を求めようとしたこともあった。それは、留岡幸助の家庭学校の「コロニー・システム」[29]を参考にしたと思われ、斎藤謙蔵（弔花）[30]の紹介を得て、留岡について話を聞くため徳富蘇峰にも面会している。[31]結局、北海道では実現しなかったが、十河信二[32]と鉄道弘済会の協力を得て千葉県に日向弘済学園（一九五三）として実現し、近江学園から一二名の児童が移った。

このように、糸賀の当初のコロニーは、社会性が期待出来ないとされた重度知的障害児者を除外した上で、実社会への道が開かれた「過渡的段階」として、「社会への橋渡し」を行うために、生産活動の単位でもって構成された職業的な自立を目指す支援の方策として構想されている。

しかし、糸賀の構想するコロニーは、知的障害児者を対象としたものとしてはやや異色であり、当時の関係者には、規模も小さく、社会に対して半ば開放されたという意味で「セミコロニー」として認識されている[33]。一方、糸賀とほぼ同時代にコロニーを構想した三木安正は、「白痴、痴愚の程度は児童福祉法による精神薄弱児施設に、魯鈍及び境界線級の一部は学校教育法による養護学校又は特殊学級」と、障害程度によって区分し、「白痴、痴愚」者については「一般社会から隔離した社会に生活せしめることを適当」として、「精神薄弱のコロニーを作ること」を提起している[34]。三木が構想しているコロニーは、養護学校や特殊教育で受け入れ難いとされた白痴、痴愚児を対象とし、社会とは隔離され、閉じられた別世界を形成するものである。重度の知的障害児を隔離する点では同様だが、糸賀はそれをコロニーとはせず、職業的な自立を目指した、知的障害児施設に続くアフターケアを行うものとしてコロニーを構想したのである。そして三木は、糸賀の「セミコロニー」について、社会とコロニーとの中間にあるものとして、「完全なコロニーが出来るなんてことは期待できないんだから、そこでセミコロニーと云った考え方」が工夫される必要があると、その必要性をみとめつつも、それがあくまで日本における国土の狭さや経済状況といった条件の下での対策であることを強調している[35]。

それでは、なぜ糸賀はこのような意味でコロニーを用いたのか。糸賀は、北海道に「農業コロニー」の土地を求めたことを、「その頃アメリカのこの種の話をきいたり、二、三の文献によってその現状を知ったりした私たちは、（略）日本にもそうした広大な対策があってもよいと思った」と回想しており、アメリカのコロニーを直接参照していたことがうかがえる[36]。アメリカをモデルにしたコロニー構想は、糸賀以前にも見られ、最も早い時期の先導者である石井亮一は、一九二二（大正一一）年に下総の御料牧場の一部払い下げを申請し、そこに農園を開墾することを構想した。そして「成るべく生涯そこで世話を致しまして、成るべくさう云う人間を殖やさないやうにしたいものでありますが、それには外国などでやつて居りますやうに、コロニー組織にしたい。亜米利加抔では二千五百人位の児童を収容する大きな収容所がありまして、そこには広大な農園がありまして、其処で百姓して、成るべく自分が働いて食ふだけのことをして世の中と隔離してあります。併しそれは監禁するのではなく愉快に有益に生活せしむるのでありますす」と、その趣旨を示し、「将来は是非国家がやらねばならぬ事業」であると提起している。[37] このように、石井がモデルにしたのは、当時のアメリカにおける「精神薄弱脅威論」と「社会と精神薄弱者双方の保護両立論」に基づく大規模施設であり、[38] 日本においても同様の論拠によって社会的な解決を求めていったのである。

また、これより一〇年余り後、岩崎佐一も、「安全地帯としての植民事業」を構想して「桃花塾」を喜志村へ移転することを表明し、[39] 実現段階にはそれを「コロニー」と称して、知的障害者の「救護機構」に不可欠な前提であると強調している。[40] 岩崎は、「社会の生存競争から免れしめ、一つの安全地帯に於て救護を計」り、「全人格的に救護の完膚を期せんとすれば、コロニーの建設に於てゞなくては」それは不可能であると述べている。ただし、「終生退塾の機会が与えられないかと云へば、決して然うではありません」と、「治療・教化」が可能であったり、「家庭に於てその仕事に従事せしめることが、却つてその本人に取つて、より幸福であると認められる場合」は、退所の可能性があるとしている。また、「発生防止」を目的とした隔離は主張しておらず、「文化が進むに連れて、精神薄弱者の発生は、益々増加を見る」のが現状であり、「救護」に重点を置くべきであるとも述べている。

これらのコロニー構想は、知的障害者に対する生活保障のシステムとしての意味を持っている点は、後の糸賀まで一貫している。しかし、「隔離」や「収容」機能の認識の相違も見られるように、この間にモデルとされたアメリカでは「発生予防」に収容施設による「隔離」が効果を持たないことが明らかになり、一九二〇年代の後半には優生学運動も退潮期を迎え、膨大な費用をかけて施設で「隔離」することの意味がなくなってきたため、基本的な転換が生じていた。そして、「親施設から距離的に離れているが、しかもなお親施設の管理下に置かれ」、「社会復帰の一段階」

であり、「施設外の社会での生活は考えられないような」人たちの「終身保護の場」を指す言葉としてコロニーが使われるようになる。(41) そして、糸賀がモデルとしたのは、この転換に先導的な役割を果たしたファナールド学園であった。糸賀は一九三七（昭和一二）年の年報を参照し、本校の別にテンプレトン・コロニーがあること、アフターケアが特に重要視されていることに注目し、「コロニーの設置は彼等のために必然の道である」と強調している。(42) 糸賀はすでに重度の知的障害児を近江学園本体から分離しており、就職出来ずに施設内に滞留する中軽度の知的障害児問題に焦点を当てていた。そして、テンプレトン・コロニーを参照しつつ、日本において実現可能な独自の形態を構想していったのである。(43)

ちなみに、前掲の三木の場合は「アメリカの精神薄弱の収容施設はいろいろな名称で呼ばれているが、コロニーと称している施設もある。すなわち、institution, school, hospital, village, colony などで、その実態は同じである」(44) と、大規模施設本体とその出先であるコロニーとの違いを認めておらず、石井がモデルとしたような大規模な生涯保護施設を含めて認識していた。

以上のように、この時期の糸賀のコロニーは、成人した知的障害者に対する「アフターケア」の必要性を提起したもので、あくまで職業自立を目指すことに主眼がおかれた。それゆえ、職業自立が困難な重度知的障害児者については、その構想から除外されたのである。しかし、重度知的障害児の保護施設、つまり「白痴院」ではなく、結核コロニー同様に社会へ向けた過渡的な段階として、「社会との橋渡し」を担う保護施設をコロニーとしたことは、後の重度知的障害者を対象としたコロニーの意味づけを検討する上において重要な点である。

## 第三節　重度知的障害児者の社会自立を目指したコロニーへの展開（昭和二七年頃以降）

糸賀が当初構想したのは、「魯鈍・軽症痴愚」を対象にした、職業的自立のために「社会との橋渡し」を担うコロニーであり、「重度痴愚・白痴」といわれる重度知的障害児者は「白痴院」においてひたすら保護されるべきであるとして、その対象からは除外された。そして、両者を分ける基準は、社会性の有無やその陶冶の可否についての主観的な認識であった。しかし、昭和二〇年代の後半には、除外したはずの「重度痴愚・白痴」を対象にしたコロニーが構想されるようになる。

一九五二（昭和二七）年に重度知的障害児を対象とした「さくら組」が再度編成される。先述の通り「さくら組」は、近江学園内に「重度痴愚・白痴」児を対象として設けられ、一九五〇（昭和二五）年に落穂寮として分離された後はいったん消滅していた。しかし、その後も重度知的障害児の入所が続いたため再度編成されたのである。それまで例外扱いをしてきたこのグループに対しても「自主的な社会人の形成」を教育目標に掲げた取り組みを行い、それが成果を表したことで、糸賀の知的障害児の社会性についての認識が転換したと指摘されている。[45] また、糸賀は知的障害は社会的に生み出される側面があることを認識し、知的障害児者に対する社会の偏見は、「分析的・抽象的な知能」に偏重した知能観によるものであり、これによって知的障害児者の能力が不当に低められていることを指摘し、それまで見落とされてきた「直観的・行動的な知能」に注目すべきであると主張するようになる。[46]

糸賀にこのように知的障害観を転換させた要因として、一般社会における知能の認識への疑問が生じたことが、前掲の先行研究でも指摘されている。しかし、「さくら組」が編成された当初の目的は、近江学園における「提携」理念の実現のため、重度の知的障害児を隔離することにあった。それゆえ、この疑問は糸賀ら自身に対しても向けられたものであり、さらに検討を進めて「知能の捉え直し」を糸賀に迫った要因、つまりなぜ一般社会における知能の認識に疑問が生じたのかということに焦点をあてる必要がある。

加えて、糸賀の知的障害観が、「さくら組」の再編以前にすでに変わりつつあったこともうかがわれる。例えば、「さくら組」が再編されるのと同時期の論考には「(知能テストの) 数値そのものは科学的と称する方法で出たとしても、それがその子の真の値打ちであるかどうかは、本当には言えないことではないかと思う。(略) もともと分析されない全体としての人間は人間であるからである。この全体性を、そのまま直覚する立場は、非科学的だと言われても、それが真理を示すならば、敢えておそるるものではないとすべきである。(略) つまり人間の生きることの目的、人生の意義をどう考え、社会のめあてをどう心得ているか、(略) 世界観の問題だといってよいかも知れない」[47]と、人間存在を根元的に問う思索が始まっている。

以上のような視点で糸賀の著作を繙けば、この時期に著された論考に、人間の存在に対する哲学的、あるいは宗教的な、そして近江学園設立理念に再帰する思想の深まりがあり、それが当時の社会情勢と無関係ではなかったことをうかがわせる記述が見られる。

日本の敗戦によって、ようやく世界的な平和が訪れるという期待に反して、東西陣営の対立は深刻化し、一九五〇(昭和二五) 年には朝鮮戦争が勃発した。そして、国内の状況も否応なしにこの騒擾に巻き込まれていた。それゆえ、昭和二〇年代後半の糸賀の著作には、戦争と平和の問題や政治、社会問題を扱い、それらと自らの実践との関連について述べたものが多く見られ、このような社会情勢に苦悩していたことがうかがわれる。この内、最も早い時期のものとしては、一九五〇 (昭和二五) 年一一月、堅田教会における講演がある。ここでは、「二つの世界が相争い、火花を散らしている現実に悩んでいます」と、緊迫する世界情勢に対する心情を語り、近江学園が先の戦争による戦災孤児や生活困窮児を収容したことにふれ、再びそのような戦災孤児や生活困窮児が生み出されることを悲しみ、「私は近江学園という私の働きの場を通じて、世界の悩みを感じます」と述べている。そして、近江学園の設立時に、世界の平和に対する自覚者・責任者として、「私達の仕事を通して、生活を通して、此の悲願を成就しょうと泣きながら誓い合った」ことを回想している。(48)

糸賀は敗戦に際して、戦災孤児や障害児の教育を担うことを通じて日本の再建を誓った。(49) そのため、「教育者として子供達と共に、社会の仲間入りをさせて貰うということを期待して、社会に適応できるよう努力をし、自分の適性を見出して、それでもって社会に貢献」することを目指した。しかし、「養護児」は就職や里子によって学園を退所していくのに対して、知的障害児の社会への受け入れは進まず、成人しても施設内に留まらざるを得ない知的障害者が増加した。さらに、平和への願いに反して再び戦争が繰り返されるという状況にも直面し、「そういう風に生きるということが、自分自身にとって、又社会にとって、一体何の意味があるのか」と自問し、次のように述べている。

知的な発達が社会に幸福をもたらすに違いないと考えていた素朴な時代もあったが、今日のような破壊的な成果をみれば、この期待は全く裏切られて、人々は愕然として幸福とは何であるかを改めて探求するのである。知的な価値の実現に偏りすぎた今日の社会が、深く反省して、忘れていた心情の価値の独自性を想起する時に、社会は少なくともその自殺的な物狂わしさから救われるかも知れない。（略）精神薄弱児をかかえたわれわれが、この子供達の存在意義を社会的に宣言しようとする時に、「この子供達はたとえその知的な能力は貧しいものであっても、その心情の価値は替え難く尊いものであるばかりでなく、この子供達の存在によって社会はその向かうべきめあてを教えられるのだ」というとすれば、もはやそれは社会学的な立場ではなくて、宗教的な言葉であるといわなければならない。われわれはしかし、こうした根本的な問題にまで思いを深めることによってしか、こうした子供達の社会性を積極的に確保することはできないと思う。(50)

ここから、教育される子どもの側から、教育を通じて再建しようと志した社会の側へと問題の重心が移っていることが確認出来る。この時期の糸賀は、「精神薄弱児が存在しているということは世間が精神薄弱である証拠である」(51)、「『知恵たらず』といわれたこの子どもたちは、世界じゅうが真の意味における『精神薄弱』であることを証明するために生まれてきたのだ[52]（略）」という意味のことを、繰り返し述べている。そして混迷する社会情勢に対して反射的に、知能観と知的障害児の社会における存在価値の見直しが促されているのであって、社会性の認識の転換はこのような視点をもつことによって導き出されたと考えられる。このことは、経済的自立が困難な重度の知的障害者の生涯の生活保障に対する公的な裏付けをもとめる論拠となり、その具体的な方策としてのコロニーが構想されていく。

糸賀が、「白痴、重度魯鈍」を対象とした保護施設をコロニーに含めるのは、一九五二（昭和二七）年の後半頃であると推測される。そして一九五三（昭和二八）年の論考では、「白痴、重度魯鈍児の分類収容を計画して発足した椎の木会という社会福祉法人の経営する落穂寮も、児童福祉施設ではあるが、当然将来は年齢超過の問題を解決して、彼等の生涯の保護と教育の方法を考えねばならない。社会性を殆ど期待できない彼等のためにも、施設は一つのコロニーとなる」と述べている[53]。

また、前章で確認したように糸賀の平等観・対等観として重要性が指摘されてきた「同心円」観を獲得したのも、まさにこの時期のことである[54]。糸賀は、「生きとし生けるもの凡て、存在する一切がそのままでよいのである」と、「私が今ここに生きている」という事実が出発点であるべきであるとし、「分析と対立と、つまりあらゆる科学と暴力が、生命にとって宿縁のようにまとわりつきながら、而も生命はそれによって毫も損傷されない相対即絶対のものである」と、実存を肯定し、人間の生命そのものの尊重を提起している[55]。そして、知的障害の有無や程度は「自我の拡大の広さ狭さ」、「人間関係の単純さ複雑さ」の違いであり、それは「人間存在の根元的な事実に照らしてみれば、同心円的であるに過ぎない。（略）白痴に対する社会保証《ママ》は、その経済的、社会政策的な側面を考える根底に、この同心円に対する深い理解が必要である」と述べ、人間としての平等観・対等観から、知的障害児者の支援に対する公的な裏付けを求める。

しかし、糸賀はコロニーができたことをもって、問題の解決とはしない。近江学園やコロニーは、「その生活の中に、大げさに言えば社会全体の苦悩を蔵しているのであり、その解決を義務づけられている。学園の内部の問題は内部で片付くようなものではなく、外部で、社会そのものの中で解決されなければならない[56]」と、問題性を社会に露呈させ、社会的な解決を促す役割があるとしている。そして、「施設やコロニーの存在意義は、彼らが社会の片隅に集められて、世の中の邪魔者にならないようにというのではなくて、返って社会がそれをみて、自分自身を深く反省させられるような、いわば地の塩であり灯であるようなものとして理解されなければならないと思う[57]」と、社会防衛的観点からではない、社会変革の拠点としてのコロニーの積極的な意味を見出そうとしている。それは功利的な観点や慈善的な観点を越えて、知的障害児者に対して積極的に社会的な保障を求める思想の基盤となっていた。

ただし、コロニーの形態は障害程度によって「重度痴愚・白痴」と「軽度痴愚・魯鈍」とに分類されており、「重度痴愚・白痴」コロニーについては、「永遠の幼児であり少年である精神薄弱児の社会的自立ということは、教育的で生産的で保護的であるような環境――コロニー――の中でしか可能でない[58]」と、述べているようにやや閉鎖的なものを想起させる。また、重度の知的障害児者に対して社会との関係を、具体的にどのように取り持つかといった「処遇」方法や理念については、コロニーの意味づけの遠大さに比べれば未成熟であった。これらの考えが転換したり、深まったりして、より普遍的で地域福祉活動の中に位置づくコロニーが構想されていくのは、一九六〇（昭和三五）年以降、糸賀の最晩年のことである。

糸賀のコロニー構想には、当初は社会防衛的な観点が含まれていた。また、知的障害の程度によって、社会的に有用なものと、そうでないものとを区別して処遇する意図も見られた。しかし、眼前の課題に対する方策として、新たな施設の創設を推し進め、その取り組みの中で自らの知的障害観を反省し、社会防衛的な観点を克服していった。そして、障害の重い軽い、職業自立の可否にかかわらず、社会的な支援を受けながら自立を目指すといった平等の理念に到達し、それを具現化するための方策としてのコロニーが構想されていくこととなった。

さらに、この背景には、単に近江学園や相次いで創設した施設における入所児の状況だけでなく、日本の社会状況、平和から乖離していく世界情勢といった大状況の中に、日々生活を共にする知的障害児者の問題を落とし込みながら、人間の根源的な存在のあり方にまで深めた思索があった。このことは、福祉実践においては、その現場を、支援を必要とする人と支援者という二者の関係にのみ矮小化することなく、広く人権や平和との関連を視野に持つことが重要であることを示唆している。

しかし、「純然たる保護施設」から出発した重度知的障害児者のコロニーは、社会との関係を取り持つ具体的な手段を十分に得られず、閉鎖性を残すことになったことも否めない。知的障害者の社会的包摂を目指した方策としては、批判されるべき点もあろう。そして、後の「コロニーブーム」の時期、各地に大規模なコロニーが計画・設置された際には、そのあり方に警鐘を鳴らしつつも、推進する立場もとっている。その一方で、最晩年にはコロニーを地域福祉活動の中における障害児者支援の一手段と位置づけ、近江学園を中心にした地域ケアの拠点としてのコロニーも構想するなど、さらに検討されるべき課題も多い。これらについては、後の章で検討したい。

(1)　知的障害者のコロニーについては、法的、または行政的な定義はなされていないが、現在の日本では数百人を収容する比較的大規模で、総合的な機能を有する施設、あるいは施設群を意味するのが一般的である。しかし、このようなコロニーのイメージは、一九七〇年前後の「コロニーブーム」が盛り上がった時期に相次いで計画・設置されたコロニーに特徴的に見られる。一方、この時期以前には、規模の大小、かつ目的も様々なコロニーが構想されていた。ゆえに、コロニー構想を歴史的な視点から検討するにあたっては、コロニーという言葉がどのような意味合いで使われているのか留意する必要がある。

(2)　矢野隆夫・富永雅和『心身障害者のコロニー論――その成立と問題点』(一九七五、日本精神薄弱者愛護協会)一一一九頁。

（3）清水寛「戦後障害者福祉と発達保障――近江学園における糸賀一雄の『発達保障』の立場にたつ福祉思想の形成」吉田久一編『戦後社会福祉の展開』（一九七六、ドメス出版）四三五―五一七頁等。
（4）清水寛『発達保障思想の形成――障害児教育の史的探求』（一九八一、青木書店）二〇三頁。
（5）加瀬進・草山太郎「糸賀一雄の障害者福祉思想に関する研究（その一）――昭和二〇年代における『精神薄弱』児観・知能観を中心に」『京都教育大学紀要A（人文・社会）』九八号、（二〇〇一、京都教育大学）
（6）前掲の矢野・富永『心身障害者のコロニー論』の他、国立コロニーのぞみの園・田中資料センター『わが国精神薄弱施設体系の形成過程』（一九八二、心身障害者福祉協会）七七―八四頁、滝乃川学園『知的障害者教育・福祉の歩み――滝乃川学園百二十年史』（二〇一一、滝乃川学園）六七三頁。
（7）糸賀一雄「設立ノ趣旨」（一九四六）［『糸賀一雄著作集Ⅰ』（一九八二、日本放送出版協会）一九二頁］
（8）糸賀一雄「養護施設に於ける精神薄弱児の問題」『南郷』第八号（一九四八）［『糸賀一雄著作集Ⅰ』（一九八二、日本放送出版協会）三〇八―三〇九頁］
（9）糸賀一雄「社団法人『近江学園椎の木会』趣意書」（一九四八）［『糸賀一雄著作集Ⅰ』（一九八二、日本放送出版協会）二〇一頁］
（10）前掲、清水『発達保障思想の形成――障害児教育の史的探求』一九九―二〇一頁、森博俊「近江学園の精神薄弱教育実践と糸賀一雄」『障害児教育史――社会問題としてたどる外国と日本の通史』（一九八五、川島書店）二七七頁。
（11）糸賀一雄「精神薄弱児教育の現在と将来」『近江学園報告書　第一集』（一九四九、近江学園）一六五頁。
（12）前掲、国立コロニーのぞみの園・田中資料センター『わが国精神薄弱施設体系の形成過程』五九―七五頁。
（13）田村一二『鋏は切れる』（一九四一、京都市学務課）
（14）糸賀一雄「精神薄弱児の運命」『近江学園年報　第二号』（一九五〇、近江学園）一四三頁。
（15）前掲、森「近江学園の精神薄弱教育実践と糸賀一雄」二七七頁。
（16）このような重度の知的障害児を対象から除外する傾向は、当時の近江学園や糸賀に限ったことではなかった。例えば、辻村泰男は、児童福祉法における「独立自活」規定を根拠にした「白痴排除論」が、「私立のよりむしろ公立の、古い施設より比較的新しい施設から、より声高に出ているように見受けられる」と指摘している（辻村泰男「精神薄弱児施設における『独立自活』論争の経過」『精神薄弱問題史研究紀要』一（一九六四、精神薄弱問題史研究会）四頁）。

(17) 糸賀一雄「精神薄弱児施設『落穂寮』の誕生を見るまで」(一九五〇)〔『糸賀一雄著作集Ⅰ』(一九八二、日本放送出版協会) 四〇〇頁〕
(18) 前掲、加瀬・草山「糸賀一雄の障害者福祉思想に関する研究（その一）――昭和二〇年代における『精神薄弱』児観・知能観を中心に」四頁。
(19) 前掲、森「近江学園の精神薄弱教育実践と糸賀一雄」二七七―二七八頁。
(20) 糸賀一雄「目覚めたるものの責任」『まみず』第三巻十号（一九六八、柏樹社）
(21) 辻村泰男「精神薄弱児施設の問題――その所在と輪郭」『児童心理と精神衛生』第二巻第五号（一九五二、牧口書店）二二頁。
(22) 因幡一碧（糸賀一雄）「沈殿者の問題――コロニーへの必然性」『近江学園年報　第三号』（一九五一、近江学園）一九四―二〇一頁等。
(23) 前掲、糸賀「精神薄弱児の運命」一四七頁。
(24) 糸賀一雄「問題児の対策」『社会福祉研究』第二号（一九五〇、滋賀県社会福祉研究会）〔『糸賀一雄著作集Ⅰ』(一九八二、日本放送出版協会) 三二七頁〕
(25) 前掲、糸賀「沈殿者の問題――コロニーへの必然性」二〇二頁。
(26) 同右、二〇二頁。
(27) あざみ寮については、近江美術刺繍工芸所所長の入谷庄太郎の寄付により、一九五二（昭和二七）年三月開所を目指していた。しかし、この計画は中断され実現していない（滋賀新聞社「近江学園の精神薄弱女児　あざみ組に希望の光」『滋賀新聞』昭和二七年一月二五日、滋賀新聞社「足踏みする入谷学園」『滋賀新聞』昭和二七年五月五日、糸賀一雄「カリキュラムの背景」『近江学園年報　第六号』（一九五四、近江学園）（三三頁）を参照した)。
(28) 糸賀一雄『精薄児の実態と課題』（一九五六、関書院）三七頁。
(29) 二井仁美『留岡幸助と家庭学校――近代日本感化教育史序説』（二〇一〇、不二出版）
(30) 斎藤弔花（謙蔵）は、明治期から昭和初期に活躍した文筆家であり、国木田独歩や徳富蘇峰、蘆花兄弟とも親交のあった人物である。新聞記者としての活動が長く、神戸新聞、東京日日新聞、関西日報に在籍した。また、関西日報時代には、大阪社会事業研究会の活動にも参画している。滋賀県が近江学園にあてるため、日本医療団から結核療養施設・奨健寮（雅楽園）を買収した際、奨健寮の住人の一人であったが、糸賀に引き留められて学園内にとどまり、落穂寮の初代寮長となった。

(31) 糸賀一雄『この子らを世の光に』（一九六五、柏樹社）二〇六頁。

(32) 十河は戦時中、学生義勇軍同志会の会長であったが、親交のあった近藤壌太郎滋賀県知事の下で、滋賀県に於ける同会の活動の受け入れ窓口となったのが糸賀であった。糸賀は、同会の関西支部長にも就いている。戦後、国鉄総裁となった十河は、近江学園の後援団体である財団法人大木会名誉会長に就いて、糸賀を側面的に支援した。

(33) 特殊教育研究連盟『児童心理と精神衛生』第四巻第二号（一九五四、牧口書店）五九―七六頁。

(34) 三木安正「児童福祉と教育」厚生省児童局監修『児童福祉』（一九四八、東洋書館）三九七頁。

(35) 三木安正等「（座談会）遅滞児教育――一九五三年の回顧と一九五四年への期待」特殊教育研究連盟『児童心理と精神衛生』第四巻第二号（一九五四、牧口書店）五九―七六頁。

(36) 糸賀一雄『この子らを世の光に』（一九六五、柏樹社）二三五―二四一等。

(37) 石井亮一「滝乃川学園について」『石井亮一全集』第一巻（一九二三、石井亮一全集刊行会）一九二―二九八頁。

(38) 中村満紀男「一八八〇―一九一〇年代アメリカ合衆国における精神薄弱者施設と精神薄弱者の生活の状況――内村鑑三・石井亮一・川田貞治郎の訪問期を中心に」『社会事業史研究』第三五号（二〇〇八）二三頁。

(39) 岩崎佐一『移転の計画』（一九三一、桃花塾）四頁。

(40) 岩崎佐一「精神薄弱児童の救護徹底策」『精神衛生』九（一九三五、日本精神衛生会）九―一九頁。

(41) Davies, S.P. 著、杉田裕監修『精神薄弱者と社会』（一九七二、日本文化科学社）一五七―一五九頁。

(42) 糸賀一雄「精神薄弱者施設・ファナールド学園について」『児童』第五号（一九五〇、日本少年教護協会）三八―四一頁。

(43) 糸賀がコロニーを構想し始めるのとほぼ同時期に、結核患者・回復者によるコロニーの運動やアフターケア・コロニー構想が始まっており、その類似性からこの運動の影響を受けたことも考えられる（全国コロニー協会『開拓――コロニー建設二〇年のあゆみ（全国コロニー協会一〇周年記念誌）』（一九七一、全国コロニー協会）、日本患者同盟四〇年史編集委員会『日本患者同盟四〇年の軌跡』（一九九一、法律文化社）を参照した）。

(44) 三木安正『精神薄弱教育の研究』（一九六九、日本文化科学社）四八〇頁。

(45) 前掲、清水「戦後障害者福祉と発達保障――近江学園における糸賀一雄の『発達保障』の立場にたつ福祉思想の形成」

四七四―四七七頁。前掲、加瀬・草山「糸賀一雄の障害者福祉思想に関する研究（その一）――昭和二〇年代における『精神薄弱』児観・知能観を中心に」。
(46) 糸賀一雄「精神薄弱児の社会的問題」（一九五三、未発表原稿）［『糸賀一雄著作集Ⅰ』（一九八二、日本放送出版協会）三七九―三八三頁］。前掲の加瀬・草山「糸賀一雄の障害者福祉思想に関する研究（その一）――昭和二〇年代における『精神薄弱』児観・知能観を中心に」でも、この点は指摘されている。
(47) 糸賀一雄「馬鹿談義」『滋賀新聞』（昭和二七年六月一四日）
(48) 糸賀一雄「信仰とその働きを通じて平和へ」（一九五〇、未発表原稿）［『糸賀一雄著作集Ⅰ』（一九八二、日本放送出版協会）二五四―二五七頁］
(49) 糸賀一雄『この子らを世の光に』（一九六五、柏樹社）等。
(50) 糸賀一雄「精神薄弱児の職業教育」『近江学園年報　第四号』（一九五二、近江学園）二三〇―二四七頁。
(51) 糸賀一雄「五十八の決心」『教育』第四十号（一九五四、国土社）［『糸賀一雄著作集Ⅱ』（一九八二、日本放送出版協会）三二九頁］
(52) 糸賀一雄「梅雨空に思う」『南郷』第十四号（一九五四）［『糸賀一雄著作集Ⅱ』（一九八二、日本放送出版協会）三二三頁］
(53) 糸賀一雄「まえがき」『近江学園年報　第五号』（一九五三、近江学園）
(54) 吉田久一『（社会福祉と諸科学一）社会事業理論の歴史』（一九七四、一粒社）三八八頁、清水寛『発達保障思想の形成――障害児教育の史的探求』（一九八一、青木書店）二二二頁、本論文第五章参照。
(55) 糸賀一雄「生活即教育」『南郷』第十二号（一九五二）［『糸賀一雄著作集Ⅰ』（一九八二、日本放送出版協会）二五七―二六一頁］
(56) 前掲、糸賀「まえがき」
(57) 糸賀一雄「カリキュラムの背景」『近江学園年報　第六号』（一九五四、近江学園）四八頁。
(58) 前掲、糸賀「カリキュラムの背景」一二三頁。

# 第七章

# 精神薄弱児育成会の結成と優生思想

## 一九五二―一九六〇年頃を中心に

昭和二〇年代の後半になると、知的障害児者福祉関係者や障害児教育関係者の横のつながりを求めた動きが出てくる。一九三四（昭和九）年に、知的障害児を対象とした社会事業施設によって結成されていた「日本精神薄弱児愛護協会」は、一九四九（昭和二四）年に再建総会を催し、「精神薄弱者愛護協会」として再出発した。しかし、戦後の混乱は未だ収束しておらず、全国組織としての目立った活動はなされていない。次に、一九五二（昭和二七）年七月、知的障害児をもつ親が中心となって「精神薄弱児育成会」が設立される。さらに翌一九五三（昭和二八）年には、障害児教育関係者による「全日本特殊教育研究連盟」も発足し、いわゆる「精薄三団体」（以下、三団体）がそろうこととなった。これ以後、これらの団体は知的障害児教育の振興や、成人した知的障害者に対する社会保障の実現に向けた取り組みを行っていく。このような動きに合わせるように、糸賀の政策面に対するアクションも、官僚時代の人脈を頼った個別交渉から、その人脈を生かしつつも、関係団体を通じてより広がりを求める方向に変化してくる。

本章において、糸賀との関連について焦点を当てる「精神薄弱児育成会」は、三団体の内で戦後最も早期に全国的な活動を展開し、設立の翌年には「精神薄弱者対策基本要綱」の策定を政府に働きかけて実現させるなど、知的障害児者に対する施策を求める運動の中核的な存在となる。そして、一九六〇（昭和三五）年の精神薄弱者福祉法の制定に向けて、運動を展開していくのである。

糸賀も、この団体の活動に当初から関わっているが、その具体的な経緯や活動、そしてこの活動が糸賀にどのような影響を与えたかについては、これまでほとんど検討されてこなかった。また、そもそも育成会の設立経緯については、『手をつなぐ親たち──二五年の歩みとこれからの親の会運動』（一九七六）、『手をつなぐ育成会（親の会）五〇年の歩み（社会福祉法人全日本手をつなぐ育成会創立五〇周年記念誌）』（二〇〇一）などに概略があるのみで、実証的な検討はなされていない。本章では、育成会の初期の活動経過をたどりながら、糸賀がこの運動にどのように参画していったのか検討していく。

## 第一節　「精神薄弱児育成会」の結成と糸賀の参画

精神薄弱児育成会（以下、育成会）は、一九五二（昭和二七）年、特殊学級に通う子どもを持つ三人の母親（加藤千加子、諏訪富子、広瀬桂）が、「ラジオドクター」の近藤宏二に結核予防運動の話を聞いたことがきっかけとなって結成された。三人の母親は、知的障害については結核予防運動のようにしかるべき運動がないこと、また知的障害のある当事者自身が訴えることが困難であるため、当事者に代わって親が訴える必要があると思い立ったのである。近藤は、千代田区役所に勤務していた花岡忠男を紹介している。花岡は、花岡学院[1]の創設者である花岡和雄の次男で、花岡学院の教師として学院内に住み込んでいた。学院が神田区に移管され武蔵健児学園となった後も教師として勤務し、戦後に学院が閉鎖された後は千代田区（一九四七年、麹町区と神田区が合併された）に嘱託職員として勤務していた。花岡はこの運動に加わることを決意し、三人の母親と花岡は、都内の特殊学級をしらみつぶしに訪ね、運動への参加を呼びかけて回った。そして、同年五月二二日に千代田区立神竜小学校[2]において最初の懇談会がもたれ、「児童問題研究会」の名称で活動が開始されることとなった。当初は、「精神薄弱」を会の名称に用いることも躊躇われたのである。

花岡は、各方面に協力を求め、三木安正（東京大学助教授）、渡辺実（八幡学園主事）、小宮山倭（青鳥中学校校長）、後藤綾子（東京教育大学付属盲学校教諭）、辻村泰男（厚生省児童局養護課長補佐）、重田定正（東京大学教授）、加藤シズエ（社会党・参議院議員）、赤松常子（社会党・参議院議員）、本島百合子（社会党・都議会議員）らが協力していくことになる。

また花岡は、かつて勤務した花岡学院の入所児の父親の一人であり、社会党に所属していた江木武彦にも協力を求めた。江木は社会党で文化部次長を務めていたが、一九五〇（昭和二五）年の衆議院選挙に立候補して落選した後は党職員を辞していた。江木は、初代の事務局長として参画し、社会党関係者の協力を引き出した。そして、早くも五月二五日には、加藤シズエが主催する婦人問題研究会[3]の知的障害児に関する研究会で、先の神竜小学校の懇談における決議を国会議員らに訴える場を設定している。

糸賀を育成会の設立に参画させたのも江木である。糸賀と江木との接点は、戦前の滋賀県における学生義勇軍同志会の活動によってもたらされたものである。江木は、学生義勇軍とそれに続く学生義勇軍同志会の活動を事務局長として主導しており、その活動を通じて糸賀とも面識があった[4]。また、糸賀は同会の活動を通じて会長の十河信二とも親交をもつことになるが、先述のとおり十河は近江学園の後援会長となって、糸賀の活動を側面から支援している[5]。一九五二（昭和二七）年の春ごろには、江木が近江学園を訪ねて糸賀に協力を依頼しており、この求めに応じて育成会の活動に参画していくこととなる[6]。

同年七月一九日には結成大会が開催され、会名を「精神薄弱児育成会」とすることを決定し、後述する『陳情書』を採択した。糸賀は、この結成大会で議長を務め、以後は理事として会の運営に関わっていくこととなる[7]。糸賀は、育成会の結成にあたって「こういう運動を背景にして就職の問題やコロニー建設のことなどが考えられるようになりますと、子供達の将来はうんと明るくなることでしょう[8]」と期待を示し、運動団体にありがちな混乱や誤解に巻き込まれながらも、育成会の活動に生涯を通じて関与し続けることになる[9]。

花岡は、育成会設立の翌年、鉄道弘済会の経営する日向弘済学園の園長に就任する。これは、育成会の実務を担うこととなった花岡の身分保証のためであった。そして、学園の実質的な運営は、近江学園から副園長として転出した細野一良に担わせ、花岡が育成会の事業に専任できる環境が整えられた。

また、設立当初に事務局長を務めた江木は、社会党との関係が深かったため、育成会として政治的中立性を確保する必要もあり、設立後まもなく運営から離れていった。また、理事長の花岡も日向弘済学園長としての職務に専念する必要が生じてきたため、理事長職を退くこととなった。そして、理事長には前田多門、専務理事に仲野好雄が就くことになる。

前田多門（一八八四―一九六二）は、立教中学校から第一高等学校、東京帝国大学に進み、新渡戸稲造に師事し、内村鑑三の聖書研究会にも参加した。卒業後は内務省に入り、後藤新平内相の秘書官となり、後藤が東京市長に就任すると東京市助役となった。そして、敗戦直後の東久邇宮内閣と幣原内閣で文部大臣に就任したが、翌一九四六（昭和二一）年一月に公職追放となった。前田の娘がソニーの創業者である井深大の妻となっており、公職追放後には東京通信工業（現 ソニー）の設立に際して初代社長に就任した（一九四六年五月）[10]。なお、戦前は聖公会に属していたが、戦後は基督友会（フレンド派・クエーカー）に入会し、同会の日本年会平和委員会委員長（一九五一）や議長（一九五〇、五一）を務めている[11]。

内務省の一期先輩には青年団運動を主導した田澤義鋪がおり（第三章参照）、後には下村湖人とも親しい関係となって、下村が編集する『新風土』にも度々寄稿している。前田は、育成会の結成直後の一九五三（昭和二八）年頃には会報『手をつなぐ親たち』（月刊誌になる前の会報）に「はげましの言葉」と題した一文を寄せてるが、会長就任にあたって糸賀がどのような関与をしたのかは不明である。

一方、仲野好雄の専務理事就任を主導したのは糸賀である。仲野は、戦前から戦中にかけて、陸軍参謀・参謀本部課長を勤めた軍人であった。戦後は、大蔵省の外郭団体である常盤橋経済研究会に勤務していた。仲野の三男がダウン症で、東京の青鳥中学校を卒業した後、池田太郎が運営する信楽寮に入所していた。また、妻の仲野美保子は育成会の理事であり、育成会の活動を通じて糸賀とも面識があった。糸賀は、一九五五（昭和三〇）年、仲野が信楽青年寮の落成の催しに、保護者代表として滞在した際に出会っている。当時、育成会の中核を担ってきた花岡が日向弘済学園の施設長職務に専念せねばならず、江木もすでに事務局長を退いており、代わりの人材が求められていた。糸賀と仲野は一晩語りあい、その直後に糸賀は渡辺実（八幡学園主事）とも相談した上で、仲野に育成会の専務理事に就くよう要請している。糸賀がこのような育成会の幹部人事に強い影響力を持っていたのは、設立当初に江木や十河の協力を得て実務体制を主導したことによるものと考えられる。そして仲野は、機関誌『手をつなぐ親たち』（現『手をつなぐ』）の創刊や、アフターケアのモデル施設としての「名張育成園」「鹿島育成園」の創設を推し進め、育成会の組織化と事業体制の整備に実績を残すこととなる。

## 第二節　育成会結成の意味と社会的効用論からの転換

前節で述べたとおり、糸賀が育成会の結成に関与することになったきっかけは、滋賀県庁勤務時代に学生義勇軍同志会の活動を通じて知り合った江木武彦からの要請に応えたことであった。しかし糸賀は、江木が事務局長を退いた後も育成会の活動に中央の役員として関わり続けるのである。

育成会が結成されたことは糸賀にとって、いかなる意味を持ったのだろうか。糸賀は、育成会の設立に際して、次のような「賛同のことば」を寄せて、児童福祉法の対象年齢以降の問題と、児童施設や特殊教育学校にすら入れない児童の問題の具体的な解決に期待を込めている。

私はかねがね施設の収容児童に対して、この施設から出た児童は将来どうなるだろうと言うことを考え、この問題を解決することこそ精神薄弱児童の基本問題だと考えていました。尚施設或は特殊学級にいる児童以外のこの種の児童に対しても一般的には極端に言って何等具体的に考えられていないし、又これに対する熱意的なものが考えられていない。今度結成を見たこの育成会が強力に発展し、その過程で一つ一つこの大人にならない子等のために、具体的に解決し、終極においては精神薄弱者の楽園が誕生することを心から願い、且つそれを造りあげることは愛情豊かなこの子等の御両親とそれに同情する者たちが手を確《かた》くにぎりしめてゆくより他はないと信じているもので、世界にもまだ類の少ない、この手をつなぐ親達の会のジミなしかも強い発展を心から祈るものです[12]。

また、育成会の活動に参画することは、糸賀の思想にどのような影響を及ぼしたのだろうか。育成会結成直後の糸賀の著作には、いくつかの変化が見られる。一つは、第五章で検討した知的障害者の生活保障について、社会的に解決していくための論拠としての「同心円観」が導出されることである。これによって糸賀は、障害の有無や何等かの「保護」の要否にかかわらず人間存在を同じ地平で捉える平等観を得た。そして、二つには第六章で検討した「社会への橋渡し」を目的に構想された「コロニー」の対象の拡大である。この時期の糸賀は、児童福祉法の適用年齢を超えても独力での経済的自立が困難な知的障害者に対して、「社会への橋渡し」を目的とした「コロニー」の設置を進めている。そして、当初は「社会性が期待出来ない」として、「ひたすら保護」を目的とした「白痴院」に収容するべきとしていた重度障害者についても、一つの社会環境としてのコロニーの必要性を提起していく。そしてこの基盤には、糸賀の知能観が変化し、知的障害者の社会性の認識が転換したことがあった。

育成会は当初、「児童問題研究会」の名称を用いて活動を開始した。当時、知的障害の原因は遺伝が大半を占めるとの認識が支配的であった。そのため、知的障害のある当事者だけでなく、親や家族・親族へも差別や偏見は及ぶと考えられた。参集した親たちの間には「精神薄弱」の名称を用いることにためらいがあり、糸賀が議長を務めた結成大会も同名で招集されたのであった。しかし、準備会からの議論を経て、「精神薄弱と戦いこれを克服するには精神薄弱の名を避けてできるわけがない」、「胸を張って明るみに出よう[13]」と、「精神薄弱」を会の名称に冠することとなった。

育成会の設立に際して、ノーベル賞を受賞した小説家であり、知的障害のある娘をもつパール・バック（Pearl Sydenstricker Buck）は一文を寄せ、「今や、われわれは精神薄弱の子どもをもつことが恥辱ではないということを知るにいたりました。われわれは今や、ほとんど精神障害の子どもたちは遺伝性のものではなく、既知または未知の原因による事故の結果であること、したがって、いかなる親もそうした子供を持つ可能性をもっているということを知らされています。だれがせめられるのでもなく、すべてのものがお互いに助け合わなければならないのです[14]」と、呼びかけている。糸賀は、このパール・バックの一文を参照し、「（いかなる親もそうした子供を持つ可能性をもっているということは、）なんという峻厳な言葉であろうか。知能の低い子をもつことは、何はともあれ、苦悩である。しかしそういう子供たちが、一体何のために生まれて来たかということを、苦悩のどん底から、必死になって探し求める者に、『神の栄光をあらわさんがためなり』といったことが初めてはっきりとわかるのである。（略）生きとし生ける凡ての人々にとって、まことに、『人は何のために生きるか』という峻しい問いが投げかけられていることに等しい、凡ての人の問題である。それを低能な子供達やその親たちが苦悩の中にあって代弁しているのである（略）凡ての世の人々に、どうかこれらの子供達のことを、めいめいの問題として共に考えて頂きたいことを心からいつも希っている[15]」と、述べている。

このように、この時期の糸賀の著作には人間存在に対する絶対的な尊厳が、強く意識され、そのことを強く主張するものが多くなる。例えばそれは、近江学園における重要な「処遇理念」の一つである「生活即教育」概念の変容にも顕著に顕れている。

近江学園の設立から一年を経過した一九四七（昭和二二）年の「生活即教育」では、「彼等はその生命を日々に新しく創造してゆく。ここでは生活と教育といった二つのものがあるのではなく、凡てが生活であり、凡てが教育である。（略）子供を正しくその世界に於て理解して其処に健全な環境を作りつつ、日常座臥のたしなみから高き知性や独立人格としての社会性の獲得まで、借りものでなくて本当に自己のものとせしめることが教育的な営みといふものであらう[16]」と、述べている。このように、当初の「生活即教育」とは、社会的効用論の立場からの処遇理念であり、いかにして社会的にも有用な人格を養っていくか、そしていかにして知的障害者を社会に適応させていくかといった側面に重点が置かれている。

これに対して、一九五二（昭和二七）年の育成会設立直後には、「生きとし生けるもの凡て、存在する一切がそのままでよいのである」と、「私が今ここに生きている」という事実が「生活即教育」の出発点であるべきとした。そして、「意識といい意欲といい高いといい低いという分析と対立の立場は、生命の自覚における生活においては、いわば身にまとう衣の多彩な彩りのようなもので、生命の具体性に対して、反って抽象的なものでしかない。分析と対立と、つまりあらゆる科学と暴力が、生命にとって宿縁のようにまとわりつきながら、而も生命はそれによって毫も損傷されない相対即絶対のものであること、この事実こそ『自由』の本体であり、教育という営みの地盤でなければならない。（略）『生活即教育』の本当の意味はこのことであった[17]」と、自省的に述べている。このように、当初の「生活即教育」が、社会効用的、かつ実利的に有意義な人格養成を目指す意味であったのに対して、後者のそれは障害があってもそのままで絶対的な尊厳を有しているという、より根源的な人間存在のあり方を重視する意味へと深まっているのである。

また糸賀は、「精神薄弱の発生原因については、窮極的なことはまだわからないとされている[18]」と繰り返し述べている。さらに、糸賀を含めた近江学園の関係者は、知的障害児の出生については遺伝以外の要素も大きいことや、そもそも知的障害児の出生が不可避であることを、かなり早い時期から認識していたことがうかがわれる。たとえば池田太郎は、「精神薄弱児教育と天才児教育とは常に存在」し、「ガウス曲線の両端にある天才と白痴とを具体的に活かす」ことが「教育の本質」であることを戦時中から説いていた(19)。さらに、近江学園職員から徳島県立あさひ学園長を経て、日向弘済学園長となった中村健二も、『手をつなぐ親たち』第二号に寄稿した記事の中で、「ガウス・ラインのあることを知って欲しいのである。（略）精神薄弱者を知能の面から見た場合は、その片方（低い方）のすそ野にあたるのである。山に頂上が出来るのもその下積みのすそ野より次第に積み上げられた結果であり、このことは丁度精神薄弱者のすそ野があってこそ、普通人の頂上が保てることになるのである。（略）一精神薄弱者の問題はその当事者やその直接の関係者だけの背負うべき問題でないことがおわかりになったと思う」と述べている。つまり、知的障害児者に対する社会保障を、優生学的な観点から求めることが無意味であると認識していたことがうかがわれ、社会防衛的な観点からは抜け出していたと考えられる。

糸賀は、パール・バックの「精神薄弱の子どもをもつことが恥辱ではない(20)」という主張に賛意を示し、それを運動理念として取り入れることに確信をもった。その転換点が育成会の結成にあったのである。そして、もはや個人的な思いや使命感による活動を超えて、「社会的な解決」の必要性を痛感していた糸賀にとって、育成会の結成はその運動の全国的な拡がりを展望させるものであった。しかし、このような糸賀の理念は必ずしも育成会の設立に関与した学識者や専門家の見解と一致をみたとは言い難い。そして、次節以降で見ていくように、糸賀の主張と育成会の運動方針との間には看過できない乖離も見られるのである。

## 第三節　育成会の初期の運動方針と優生思想

結成大会では、「文教関係」八項目、「厚生関係」七項目からなる陳情書が採択された。陳情書の冒頭には、「知能の発育に欠陥を招いた精神薄弱児に対する、教育並びに福祉施策において、今日の社会情勢の段階ではほとんど下積みになっていてかえりみられていないのが実情であります。これは基本的人権を尊重するということからも、また教育の機会均等という立場からみても全く黙してはいられないことであります」と国会設立の主旨が述べられ、「精神薄弱児の教育の機会均等と厚生保護のために、その法制強化並びに予算措置及び施設設置を講ぜられたい」と、要望されている。

この陳情書について『手をつなぐ育成会五〇年の歩み』（二〇〇一、社会福祉法人全日本手をつなぐ育成会）によると、「その後の精神薄弱福祉運動の展開をみるとき、その原型となる項目が網らされて」おり、「会の発足までにも糸賀一雄・小杉長平・後藤綾子・小宮山倭・重田定正・辻村泰男・三木安正・渡辺実等の学識経験者が協力者として関与していたことによるものと推測される[21]」とされているが、この策定経緯については不明である。また、糸賀が育成会の設立準備に関与した形跡も確認できず、陳情書の内容をどのように捉えていたのかも不明であると言わざるをえない。

この陳情書は、中央青少年問題協議会の幹事会が開かれた際、花岡、糸賀、仲野、諏訪の四氏による陳情が行われ、当時の協議会幹事長であった中川望（元大阪府知事）によって委員会で採用された。これがきっかけとなって、翌一九五三（昭和二八）年一〇月に開催された中央青少年問題協議会で『精神薄弱児対策基本要綱』が策定され、ここに盛り込まれた内容はその後の施策推進の指針となる。しかしその内容は、知的障害児対策が不足しており、適切な保護がなされていないことにより、「彼等をして、非社会的ないし反社会的行動をとるに至らしめていることは、ただ本人のみならず国家社会にとっても大きな不幸であることは言うまでもない」と、知的障害者の基本的人権の視点というよりも、社会防衛的な観点からの対策の必要がうたわれている。そして、「特殊教育の振興」「精神薄弱児施設の拡充」「満一八歳を超えた者に対する生活保護法による救護施設の拡充強化」と並んで、「国立教護院に、不良行為を伴う精神薄弱児を収容する設備を拡充すること」や、「精神薄弱少年を収容している少年院を拡充強化」すること、「精神薄弱児の医療のための精神病院の増床」、そして「優生保護対策として、遺伝性の精神薄弱者に対する優生手術の実施を促進すること」が盛り込まれている。これらについて、後に刊行された『手をつなぐ育成会（親の会）五〇年の歩み』では、「(『精神薄弱児対策基本要綱』は）施設病院等の拡充強化、少年院、精神病院の拡充強化、優生手術の実施など『隔離』『抹殺』という姿勢に貫かれている内容であるが、この当時の育成会活動で批判的な姿勢はなかった」(22)と、総括されている。しかし、これらの事項はすでに「陳情書」の段階から盛り込まれており、厚生関係の事項には、次のような項目が列挙されている。

一　児童福祉法関係法令、並びに精神衛生法、優生保護法に基く精神薄弱児に対する福祉保護の適用強化
二　乳幼児期における精神薄弱児の早期保育指導機関の設置
三　精神薄弱児出生防止に関して優生保護法の適用強化
四　精神薄弱児保護収容のため福祉施設の設置
五　科学的医学的診断による精神薄弱児の精神衛生相談所並びに医療社会保障機関の設置
六　精神薄弱青少年のために職業補導機関の設置
七　精神薄弱児保護補導に関する指導員養成機関の設置

このように初期の育成会の運動方針には、「精神薄弱児はその遺伝的体質に由来する者が多数を占めているのであります。これが早期発見につとめ早期指導をすることは対策上の重要事でありますと、当初から「精神薄弱児出生

防止に関して優生保護法の適用強化」と、「乳幼児期における精神薄弱児の早期保育指導機関の設置」が重要な柱として打ち立てられていた。

これには、育成会が運動団体であり、要求を実現していくために当時の政治へ接近する必要があったこととも無関係ではない。とりわけ、育成会の設立時に協力した加藤シズエら国会議員は、当時の優生保護法の制定に少なからず関与しているのである。

一九四八（昭和二三）年に国民優生法に代わって、優生保護法が制定された。この法律の第一条の目的は、「優生上の見地から不良な子孫の出生を防止するとともに、母性の生命健康を保護することを目的とする」と、前半は国民優生法の目的規定を引き継ぎ、後半に「母性の生命健康の保護」が追記された形をとっている。また、第三条の「医師の認定による優生手術」の範囲を、次のように規定している（第十四条の「医師の認定による堕胎」の範囲も同様である）。

一　本人若しくは配偶者が遺伝性精神病質、遺伝性身体疾患若しくは遺伝性奇形を有し、又は配偶者が精神病若しくは精神薄弱を有しているもの

二　本人又は配偶者の四親等以内の血族関係にある者が、遺伝性精神病、遺伝性精神薄弱、遺伝性精神病質、遺伝性身体疾患又は遺伝性奇形を有しているもの

三　本人又は配偶者が、癩疾患に罹り、且つ子孫にこれが伝染する虞れのあるもの

四　妊娠又は分娩が、母体の生命に危険を及ぼす虞れのあるもの

五　現に数人の子を有し、且つ、分娩ごとに、母体の健康度を著しく低下する虞れのあるもの

つまり、この法律の主眼とするところはあくまで「不良な子孫の出生を防止する」ことであり、その目的のために人工中絶が認められるというものであったのである（二年後の改正で、経済的理由による中絶が追加される）。この法律の制定にあたっては、谷口弥三郎（参議院議員・後の日本医師会会長）、福田昌子（衆議院議員・社会党）ら医

療関係議員とともに、太田典礼（衆議院議員・当時は社会党に所属）、加藤シズエ（衆議院議員・社会党）ら、戦前からの産児調整運動の主導者が深く関わっており、産児調整運動の立場から人工中絶の法制化を実現するために民族優生学の立場との融合を図ったともいえる。[23] そして、このような政治的、あるいは社会的状況は、育成会の活動方針にも否応なく陰を落としているのである。

ところで平田勝政は、戦後の知的障害関係者における優生思想の影響について、関係者の言説を分析した結果、「民族優生の立場（逆淘問題の解決という国策的視点）は後景に退き、生活能力や育児・養育能力の問題ゆえの結婚否定・断種容認論となっている」[24]と指摘している。確かに、当時の関係者の発言を見ても、養育能力を根拠とした結婚否定と断種容認論が支配的であることがうかがわれる。しかし、育成会の運動方針についてたどってみると、設立時の運動方針の柱である「発生予防」や、会の目的としての「民族浄化」については、かなり後まで主な柱として残っていかざるを得なかったことがうかがえる。

このような状況下で、糸賀はどのような立場を取っていたのであろうか。次節では、そのことについて、育成会における座談会「精薄児と性の問題」での発言に焦点を当てて検討してみたい。

## 第四節　『手をつなぐ親たち』誌上における知的障害者の性と結婚問題についての議論

糸賀の知的障害観を検討する上で、優生思想との関連は重要な課題であるが、糸賀は優生思想について直接的にはほとんどふれていない。しかし、わずかにではあるが、『手をつなぐ親たち』に糸賀の思想をうかがえる記事がある。それは、この時期の育成会の運動方針を検討する上でも貴重である。

一九五六（昭和三一）年七月一日、「精薄児と性の問題」に関する座談会が実施され、『手をつなぐ親たち』第四号と第五号に発言要旨が掲載されている。また、これに続く第六号、第七号には、座談会の出席者を含めた関係者から寄せられた知的障害者の性と結婚についての意見が掲載されている。

座談会の出席者は、糸賀の他、親の立場から塚本常雄（理事・明治大学教授）、森田本次郎（常任理事）、大辻愛子、仲野好雄（専務理事）、仲野美保子、丸尾ヤス子、関係者から辻村泰男（文部省特殊教育主任官）、山口卓三（あざみ寮副寮長）、小林提樹（日赤産院小児科部長）、小宮山倭（東京都立青鳥中学校校長）、樋口幸吉（法務省矯正局）、司会として三木安正（理事・東京大学教授）である。

この座談会に先だつ第三号には、糸賀の「堕ちゆくもの――春枝のかなしみ」という『近江学園年報　第七号』（一九五五、近江学園）に掲載された論考が転載されており、議論は糸賀の問題提起からスタートしている。この論考は、近江学園を退所した後、近親者によって遊郭で働かされた退所者の事例を元にしたもので、「満一八才を過ぎている以上、われわれには彼女の自由を拘束することもできなければ、雇用主からの引き取りに対して、これを拒否することも出来ない[25]」と、その実情を訴えている。この一件は、一九五〇（昭和二五）年頃のことで、成人した女性の知的障害者を対象とした「あざみ寮」が設立されるきっかけともなっている。このことからも、糸賀らの主張するところは不当な搾取からの権利擁護とともに、児童福祉法の適用年齢を超えても「保護」が必要な知的障害者を対象にした「施設」の必要性であったと考えられる。また、一九五六年五月には売春防止法が制定されており、当時は「売春婦」の大半が知的障害者であるという言説が少なくなかったことも、この問題が取り上げられた背景にある。

糸賀は座談会の冒頭に、「特に現在の日本の社会における精薄女子の立場というものは非常に弱いと申しますか、その立場を皆の力で守つて解決していくようにする方法はないものだろうかということで実は提起したわけでございます」と述べている。しかし、座談会では糸賀の提起した論点を外れて、広く知的障害児者の性や結婚の問題から優生保護法による断種にまで議論が展開していく。

まず、断種について積極的な見解を提示しているのは小林と三木である。例えば小林は、「断種してよいかどうかについては純粋には遺伝の問題が入るのですが、そこで一応社会的な問題なども考慮に入れていいことになるんじゃないかと思うのです。（略）断種は社会的に悪を残すということばかりじゃない。社会的に不良な行為をするということも一つの断種の対象になるんじゃないか」と、遺伝以外の「社会的な不良行為」を断種の要件に含めている。同時に、「（略）断種といってももつぱら不妊手術です。それですと、性格的な問題には関係がないわけです。（略）結局女性としての気持ちは残されます。残すところに人間として尊重するいいところがあります。ただ、今度は残っているだけに社会の取り扱いはどうすべきかという問題があるのです」と、不妊手術だけではなく「社会的な取り扱い」が課題として残ると指摘する。

次に、小宮山は「この子供たちが追いつめられたはて売春に行くより仕方がないという社会の受け入れに根本の問題がある。（略）私は性欲を押さえるより一般にエネルギーを発散させる方法しかないと思います……。それから結局つきつめていけば純粋な環境をつくるというよりほかに手はない。大人の目が行き届き、清純な環境あるいはもつと興味をひきつけるような何かを彼等に与えることの他青少年自体を守つてやるより方法はない」と、性欲については当然あるものと認めつつもそれを表に出させず、他に転換するため「清純な環境」の必要性を提起する。しかし後段では、「精薄児の問題というのはむしろ周囲のものの考え方や環境を浄化することから始めなければいかぬ」とも述べており、必ずしも隔離的なものを想定していたわけではないようではある。

これに対して、糸賀は「実際に当たつてみて同感」としつつ、「一生涯馬車馬のように仕事をさせ、永遠に結婚をすることはできないのかということです。あるいは性の本能を満足させることは許されないかという問題です(26)」と、結婚の願望や生殖に対する権利性を提起している。

糸賀の提起に対して三木は、「一つの考えとして精薄同士を結婚させてしまおうという政策ですね。もちろん子供ができないようにすることを前提として（略）」と、不妊手術を施した上での知的障害者同士の結婚を提起している。また、小林も「精神薄弱というものが遺伝的なものであれば、子供は生まれてほしくない。遺伝的なものでなければ子どもができてもいいわけだが、子供の扶養ができなければ、子どもを作らない方がいい。そのほかにも社会的ないろいろな問題、経済的な問題がありましょうから、精薄者に子供が生まれるということについては賛成しがたい。結婚生活をさせるということについては大賛成なのですが……。ですから子供が生まれないようにして結婚生活をさせたらどうか。（略）結婚するにはある程度の監督下においていかないとちょっとまずい面が起こりはしないか。一番理想的に申しますと、癩病の世界があると同じように精薄の世界を作ったらよい」と、ハンセン病と同じように隔離的な別世界を設けるべきであるとの主張を展開している。さらにこれを受けて小宮山も、「つまり遺伝という問題は抜きにして、育児能力がないということで子どもを産むということは封じた方がいい。コロニーを作って、その中でその人たちと家を作るという方向へ持つてゆきたい」と同調している。つまり、三木、小林、小宮山の主張は、知的障害者の消極的、あるいは条件付きでの結婚は認めるが「知的障害児の発生予防」という論拠を基盤にして、それを「子どもの養育問題」、あるいは「生まれてくる子どもが不幸になる」といったもう一つの論拠でもって補強することによって、実質的に断種を肯定するという論理が構成されている。

　これに対して糸賀は、「発生予防」と「養育能力」の問題について実情を認めつつ、それは「（略）現在の社会においても経済的な転落というものは必ずしも本人の能力のみではない場合があるし、社会的な責任という面も多分にある。（略）もし社会保障という線がもっと拡大され、充実していくならばこれは相当程度養育問題は解決するんじゃないだろうかということが一つ」[27]と反論し、さらに家族関係の調整を含む「親子の関係を回復」のための福祉的な支援が介入することの意味を提起する。しかし三木は、「そういうような面倒が起こることがほとんど確実に予想されるのに、精薄者に子どもをつくらせる必要はないと思いますね。たとえ正常な子どもがうまれるとしても、親に育児能力のない場合はね」と、「福祉的な支援」の意義も当事者の権利性も認めていない。また、三木はこの座談会を受けて実施された『精神薄弱者は結婚していいか』というアンケート（以下、『アンケート』）に答えて「子供が大きくなって、自分の親が精神薄弱だということになれば大きな悩みをもつでしょう」と、「生まれてくる子どもが不幸になる」

との理由から、改めて子どもをもうけることを否定している(28)。

さらに、糸賀は「扶養能力」があると考えられる実例をあげて、結婚時における不妊手術が本当に必要かと提起するが、これに対しては小林から「発生予防」の観点から「扶養能力があつてもいけないと思います。次の子供が不幸になりますから」と再反論がなされている。この後、樋口が傍論的にアメリカが「優生手術」に積極的でないことを挙げ、隔離収容を目的とした大規模のコロニーの存在がその背景にあることを述べて、糸賀を部分的に擁護してはいるものの全体を通してみれば、糸賀の主張は新参者の理想主義といった様相で一蹴されている。

糸賀は、この座談会中では常に問いかけるようにして問題を提起しており、断種については必ずしも立場を明確にしていないように受け取れる。それは議論の最後に、「単純に科学的な研究の成果というものと優生手術をした方がいいとか悪いとかいう具体的な判断とは根拠が違うのじゃないでしょうか。つまりそれは社会的な政策の問題になる。科学的研究の成果と政策とを混同してしまわぬようにすることも必要です」と述べていることからも、断種の問題については単に自然科学的な立場から客観的に断定するものではなく、社会的な合意を伴う事項であるべきであると考えていたのである。

ただし、糸賀の座談会の発言からも、「養育能力」については重視していたことがうかがえる。また、当時あざみ寮長であった糸賀房は、先述の『アンケート』への回答の中で、「社会生活が営めて子供を養育する能力があれば、結婚してはいけないという理由はないと存じます。社会生活もいとなめず子供を養育する能力にも欠けていて、しかも保護された形での結婚生活をもたせる場合には、子供ができないような措置をとることがのぞましいと思います」(29)と、述べている。

しかし、糸賀の提起した知的障害者に対する性の権利や、その具現化としての支援の介在の必要性についての提起に対して、積極的な同調や共感は示されなかった。そして、この後行われた二回目の座談会には糸賀は参画していない。また、一九五八（昭和三三）年末まで『手をつなぐ親たち』の誌面にも糸賀が登場することはなくなる。

糸賀が近江学園を設立した動機の一つには、戦争で親を亡くし孤児となった児童や、知的障害のために親や地域に受け入れられ難い児童を救済することにあった。そのため当初の学園運営を後援したのは、主に糸賀の県庁時代の同僚と県庁時代に関係のあった人物であった。そのため、糸賀にとって育成会の設立は、親という「当事者」が、知的障害のある子どもへの社会保障を求めて立ち上がった衝撃的な出来事であった。

しかし、「精神薄弱を克服する」という大方針に見られるように、育成会の運動方針は優生思想や社会防衛思想を基底にしている。それゆえ、理念の面においても、活動の面でも、糸賀や近江学園を中心とした取り組み方針との間には看過出来ない乖離が見られる。ただし、優生思想は、表面上は生活能力や育児・養育能力が強調され、むしろそれが発生予防のための断種の根拠を強化する働きをなしており、そこに糸賀や近江学園の側にも負い目があった。

それでも、この後の糸賀の思想の展開を見れば、障害があっても人間尊厳は損なわれないのだという、知的障害児者への理解と社会保障を求めるための主張についての確証を得たことの意味は重要である。そして、このような乖離や負い目があるからこそ、実践を裏付ける新たな思想的な展開の必要が意識され、その後の独特の思想展開がなされたとみることもできる。

そのような視点でみれば、育成会の運動への参画は、糸賀の思想にとってはあくまでも転換点の一つに過ぎず、重要な点はこの後の思想的な展開がなされていくことの意味である。

---

（1）　一九二一（大正一五）年に花岡和雄によって創設された。花岡学院は、結核等の病虚弱児施設であり、初期には私立尋常小学校の認可を受けていた。一九四三（昭和一八）年には、経営難から神田区営の神田区武蔵健児学園となり、

一九四九（昭和二四）年に閉鎖された。

（2）当時、都内には二六学級の特殊学級（障害児学級）が設置されていた。その内の一つが神竜小学校に設置されていたが、入級は宝くじなみの倍率だったと言われる。なお、神竜小学校は、一九六六年に神田小学校へ統合され、現在は千代田小学校に合併されている。

（3）江木は、「加藤シズエさんを大将にして『婦人問題研究会』（婦健）を作りました」と、婦人問題研究会の設立に関与したことを述懐している。江木武彦『夢を喰った男「話し方教室」創設者江木武彦』（一九九六、あずさ書店）一〇八頁。

（4）糸賀記念会編『（伝記叢書六七）追想集　糸賀一雄』（一九八九、大空社）六七―七一頁。

（5）江木の父定男は農商務省の官僚であり、十河信二の他にも、学生義勇軍の会長であった石黒忠篤や加藤完治らとも関わりがあった。

（6）糸賀一雄「近江の国から馳せ参じて」『手をつなぐ親たち（手をつなぐ親の会創立一〇周年記念特別号）』（一九六一、精神薄弱児育成会）六五―六七頁。

（7）当初の糸賀以外の役員は、理事長が花岡忠男、常任理事に塚本常雄（明治大学教授）、加藤千加子、江木武彦（事務局長）、理事に親又は兄弟として金子松栄、重田定正（東京大学教授）、諏訪富子、玉岡忍（共立女子大学教授）、仲野美保子、堀内君子、森田本次郎、関係者として小宮山倭（東京都立青鳥中学校長）、小杉長平（東京都立青鳥中学校教諭）、三木安正（東京大学助教授）、渡辺実（八幡学園主事）である。

（8）糸賀一雄「今年の抱負」『滋賀新聞』（昭和二八年一月一日）

（9）矢野隆夫「れんさい　今だから話せる　糸賀先生と育成会　ある時はあいそをつかし……」『手をつなぐ親たち』第二一四号（一九七三、精神薄弱児育成会）三四―三七頁。

（10）井深大の次女に知的障害があり、後に育成会による会長就任の経緯において、「精薄児を身辺に持たれ」と紹介されている（仲野好雄「育成会十五年の歩み」『手をつなぐ親たち』（一九六六、精神薄弱児育成会）一八頁）。

（11）前田多門については、『日本キリスト教歴史大事典』（一九八八、教文館）、小泉一郎、宇梶洋司編『友会七十年史』（一九五七、基督友会日本年会）を参照した。

（12）糸賀一雄「精神薄弱児育成会によせて」『社会福祉法人全日本手をつなぐ育成会創立五〇周年記念誌――手をつなぐ育成会（親の会）五〇年の歩み』（二〇〇一、社会福祉法人全日本手をつなぐ育成会）二二頁。この文章は、「手をつなぐ親の会趣意書」に掲載された。
(13)「『手をつなぐ親の会』(精神薄弱児育成会)運動の出発 『手をつなぐ親たち』発行 全国各地に特殊学級・施設設置の動き(一九五二(昭和二七)年)」『社会福祉法人全日本手をつなぐ育成会創立五〇周年記念誌――手をつなぐ育成会(親の会)五〇年の歩み』(二〇〇一、社会福祉法人全日本手をつなぐ育成会)一二頁。
(14)パール・S・バック「同じ悩みをもつ母として」精神薄弱児育成会編『手をつなぐ親たち』(一九五二、国土社)五頁。
(15)糸賀一雄「神の栄光に悲劇――手をつなぐ親たち」『大津郵便局ニュース』昭和二八年二月一日号〔『糸賀一雄著作集I』(一九八二、日本放送出版協会)二九四頁〕
(16)糸賀一雄「生活即教育」『南郷』第三号(一九四七)〔『糸賀一雄著作集I』(一九八二、日本放送出版協会)二二二頁〕
(17)糸賀一雄「生活即教育」『南郷』第十二号(一九五二)〔『糸賀一雄著作集I』(一九八二、日本放送出版協会)二五七―二六一頁〕
(18)糸賀一雄「未発表原稿」(一九五三)〔『糸賀一雄著作集I』(一九八二、日本放送出版協会)三八一頁〕
(19)池田太郎『ガウス曲線の両端――愛の近江学園』(一九五一、黎明書房)。本文に引用した箇所は本書の前文にあたり、一九四二(昭和一七)年に幼稚園で母親を対象にした講演録である。
(20)前掲、パール・S・バック「同じ悩みをもつ母として」五頁。
(21)国立コロニーのぞみの園・田中資料センター編『わが国精神薄弱施設体系の形成過程――精神薄弱者コロニーをめぐって』(一九八二、心身障害者福祉協会)一一一頁。
(22)「国会・政府各方面への陳情に奔走『精神薄弱児対策基本要綱』作成(中央青少年問題研究会)」『社会福祉法人全日本手をつなぐ育成会創立五〇周年記念誌――手をつなぐ育成会(親の会)五〇年の歩み』(二〇〇一、社会福祉法人全日本手をつなぐ育成会)二五頁。
(23)優生保護法の成立経過については、太田典礼の『堕胎禁止と優生保護法』(一九六六、人間の科学社)に詳しい。また、藤目ゆきは、『性の歴史学――公娼制度・堕胎罪体制から売春防止法・優生保護法体制へ』(一九九七、不二出版)で、産児調整運動家の思想が、優生思想と親和性が高かったことを指摘している。
(24)平田勝政「日本における優生学の障害者教育・福祉への影響」中村満紀男編『優生学と障害者』(二〇〇四、明石書店)
(25)糸賀一雄「堕ちゆくもの――春枝のかなしみ」『手をつなぐ親たち』第三号(一九五八、精神薄弱児育成会)三二頁。

(26) 糸賀一雄他「〔座談会〕精薄者と性の問題」『手をつなぐ親たち』第四号（一九五六、精神薄弱児育成会）
(27) 糸賀一雄他「〔座談会〕精薄者と性の問題」『手をつなぐ親たち』第五号（一九五六、精神薄弱児育成会）
(28)「精神薄弱者は結婚していいか」『手をつなぐ親たち』第二九号（一九五八、精神薄弱児育成会）五頁。
(29) 同右、七頁。

# 第八章 「福祉の思想」の形成段階としての昭和三〇年代前半の思想展開

## 「アガペとエロス」論、「内的適応」論、「生産教育」

昭和三〇年代前半は、糸賀にとって、障害児者に対する支援の普遍化に向けた独自の思想展開がなされる時期である。それは、前章で取り上げた精神薄弱児育成会の活動の中でも見られるように、一般社会のみならず、関係者の間にも根深く存在する知的障害児者への偏見や差別意識に対抗して、如何にして個の尊厳を基盤にした共感的理解を拡大していくかということに重点が置かれている。

この時期の糸賀の思想について焦点をあてた研究は多くはないが、清水寛が糸賀の「福祉思想」を七期に区分して分析している中に、この時期にふれられた部分がある。清水は、昭和三〇年代前半は、「糸賀の福祉思想第五期　重症心身障害児の療育実践に基づく『発達的共感』の思想の獲得」の時期と位置づけている[1]。一九五四（昭和二九）年に医局が中心となって、重症心身障害児を対象とした「杉の子組」の取り組みが本格的に始まる。一九五八（昭和三三）年には、医局を離れて教育部に所属する「すぎ組」となり、さらに年長児のための「ひのき組」も編成される。清水はこの過程に着目し、「医療と教育の結合」がより強く意識され、「『発達保障』の立場から統一的にとらえ直されることによって、『療育』の思想として発展していくことになる（略）糸賀のこの時期における障害者福祉の思想の全体的・基本的特徴を集約的に示すものとして、人格的・発達的共感という概念をあげることができる」[2]と指摘している。清水は、重症心身障害児の取り組みの中から「医療と教育の結合」の必然が生じ、「療育」の概念が導き出されたという重要な指摘をしているが、一貫して「発達保障」から糸賀の思想を捉えようとしていることには留意しなければならない。つまり、この時期の糸賀の活動は広範囲に及んでおり、重症心身障害児以外の取り組みも新たな展開を見せており、これらの活動や取り組みと糸賀の思想との関連についても見ていく必要がある。

一つには、施設整備や「処遇」方策の整備が如何なる方針のもとに行われたかという点である。昭和三〇年代に入ると、近江学園から分離した信楽寮から、さらに成人を対象とした信楽青年寮が開設され（一九五五）、同様に落穂寮にも成人寮が併設されるなど（一九五五）、公的な支援が希薄な中で、児童福祉施設に続く「アフターケア」と生活保障の機構としてのコロニーが具現化されていく。そして、一九五六（昭和三一）年には大木会を財団法人化し、「アフターケア」のための基盤整備も行っている。また、これらの動きに並行して、重症心身障害児への取り組みを総括して、重症心身障害児のための施設建設が大木会に具申される。この答申を受けて、一九五九（昭和三四）年に滋賀育成園が構想され、一九六三（昭和三八）年の重症心身障害児施設びわこ学園の開設へとつながっていくのである。このように、昭和二〇年代末から三〇年代の前半における支援方策の整備は、成人した知的障害者の生活保障機構の整備と並行して、より障害程度の重い重症心身障害児の「処遇」方策の整備が進行していくのである。

そして二つには、対外的な活動の拡がりである。糸賀は、一九五四（昭和二九）年に社団法人化された全国精神薄弱児育成会の理事となり、精神薄弱者愛護協会等の関係団体の役員も引き受けている。また、大学での障害児教育関連科目の非常勤講師も引き受けるようになる。それは、一般社会に対する啓発活動であり、知的障害者の生涯の生活保障や、重症心身障害児対策の「社会的な解決」に向けたソーシャルアクションの意味を持つものであった。しかし前章でみたように、近江学園や糸賀と精神薄弱児育成会との間に見られたような方針の乖離もあり、それらを内から変革していくために、より広範な共感を得ることを目指した思想展開の必要が生じていたのである。

次に、昭和三〇年前後から三〇年代前半における糸賀の著作を概観してみると、人間の尊厳を社会の中で擁護していく方策や、それを具体的に実現していくための前提となる社会づくりに関する論考が多く見られる。これらは昭和三〇年代後半に展開される地域福祉の拠点としての施設、あるいは地域社会の中における施設を構想していくことの基盤となったと考えられるが、その特徴は、矛盾や葛藤を含みがちな二方面からの課題に取り組んだことにある。それは、一方では如何なる主張の仕方をすれば自らの取り組みが社会一般に理解されるかということであり、もう一方ではそれが社会効用的であったり間接的であったりする論理ではなく、直接的に当事者側に立った論理として展開されねばならなかったという点である。

たとえば、一九五三（昭和二八）年に書かれた「精神薄弱児の社会的問題」という論文では、「社会的な関連において彼等のその状態が低い価値と見做され」ていることが「知能の低劣の問題以上に事態を複雑にし、救い難い混乱に陥れている」と指摘し、「精神薄弱という現象は社会的な産物である」という認識のもとに、「精神薄弱児が社会に適応する仕方と、社会が之をどのように受け入れるかということ、この二つの側面がからみ合って精神薄弱児の社会的な問題が複雑に展開されている[3]」と、強調している。ここには、糸賀の思想を検討するにあたって重要な三つの視点が表されている。

一つ目は、知的障害児者の存在価値についてである。前章で述べたとおり、糸賀は「精神薄弱児育成会」の設立に参画したことを契機に、障害者に対して人としての尊厳を基盤におくことを明確に打ち出そうとしている。しかしそれは、障害があっても「いまの、ありのまま」で尊重されるべきなのか、あるいは障害の緩和や陶冶を目ざすべきなのかといった、相矛盾する問題を含んでいる。それに対して糸賀は、木村素衛から受け継いだ「エロスとアガペの矛盾的同一」の思想で対処しようとしている。

二つ目は、知的障害者の「社会適応」をどう捉えるかという点である。それはいかにして社会的に有用な人物となるかという社会の側の価値観からの一方通行でしかない「社会的効用論」を脱していく試みである。これについて糸賀は、人間の内面から社会に能動的な仕方で適応していくという「内的適応」論と称される障害者の幸せや生き甲斐を強調する概念を展開する。

そして、最後にこれらを基盤として知的障害児者自身が、保護され護られる存在から「新しい社会づくり」の主体へと転換されていくのである。本章では、これらの三つの視点のもとに、その展開過程について検討していくことにしたい。

## 第一節　木村素衛の「教育愛」と「エロスとアガペ」論の受容をめぐって

### (一) 木村素衛の「教育愛」と「エロスとアガペ」論

糸賀の最終講義を筆記した『愛と共感の教育』(一九七二、柏樹社)には、教育哲学者である木村素衛の「教育愛」や「エロスとアガペ」論の影響を感じさせる表現が随所に見られる。しかし、糸賀の著作における「エロスとアガペ」論は時期によって、その論旨がかなり異なっている。そのため、糸賀が「エロスとアガペ」論をどのように障害の問題に適用していたのか、時間の流れをたどりながら見ていく必要もある。

冨永と蒲生は、大学卒業時における糸賀の「エロスとアガペ」論が、「『エロスにおける一切の要求を拒否してこそ真に他者において生きる、アガペーにおいて生きる』ことができると論じ、未だエロスとアガペとの間に絶対的な断絶をみているのであった」が、木村素衛との出会いによって、両者は「相即不離のものであって相互に連関している」[4]ものに変化している点を指摘している。それは、木村の表現によれば「エロスとこれを包越するアガペの弁証法的自己同一」、あるいは「向上愛を包越する絶対愛」[5]であり、冨永らは「エロスが壁にぶつかって挫折することによってはじめて立ち現れてくる弁証法的、動態的な道行きのなかで自覚されるアガペー(絶対的な愛)であって、(略)『エロスみずからの自己否定に依ってのみ通じている』ところの愛」[6]であると解釈している。そして、木村との出会いによって、「糸賀の思想と具体的な社会問題とが出会い、実践を志向するものに昇華したと考えられる」として、それが糸賀の最終講義を収めた『愛と共感の教育』に顕れていると結論づけている。

しかし、この研究では近江学園設立以降、糸賀の晩年にいたる過程については分析対象としておらず、近江学園を中心とした活動の中で、糸賀の「エロスとアガペ」論がどのように展開していったのかという過程については解明されていない。また、後述するように、木村の「教育愛」や「エロスとアガペ」論の論旨も時期によって異なっており、木村の急逝によってその展開が未完に終わっていることにも留意しなければならない。それゆえ、糸賀の思想に対して、木村が与えた影響を検討するにあたっては、木村の「教育愛」と「エロスとアガペ」論についても押さえておく必要がある。

木村の教育哲学について大西正倫は、「教育愛は往時の教育学者の常套的な課題であった」としつつ、木村が「教育愛」の他の論者と比較して特徴的なのは、「エロスとアガペを持ち出す点においては共通しているとしても、教育愛がそれらの『総合』や『中間』として性格づけられるのではなく、〈弁証法的自己同一〉をなすものとして捉えられているはずであり、われわれはその点に木村素衛の教育愛論の真骨頂を見出さなければならない(略)」と指摘している。木村は、哲学者としての出発が教育哲学ではなかった。そのため、独自の「表現愛」の立場から、「教育愛」を「特殊形態に於ける表現愛」として論を展開したのである。そして、文化の創造と宗教とは別次元のものであるが連関があると考え、文化は人間がいかに生きるかということ(エロス)が問題となり、それに対して宗教は救済(アガペ)の問題であり、いかに生きるかという問題とは不可分であると考えた。つまり、木村の言う「エロスとアガペの弁証法的自己同一」とは、「『表現愛の世界に於ては一切は既に救われている』のであるけれども、「それは『一打の鑿に於て悉皆成仏』ということとして生起するもの」であり、「逆に言えば、打たない鑿に悉皆成仏は起こりえない[7]」のであると解釈出来る。「個人は全て絶対の愛〔具体的なアガペ＝表現愛〕に包まれているのである。だから我々の真の実践的態度は〈絶対の愛〉に包まれていることに安住し、命のかぎりを尽くして努めていく事〔エロス〕でなければならない[8]」のである。

さらに、「表現愛」を「教育愛」へと連関させる重要な概念として「自覚」がある。木村の「教育愛」における「アガペ（絶対的な愛）」を行う主体は「教師」ではなく、「子どもを直接救う」のも「教師」ではないのである。木村が言う「エロスを包越するアガペ」とは、あくまで「絶対愛としてのアガペ」、あるいは「仏教における慈悲」に通ずるものであり、「エロスとしての人間がこれを当為とし理念目標として目ざすという構造はあり得るとしても、絶対愛をそのまま人間のなすところと見るのは安直であり、むしろ傲慢というべき」である。そして、仮にこれを教師と子どもとの関係に落とし込めば、「教師も子どもも、ともに『個別主体』として、おなじ『表現愛の世界構造』に生きており、「一切は既に救われている」のである。そのような「『世界構造』に『於いて在る』ものとして個別主体の〈存在〉と〈生〉を受け取り直すこと」として、「この自覚を得た者が『表現愛の自覚者』と称される」のであり、「この自覚において、人間的存在と個別主体とに対する教師自身の見方が変わる。そこから、子どもに対する接し方も変わってこざるをえない[9]」のである。

しかし、大西は「木村の論述は、その方向において十分に展開されたとは言えない」と、その後の木村が「〈エロスとアガペとの弁証法的自己同一〉という表現愛の立場を忘れて人間の〈二者関係における愛一般〉の『本質的構造』から論を説き起こし、エロスとアガペのそれぞれを別個に成り立つ対立的な原理として切り離し、もっぱらアガペに偏った立論をしてしまった」と指摘している[10]。ゆえに、糸賀がどのように木村の「エロスとアガペ」論を受容していったのか、糸賀が直面する課題にそって検討していく必要がある[11]。

大西はこの変容を検討するにあたって、『国家に於ける文化と教育』（一九四八、岩波書店）の第四章第三節「教育愛」を用いている。これは、冨永らが木村の「エロスとアガペ」論の例として取り上げたのと同じ文献である[12]。木村はこの著書の中で、「教育愛は人間そのものを真に個性的なる性格の具体性に於て絶対肯定的に受け容れるものといわなければならない。（略）アガペが初めて教育愛の成立を本質的に可能ならしめるものと云わなければならない」と述べている。これについて大西は、「木村が視線の先に見据えているものが、暗黙のうちに『表現愛』から『アガペ』へとシフト」し、「それに伴って、表現愛の『世界構造』としての面が忘却されることになり」、「アガペを教師が行うべきであるとするかのような論旨が導かれる。教育愛は〈教師が内面に抱く生徒への愛情〉へと実体化され、矮小化される」[13]と、指摘している。

なお、大西は木村が本来立論すべきだった、あるいは立論しようとしたであろう論旨の展開を試みている。そして、木村が最晩年の講演で、「アガペは絶対救済の愛である。それならばいくら横着をしていてもよいかと云うにそうではない。アガペがあればエロスはどうでもよいと云えばアガペも消えてしまう。（略）努力が消えればアガペの表れようがない。完成へ向かって努力する方向〔エロス〕があって絶対の救済〔アガペ〕が可能になる。絶対の救済〔アガペ〕は努力〔エロス〕を媒介として表れてくる」と述べていることを取り上げ、その核心は、「（略）未だ理想に到達しない価値相対的なエロスが、エロスのままで是とされる。救われる。いわば『復活』する。木村において、表現愛が『エロスの復活を包んだアガペ』といわれる所以である。しかし、それは救われることを願い、理想を目ざすエロスであればこそそのことである。〝理想を目ざして努力する意志としてのエロス〟なればこそ救われる[14]」ことにあったと指摘している。大西のこの指摘は、後の糸賀の「エロスとアガペ」論を検討するにあたっての貴重な示唆である。結論を先取りすれば、この「表現愛の世界構造」は、糸賀の「共感の世界」の基盤となるのである。

## （二）糸賀一雄における「エロスとアガペ」論

糸賀の著作には「エロスとアガペ」の文言や、それを意識したと思われる概念が散見される。しかし、近江学園の設立以降、断片的ではなく、まとまってその論旨が示されたものは意外に少なく、時期としても一九五四（昭和二九）年の「展示会の反省点」と題した未発表原稿が最も初期のものである。これは、同年の五月二三日から三〇日まで大阪松坂屋において「忘れられた子等」の作品展示が行われており、その内容から開催前日の二二日に準備作業を終えた後に書かれたものと推測される(15)。

この時期の糸賀は精神薄弱児育成会をはじめ、関係団体の活動に深く関与するようになっているが、この一文では「日本の精神薄弱児対策の空念仏」や「他の施設のやり方の生ぬるさや、殊に東京のやり方への非難（？）のごとき気持、当局の無為無策に対する非難も潜在していた」と、行政当局や他施設、関係者への不満を吐露している。ただ、「『私たちはやっているのだ』という誇示の気持を、なんの無理もなくおさえて、他を生かし、おのれを生かすように、共存的に調和を尊ぶ心境にまで、自然に高まるのでなければ本物ではない(16)」と、述べている。そして、「自覚者としての学園の当然の姿であったが」、その「表現の仕方」だけでなく、「私たちの考えがさかのぼって反省されるのでなければいけない。（略）根本的な態度が変わらねばならない。これは心境の問題である。一人ひとりの子どもたちをいかに生かすか。価値の絶対的な転倒、無条件的なアガペーの愛の確認をもととしなければ私たちの精神薄弱児対策も無意味になるというところまで掘り下げて、そのうえに一切の文化――エロース――に花を咲かしめるべきだ(17)」と、「エロスとアガペ」が論じられている。糸賀は、それを自らの「心境の問題」とし、また「無条件的なアガペの愛の確認」を重要視して、その上にエロスを積み上げるような構造として捉えている。これを見る限りにおいては、「エロスなくしてアガペなし」とはなっていないのである。

ただ、このようなアガペに偏った論旨は、この前後の糸賀の言説からすれば不自然ではない。前章で取り上げた「生活即教育」の意味内容の深化にも見られるように、知的障害の子をもつ母親の働きによって産声を上げた精神薄弱児育成会の成立は、糸賀にとって障害児者の絶対的な尊厳を明確に打ち出す契機となった（第七章第二節参照）。糸賀は、「生きとし生けるもの凡て、存在する一切がそのままでよいのである。『私が今ここに生きている』という事実、この私本体が自覚される時に、それは宗教という名で呼ばれるものであるかも知れない」[18]と述べており、存在の絶対的な肯定が強調されている。

一方、ほぼ同じ時期の『近江学園年報　第四号』では、知的障害児の「その心情の価値は替えがたく尊いものであるばかりでなく、その存在によって社会が進むべき目当てを教えられるという、社会学的というより、むしろ宗教的な言葉によって思いを深めることによってしか、その社会性を積極的に確保することはできない」[19]（第六章参照）とも述べているように、この思想展開には障害当事者を社会的存在として押し出す意図が貫かれていることに留意しておきたい。つまり、舞台はあくまで社会であって、障害児者の尊厳は、限られた有志によるユートピア的な別世界においてのみ認められ、擁護されるのではなく、その価値を広く社会的に共有されるべきものとして認識していた。

さらに、エロス的な向上を目指す努力についても、決して放棄したわけではなく、むしろそれを強調することによって、知的障害児者の価値を主張するような論旨も見られる。たとえば、一九五四年（昭和二九）年の「五十八の決心」という一文を見てみよう。

まず、「（略）大脳の一部の働きにすぎない、いわゆる知能の程度によってその人間全体の価値を判断したり、精神薄弱などになにができるかというあさはかな考えを、世の中の人びと、特に教育者がまず放棄してかからねば、人の子、精神薄弱児は育たないということをいいたいのである」[20]と、知的障害に対する深刻な偏見を指弾する。そして同時に、「精神薄弱児を、単に現在の社会で隷属的な卑屈なものとして取り扱うのではなくて、生命をもった一個の人間として、堂々と足りないなら足りないなりに、全人格を百パーセント活動させて生きていかせ、否、むしろその純粋無垢さにおいて『錆なき包丁』のごとき清らかさと勤勉さにおいて『世の光』たれと指導してゆくのでなければ、特殊教育は人形つくりの死の業に等しい」[21]と、そこには教育が介在するのであり、問題はその方向性であることを提起していく。それは、他の実践者への批判を含むものであり、「ただ、一片の法律で、雀の涙ほどの、それこそ涙金で、あわれなる彼らを助けるの、保護するのと、大それたお題目をとなえて、折角、彼らが内に持っている積極的な生活意欲を萎靡沈滞させ、惰眠を養成しているような甘ちょろい考え方には頂門の一針を加える必要がある。与えることによって怠け者にし、もらうものならなんでももらうが、出すのは舌を出すのもいやだという乞食根性の欲ばりにしてしまっては、無意味どころか害がある」と、いわゆる「保護という名の飼い殺し」といったような処遇方針に向けられたものである。そして最後に、「彼らの人間としての尊さを知り、彼らの内にかくされた力を認め、それを積極的に伸ばし、彼らに、楽しんで額に汗して働くことの喜びとその方法をこそ与えるべきで、そうなったときに、彼ら精神薄弱者はその生涯を人として楽しく終わるであろう。その意味で――よく考えてほしいのだが――そこには、もはや精神薄弱者は存在しないことになる[22]」と、知的障害者がその人なりの働きに対する正当な評価を得て、偏見やパターナリズムから解放されていく道筋を展望している。

このように、糸賀の「エロスとアガペ」論は、当初はアガペに偏重した言説であったことがうかがわれるが、それは障害のある人の絶対的な尊厳を社会的に確保することの必要を感じてのことであり、宗教的な、つまりアガペ的な言葉によってしか思いを深められないものとしてあった。しかし、ただ絶対的な価値を主張するだけでは共感は拡がらない。また、当事者の主体性や暮らしの充実や生き甲斐の面が隠れてしまう。そのため直後には、エロス的な「もともと光っている」存在であることを認め合い伸ばしていく、「足りない」ことをそのまま引き受け、到達点ではなく、向上を目指す姿勢を認め合うことによって、再びアガペ的な世界の出現を願うという着想に至っている。つまり、「もはや精神薄弱者は存在しなくなる」と表現されているように、糸賀にとって教育的な働きかけは、「健常」―「障害」の固定した関係からの開放の一形態（環境）の中にあることが前提となり、小さな円周から循環しながら外に向かって拡大していくような解放の過程として展望したものであることがうかがえる。そして、その出発点として、「運命共同体」が想定されていく。

## (三)「教育の本質的構造」と「運命共同体」

糸賀の著作において「エロスとアガペ」論がもっとも明確に現れているのは、一九五六(昭和三一)年の「運命共同体の自覚」と題した論考である。それは「教育が意欲を問題とすべきことはいうまでもない。それではどうしたら子どもたちの心に、生活や仕事や社会に対する健全な意欲をおこさせることができるであろうか。あえて『健全な』意欲というわけは、放任された自然的な状態ではなく、社会的に好ましい方向をもった意欲というほどの意味である」という問題提起から始まる。そして、「精神薄弱児において、周囲の者の理解が本人を力づけ、意欲をおこさせるにいたったことによってもわかるのであるが、深い理解を伴った相互の人間関係、心のふれ合いというものは、惰夫をして起たしめ、失意の人を勇気づける大きな力である。教育が愛であるといわれるのは、この消息を語るものであろうか[23]」と、エロスとアガペの二つの愛から「教育の本質的な構造」が形作られると述べている。

エロースとアガペーと、この二つの愛は、文化と宗教とをそれぞれ性格づけるものであるが、その両者の関係は、古来さまざまな角度から問題とされてきたことであった。それはいましばらく措くとして、われわれは、じつはこの二つの愛が、最も端的に世の母の姿のなかに示されているというにとどめよう。そしてそれは同時に、教育における愛の構造を明らかにするものということができるであろう。白痴の子を産んだ母親が、深いかなしみのなかにありながらも、その子をだきしめて、その生命を絶対肯定しているような、そのような母性愛が教育の根底に横たわっている。しかしこの母親は、その白痴の子が成長して、生活や行動の上にあらわれる一歩一歩の向上を無限のよろこびをもって見守るであろう。(略)白痴が白痴として絶対肯定されながら、同時に無限の向上をめざして社会的ないとなみがつみあげられる姿が、教育の本質的な構造である。

さらに、「教育が愛であるということは、この母親の姿に垣間見られるのであるが、それは別の言葉でいえば、親と子、教師と子どもが、その生命の深い共感に基づいて、ともどもに運命を分かち合うまでの気持ちにおいて結ばれる姿である。それを運命共同体と呼ぼう」と述べ、それは「教育者が自己自身の人格の内部に、次第に深めてゆくことのできるものであって、宗教的体験に通ずる底のものである[24]」と、強調している。そして、このような「エロースとアガペーの矛盾的な自己同一性」が形成した基盤に立って、「社会的存在としての人間を育成するのであって、その社会的効用性とか社会的価値の高低は、各人各様であってよいのである[25]」と結論づけている。

この一文からは、糸賀が木村素衛の「表現愛と教育愛」における「エロスとアガペ」論を意識していることがうかがえる。あらためて、木村の「表現愛と教育愛」について見てみると、「（略）自己の価値的有限性として即ち負ひ目を果さないものとして、罪悪と感ぜられなければならない。それはエロス的な理想主義的意志に立つ限り人間に免れ難き本質的な運命である。善を求めることが真摯であればあるだけ人間は自己の本性に絶望しなければならないであらう[26]」と、人間が生来的に理想を目指して向上するものであるが、絶対に理想には到達出来ないところに負い目が生じるとしている。しかし、そのような理想を目指す「エロス的立場がその立場自身を超えない限り、みづからの原理を以てしてはみづからを救うことはできない」ことを指摘し、それ故、「絶望の底からそれにも拘わらず個別的主体を完全なる絶対的肯定に於て甦らしめる原理は而もこの包越を措いて他にないのである[27]」と、エロスがアガペによって包越されることによって両者が結びつくものであり、このような原理が「表現愛」であると主張している。そして、その「直感的に明白な一つの例」として、次のように示している。

> 一つの林檎を描く人がそこに描かれた線を訂正するために次の瞬間に今一つの新しい線を引いたとする。絵はこれに依て一層よくなつたに違ひない。画家は恐らく満足を得るまで幾度も線に線を重ねて行くであらう。彼は内に見られてゐる林檎の一つのイデアが目のあたり表現的に見究められる迄その努力を止めようとしないに違ひない。これがエロス的次元に於てある表現活動に他ならず、描かれた形は云はばエロス的空間にあると云ふことができる。併し、――簡単の為めに唯二つの線を注意するとして、――前に引かれた線と後に引かれた線とは単にかくの如く完全への接近と云ふことのみで以てその意義の総てを尽すことができるであらうか。他面同時に実は

二つの絵としてそれぞれ独特の美的意味を有し、それぞれ完結した一つの形として、他との優劣比較を超越した存在なのである。これは云はばアガペ的空間に於てある林檎の表現に他ならない。一つの林檎の素描は常にかくの如く互ひに矛盾する両原理の相即に於て成立し、本来的に両原理の弁証法的綜合を構造連関とするやうな世界構造の内に於て成立するのである[28]。

この時期、木村が没してからすでに一〇年を経過していたが、糸賀は「エロスはアガペと結合する限りに於いて救われる」という着想を得た。しかし、それには「教育の本質的な構造」、あるいは「運命共同体」の認識が不可欠である。この内においては、実践者が障害当事者を救うのではない。共により良く生きようとする個別主体として、すでに救われているのであり（絶対肯定）、そのことを自覚することによって、両者の関係は変革されるのである。まもなく糸賀の思想においては、知的障害児者が「保護」され、「愛情」を注がれる対象から、「新しい社会づくり」の主体者へと転換し、さらに重症心身障害児への取り組みにおいては「重症児の生産性」へと展開していく（第一〇章）。しかし、それは世間一般に期待されるような「立派な社会人となって」という面より、次節において検討する「内的適応」論に見られるように、個々人の生き甲斐や喜びを取り戻すような課題の提起を含むものであった。

## 第二節　「内的適応」論の展開

近江学園では、一九五四（昭和二九）年一二月から一九五五（昭和三〇）年の四月にかけて、厚生科学研究補助を受けて「精神薄弱児のヒューマン・リレーションに関する動態の科学的研究」が取り組まれている[29]。この研究の目的は、糸賀の述べるところによれば、知的障害者が「どのような環境の中で、どのような人間像を示しているか」を明らかにすることである。そして、「精神薄弱者の社会に於ける適応の状態を類型化し、これと種々の条件との関係を求め、最も望ましいあり方に対する条件」を把握することが目指された[30]。さらに、「表面に見た社会的条件や、本人の適応の状態のみならず、もつとつつこんで本人自体が環境に対してどういう考え方をしているかという点を明らかにしなければならない」と、分析の視点が外見的な適応ではなく、本人の内面的なものにあることを強調している。つまり糸賀はこの時期には、自らの社会事業の使命を「社会的な効用論」から、個人の生き甲斐や喜びといった内面的な幸せを求める方向に脱却させようとしており、さらにそれを社会的な関連において実現することに方向を転換していくのである。

調査の結果は、糸賀によって精神薄弱児愛護協会の機関誌『愛護』の誌上でも報告されている。この報告によれば、「自己の仕事に対し、彼なりであるが理解と熱意と明確な意味を認めるようになり、それに基づいて積極的に生活を切り開いているか、或いはその方向に努力してきた者」を「内的適応型」とし、そのような状態に至らなかった者を「内的未適応型」、「生活に対して自分なりの考え方をもつようになったが、それが非常に自己中心的であり、非社会的或いは反社会的な方向を持っている者」らを「内的不適応型」と三つのグループに分類している。そして、「内的適応型」は九〇三人中二一六人と三割に満たなかったとしている。さらにその結果を詳細に分析し、「周囲の人の理解のある場合が内的適応型に多く入つていることがわかるし、無理解型に内的不適応型に入るものが多いことを示している」と、周囲の理解が本人の内的適応に影響が大きいことを指摘している[31]。糸賀は、社会適応を単に人間関係や経済的な視点から捉えるのではなく、当事者の生き甲斐を含むものとして捉えようとしている。さらに、それが周囲の人との関係に大きく左右されることを明示することによって、知的障害者を受け入れる社会のあり方が重要であることを主張しているのである。

このような視点の転換をもたらした要因の一つには、重度知的障害児への取り組みがあったと考えられる。一九五六（昭和三一）年の『手をつなぐ親たち』に掲載された「教育の本質」という論文では、児童福祉法にも見られる「独立自活」の概念について、「重度の痴愚や白痴児も、年令とともに経験は豊かになり、行動的知能の向上を見ることはあきらかである。しかしそのことが社会的な独立とか経済的に自活とか言う段階にまで到達せしめうるものであるかどうかは多くの疑問を残すことである。（略）それは独立自活ということが、われわれの常識をもってすれば、社会的、経済的な意味においていわれているからである」と疑問を呈している。そして、「しかしもし数歩をゆずって、彼等の独立は身辺の処理に他人の厄介にならないことであり、自活は畑の草一本をひいても生産に寄与する意味で自活性をえたと解すならば、彼らのうち多くのものは独立自活することができるともいえよう。しかしそれにしてもこのような独立自活ということが、この子どもたちにとって、そもそも何の意味をもっているのかということは、われわれの深い疑問である」と、実践目標として「独立自活」のみを強調することに対して、根本的な疑問を向けている[32]。

そして、「社会的、経済的な観点」のみで「人間存在のすべてを割り切ってしまう」ことは、「社会的な効用というエゴイズムを暴露するものというほかないことになる。社会的には何の役にも立たないように見えるこの子らの存在理由は社会的な効用論から生み出される筈がない」と指摘し、重度の知的障害児の活動は、「もっと本質的に、この子どもたち自身の生きるよろこびを高めるためである。精薄児にとっては、生命のこの一義的な意義が、何ものにもわざわいされずに、最も端的に打ち出されている。（略）われわれが精薄児、そのなかでも重度の痴愚や白痴児とともに生活をしながら、最もつよく心を打たれ、むしろこの子らの生きる態度から学ぶところのものはこの窮極的な意義についてである」と、人間本来の持つ生き甲斐やよろこびの重要性を指摘し、しかもそのことを「重度の痴愚や白痴児」が指し示していることを強調している。

また、そのような生き甲斐やよろこびが、「社会との交渉」のある環境でこそ得られるものであることも主張していく。一九五七（昭和三二）年、近江学園の児童一一人が二名の職員に伴われて、大阪のセメントブロックの工場へ、工場内の寮に住み込む形で集団就職することが試みられた。この取り組みは、わずか一年で終了して、児童は学園に引き上げることになるのであるが、「集団就職の事例」として厚生省の刊行物でも報告されている[33]。糸賀はこの取り組みについて、「多くの問題を含んでいるので、決して成功であったともいえないし、将来成功すると予想できるものでもない。むしろ、危機的なものを感じて、その転換の好機を探している」と自省している。そして、職場への定着が思わしくなかったことにふれ、「一番大きな問題は、三国寮の閉鎖社会にあると思う。（略）就職して社会人になったとか、自立したとかいうことは名ばかりであって、彼らの自由が束縛されているという受け取り方があるのもやむをえないことであるかもしれない。そこにいろいろな形での反発があり、その発達的な特性と絡んで問題が複雑化してゆくとみるべきである」と、指摘する。そして、「それにしても三国寮が工場の中にあるというようなあり方は、それ自体がやはり根本的なあるいは致命的な欠点といえないであろうか。そういう閉鎖的な形をやめて、街中の一角に寮を建設して、その生活は地域社会の人びととの交渉関係のなかにあり、そこから工場に通うという形にしたらどうであろうか。おそらくは、そこにもさまざまな問題が発生するであろうけれども、彼らの社会人としての自覚は、一段と深まることであろうと思われる。（略）一般の地域社会との構造的、ならびに価値的な連関のなかにおいてでなければ、社会的な人間形成はできないのであって、精神薄弱児だけが例外であるはずはない[34]」と結論づけている。この時期の糸賀には、「社会とのつながりにおける人格の完成を考えなければならない[35]」と、一般社会との交渉を避けるのではなく、交渉の中でこそ本人の生き甲斐やよろこびを見出していくといった姿勢が見受けられる。

しかし、それを実現していくための方策やプロセスについても問題にされなくてはならない。糸賀は、あくまで施設を拠点とし、施設の発展段階と本人の発達段階とを対応させている。例えば、一九五八（昭和三三）年の「精神薄弱児育成会」が主宰する講演では、「信楽寮を中心にして一つの人間形成といいますか、人格形成というか、その形成過程というものを考えてみる」として、信楽寮の例を挙げ、施設の発展段階と人格的な発展を関連させている。

まず、「施設の側の発展段階」としては、第一から第三の時期に区分している。第一の時期（昭和二七年から二九年頃）は「身辺的な時期」である。第二の時期（昭和三〇年から三一年頃）は「作業中心的な時期」で、「目標は就職」にあり、「社会に出て就職してお金をもらえるようになるということが、第二の時期の目標」とされる。そして、第三の時期（昭和三三年から）は、「人格教育的な時期」である。この時期はまさに取り組まれている現在のことであるとして、「子どもたちが社会に出て、ただお金をもらうようになりさえすれば満足していいかということでございます。それだけが人間の生きがいということではないということでございます。（略）社会の構成員の一人としての人格をもたせていくように考えられるのであって、就職という面だけをがむしゃらに押し出していくということでなく、もう一ぺんひるがえつて自分自身をみてみる。自己を客観視する。そして、社会の一員としての自分の文化史的な背景を認識する[36]」必要があるとしている。

そして、「子どもの側の発達段階」としては、第一から第四の段階に分けて考えられている。第一の段階は、「入寮前のいろいろなレジネスというものをもつていて、統一された考え方で生活しているのではない」「十分現場にも適応」しておらず、「一つも心が集中していない」状態であったとしている。第二の段階は、「施設側の体制と相呼応して、「作業に向かつて自分の心を集中させていく」時期であり、「作業をやらないと値うちのない人間に見られるわけで」、それが一つの統一された考え方となり、「それに向かつて自分自身が努力をしていく」という「価値体系が現れて」くるとしている。第三の段階は、「社会的な拡がりが自覚として心の中にだんだん形成される」時期である。それは、「現場で作業をただすればよいというだけでなくて、自分たちの作業は社会につながつておる。自分はやがて社会に出ていくのだと決意して」、「自分が出ていくべき社会を見ている」という。そして、第四の段階は、「就職という事態をみ」「社会の規則とか約束ごとを、ちゃんと自分の生活の中身としてはつきり自覚的に受け入れていくようになつてくる。生活の知恵がだんだん形成されてくる」としている。そして、それまでの寮の「規則にしばられた姿でなく、自ら規則を守っていこうとする生活態度になつてくる」のだという。

このように見てみると、糸賀は社会性の広がりの段階を規定する要素として、職業的な技能と共に社会生活における内側からの適応を重視し、それらの適応の高まりに応じて社会関係が施設を拠点にして「同心円」的に拡大するものと捉えていることがわかる。また、糸賀がここで「社会」と捉えているのは、主として職業を通じた経済的な自立を前提とした生活における「社会」であり、それ以前の段階については、擬似的な社会、あるいは「特別な社会」と見ていた。このような捉え方は、「内的適応」が、重度知的障害者や重症心身障害児への取り組みからの後押しを受けて導き出されたにもかかわらず、彼らの暮らしが一般社会の中に想定されていないことにより、まだ対象として含まれていないということとも関連している。このことが新たな展開を見せるのは、糸賀の最晩年のことである。

## 第三節　「生産教育」と「新しい社会づくり」

近江学園における昭和二〇年代の取り組みは、知的障害者を社会に適応させるために陶冶を施すことを中心に取り組まれたが、社会的な受け容れが容易でなかったことにより、施設内への滞留が生じた。この解決のための一方の方策が「社会への橋渡し」を担う「コロニー」の建設であり、もう一方が障害者を受け入れる地域づくり、社会づくりであった。そして、糸賀の新しい社会づくりの概念は、人間としての尊厳を基盤とした社会保障を求める政策的な方向に向かう面と同時に、本人の「内的適応」、つまり本人の生き甲斐や本人が感じる「しあわせ」に重い価値をおき、日常に取り巻く社会関係の有り様を変革していくという面の二つの側面を持っていた。

一九五七（昭和三二）年に山口薫（当時、文部省初等中等教育局特殊教育課）がゲールを訪問し、その様子を報告したことに感銘を受けて、「この子たちをしあわせにする道は本人たちの能力を高めることばかりでなく、その地域社会が精神薄弱児に対してどのような考え方をもち、どのような態度で接するかということにかかっているということです」と、社会環境の重要性を強調し、社会福祉施設が「地域社会の広いあたたかい支えをうけることができれば、最もむずかしいといわれる精神薄弱者のさまざまな問題が解決するばかりでなく、そのことが他の児童福祉の面にも、さらに社会福祉全般にまで、どんなに大きい貴い波紋を及ぼすかもしれないと思います。滋賀県を日本のゲールにしたい[37]」と述べている。そして、「精神薄弱者に対する社会の共同連帯責任」が浸透することを期待し、社会福祉施設が「地域の人びとの深い理解と同情のもと」に支えを受けて存立すべきであると強調している。

昭和三〇年代の半ばにさしかかって、「社会づくり」の主体について重要な転換が図られてくる。例えば、一九五九（昭和三四）年一二月の『滋賀日日新聞』に掲載された「新しい社会の建設」という一文では、パール・バックが「文化の程度は弱者に差し伸べられる保護の手のいかんによって測定される」と述べていることを一旦評価しつつ、「しかし、これは消極的ないい方である。積極的には、この同じことを文化的な社会づくりという形でいうことができよう。精神薄弱なひとびとが教育されてりっぱに社会に生きていくという事実が、社会を目覚めさせその理解と同情を深めさせる。そのことは社会をその内面性において変革することなのである。（略）政治的な暴力的な革命とちがって、社会の内側から、理解の度合いの深まりという形で新しい社会がつくられるということを、私たちははっきりと認識したいものである[38]」と、障害のある当事者を高い文化性をもった社会の建設の主体者として押しだそうとしていることがうかがわれる。

このような糸賀の知的障害児者と社会の関係が、障害の重軽を含めて極めて端的に示されるのは、一九六〇（昭和三五）年に「精神薄弱児育成会」が開催した「精神薄弱者福祉法制定記念総会」における「精神薄弱者と社会」と題した講演録である。

糸賀は社会性について、「三才を一つの節」と考え、やや趣の異なる二つの概念を用いている。一つは、将来の職業的自立につながっていく職業人としての社会性、もう一つは職業には結びつきそうにないが「特別な社会環境」における社会性である。このような区分により、糸賀の昭和三〇年代半ば頃までのコロニー構想は、障害の軽いものと重いものに分類されたままで、二種類の形態に分けられていた。そして、重度障害者のコロニーについては、「その行動半径は小さくても、その世界に力いっぱい適応していこうとするような意欲にみちた生活のあり方を確立するようにしたいものであります。そのために、私たちは、そういう人たちにふさわしい社会、つまりコロニーを建設しなければならないと思うのです」[39]と、社会との具体的な関係のあり方については示されず、かなり閉鎖的なものとして捉えられていたことがうかがわれる。そして、同時期には重症心身障害児施設「びわこ学園」の構想が胚胎してくるのである。しかし、これはあくまで「処遇」の方策としての側面からの区分けであるとし、その取り組みの意義が重要であるとして次のように述べている。

三才をこえることのできない子どもたちで、しかも二重、三重、四重の責め苦を一身に背負つて生まれてきた子どもたちの対策をどうすればよいかという問題にわたくしたちは直面するのです。このためにわたくしたちが注ぐ努力は、どれだけ大きくても大きすぎることはない。なぜかというと、こういう問題にたいするわたくしたちの、あるいは社会人としての、また親としての態度の決定ということが、すべての精神薄弱者対策の将来の方向を決定するからであります。精神薄弱者対策というものは、社会的に何か役に立つ人間を作りさえすればそれでいいという考え方ならば、社会的に役に立たないところの精薄者はこれをすててしまつてもいいという考え方を受け入れてよいかという反問にぶつかる。（略）それを受け入れないことが正しい現代の理解と同情であるということを言うならば、その中核をなすものは、三才をこえることのできないところのそういう人たちにたいするわたくしどもの態度がどうあるべきかということである。（略）三才をこえることのできない、あるいはもはや社会的には駄目と診断をしたような人たちの取扱いまで問題を深めることによつて、ますます徹底したものになつてくるというように思うのでございます。[40]

一方、「三才をこえることができるということは、だんだんと社会的な広がりをもつていくことができる」として、「生産教育」を重視すべきだと強調している。なぜなら、「物をつくることを通して以外には、わたくしたちは社会的な広がりをもつことはできないと考えてもいい」、「誰かが使つてくれる」、「皆が喜んでくれることが、もう一ぺん自分の気持ちの中にはねかえつてくるのです。自信を得ることと、それから作つたものが社会性をもつことによつて、もう一ぺん自分自身によろこびがはねかえつてくる。この二つでその子どもの気持ちというものはずいぶん変わってくる」[41]と、述べている。ただ、「生産教育」が、「三才をこえることができない」重度障害者に対して、どのように適用されるのかということについてはまだ示されていない。

そして、「社会的な広がりという意味の人間形成」と社会形成を直結させており、「精神薄弱者による社会形成の問題は、ひとつはコロニーの問題があり、もうひとつは精神薄弱者自身が社会で立派にはたらくことによつて、社会の人びとの心を変革させていくという方向の問題があります。それは進んでいけば、精薄者が世の光となるということであります」[42]と、二つの方向性を示している。これは、育成会が掲げた「軽い者には自立を、重い者には保護を」という要望にも表れるように、当事者を大きく二つに分類した上で、二つの性質の異なる方向性を目指すという立場にも適合している。ここでも、「精神薄弱者自身が社会で立派にはたらくことによつて、社会の人びとの心を変革させていくという方向」に焦点が当てられており、重度障害者がどのように「社会変革」の主体者となっていくかという展開はなされていない。

糸賀は、木村素衛の「表現愛」を基盤にした「教育愛」にみられる「エロスとアガペ」論を援用することによって、絶対的な肯定と向上を目指すこととは別次元のものであるが、弁証法的に統合されるという着想を得た。そして木村から受け取った「表現愛の世界構造」は、糸賀の「共感の世界」の基礎構造をなしていると考えられる。また、「内的適応」という視点から、社会効用論を脱した本人の生き甲斐や喜びを基底とした社会適応の概念を導き出したことや、それが社会的な交渉の中で初めて意味をもつことを強調したことの意義も大きい。さらに、重度障害者については、昭和二〇年代の後半以降、例外としてではなく同一の地平で教育実践の対象として扱われるようになっている。この取り組みが糸賀の知的障害観や「処遇観」に対して影響を及ぼしていることは、従来の先行研究でも指摘されてきた。つまり例外として特別扱いするのではなく、まず包含してみることから、その裏付けとなる新たな思想が生みだされてくるのである。

しかし、その支援の方策の実施段階においては、発達段階による区分がなされており、重度の知的障害者や重症心身障害児の「社会性」については、間接的な扱いに留まっている。つまり、その「社会性」は擬似的な特別な社会の中でのみ実現するものとして捉えられているため、具体的な現実社会との交渉をイメージできておらず、保護された特別な社会環境としての「コロニー」しか想定されていない。糸賀が、「重症児の生産性」という概念を導き出して、重度の知的障害者や重症心身障害児が、直接に社会を変革する主体として認識されるのは、さらに後のことである。

（1）清水寛「戦後障害者福祉と発達保障――近江学園における糸賀一雄の『発達保障』の立場にたつ福祉思想の形成」吉田久一編『戦後社会福祉の展開』（一九七六、ドメス出版）四七八頁。
（2）同右、四八〇頁。
（3）糸賀一雄「精神薄弱児の社会的問題」（一九五三、未発表原稿）［『糸賀一雄著作集Ⅰ』（一九八二、日本放送出版協会）三八一頁］
（4）蒲生俊宏・冨永健太郎「糸賀一雄の実践思想と木村素衞」『日本社会事業大学研究紀要』五三号（二〇〇六、日本社会事業大学）五六―五七頁。
（5）木村素衛『国家に於ける文化と教育』（一九四八、岩波書店）一九三頁。
（6）冨永健太郎「『福祉の思想』再考――糸賀一雄における実践思想の原点を辿る」『社会事業研究』四六号（二〇〇七、日本社会事業大学）二四四頁。
（7）大西正倫『表現的生命の教育哲学――木村素衛の教育思想』（二〇一一、昭和堂）二一二頁。
（8）同右、二一二頁。
（9）同右、二一三―三一四頁。
（10）同右、二五七―二五八頁。

(11) 木村自身は「表現愛」と教育の関連について、次のように述べている。「私はこれらの及びその他の諸問題を表現に関して取り扱つて見た。上の表現愛と技術との両者はまた、表現そのものが形成することであると云ふことと相並んで、目下私が公職に於て研究の責任を担つてゐる教育学の諸問題に対して直ちにその原理的研究と云ふ意味を有つて来なければならない。教育することは人間に対する形成作用であり、かくしてそれは技術と不可離なつながりを有つと同時に、教育の最深の根底には深く高き教育愛が一切の教育活動を基礎づけつつこれを包んでゐなければならないからである」(木村素衛『表現愛』(一九三九、岩波書店)序四―五頁)。

(12) ただし、この文献は現在残されている糸賀の蔵書の中には確認できない(石野美也子「糸賀一雄蔵書目録(哲学編)」『京都文教短期大学研究紀要』四七(二〇〇八、京都文教短期大学)一六四―一七一頁)。

(13) 前掲、大西『表現的生命の教育哲学――木村素衛の教育思想』二四三―二四四頁。

(14) 同右、二六三頁。

(15) 「学園日誌」『近江学園年報　第七号』(一九五五、近江学園)一八七頁を参照した。

(16) 糸賀一雄「展示会の反省点」(一九五四)[『糸賀一雄著作集Ⅱ』(一九八二、日本放送出版協会)三二二頁]。ここには、下村湖人から受け取った「煙仲間」情操の影響も見て取れるが、これについては、次章以降の課題としたい。

(17) 同右、三二二頁。

(18) 糸賀一雄「生活即教育」『南郷』第十二号(一九五二)[『糸賀一雄著作集Ⅰ』(一九八二、日本放送出版協会)二五七―二六一頁]

(19) 糸賀一雄「精神薄弱児の職業教育」『近江学園年報　第四号』(一九五二、近江学園)二四六頁。

(20) 糸賀一雄「五十八の決心」『教育』第四十号(一九五四、国土社)[『糸賀一雄著作集Ⅱ』(一九八二、日本放送出版協会)三三八頁]

(21) 同右、三三八頁。

(22) 同右、三三九頁。

(23) 糸賀一雄「運命共同体の自覚」『少年補導のしおり』(一九五六)[『糸賀一雄著作集Ⅱ』(一九八二、日本放送出版協会)三三六―三三七頁]

(24) 同右、三三八頁。

(25) 同右、三三七―三三八頁。
(26) 木村素衛『表現愛と教育愛』(一九六五、信濃教育会出版部)六六頁。
(27) 同右、六七頁。
(28) 同右、七二頁。
(29) これに先行して昭和二八年度、二九年度には、厚生科学研究費による「精神薄弱児の社会的適応について」が取り組まれている(糸賀一雄「精神薄弱児の社会的適応について(第一報告)問題の所在と第一次調査」『児童心理と精神衛生』第五巻第五号(一九五六、全日本特殊教育研究連盟)一―一三頁)。
(30) 糸賀一雄「精神薄弱者の内的適応について」『愛護』三号(一九五六、精神薄弱者愛護協会)二頁。
(31) 同右、二頁。
(32) 因幡一碧「教育の本質」『手をつなぐ親たち』第四号(一九五六、精神薄弱児育成会)二―四頁。
(33) 糸賀一雄「集団就職の事例」厚生省児童局監修『精神薄弱児指導の実際』(一九五八、日本児童福祉協会)
(34) 糸賀一雄「集団就職」『糸賀一雄著作集Ⅱ』(一九八二、日本放送出版協会)一一二―一一三頁。
(35) 糸賀一雄「精神薄弱児の青年期以後の諸問題」『手をつなぐ親たち』第三三号(一九五八、精神薄弱児育成会)一九頁。
(36) 同右、二一―二三頁。
(37) 糸賀一雄「児童福祉週間によせて」(一九五七)[『糸賀一雄著作集Ⅱ』(一九八二、日本放送出版協会)三七五頁]
(38) 糸賀一雄「新しい社会の建設」『滋賀日日新聞』(昭和三四年一二月二日)
(39) 糸賀一雄「職につけないちえおくれの子どもたち」『手をつなぐ親たち』第三六号(一九五九、精神薄弱児育成会)二四―二五頁。
(40) 糸賀一雄「精神薄弱者と社会」『手をつなぐ親たち』第五一号(一九六〇、精神薄弱児育成会)一四―一五頁。
(41) 同右、一六―一七頁。
(42) 同右、一七頁。

# 第九章　ヨーロッパ視察から見た日本の障害児者福祉

一九六〇（昭和三五）年一一月三〇日から翌六一年二月一一日までの約七〇日間、糸賀はヨーロッパ諸国へ出かけている。これは、いわゆる福祉先進国の障害児者福祉に直接触れた唯一の機会であった。

これまでの糸賀に関する研究において、ヨーロッパ視察の全行程を通じて論究したものはなかった。また、糸賀が西ドイツのベーテルを訪問したことを契機に重度障害児者観の転換が起こり、「この子らを世の光に」という思想が生まれたとされることもある。[1]しかし、重度障害児者観の転換はこれよりかなり以前に生じており（第六章参照）、また帰国後もベーテルについてはそれほど多くのことを述べているわけではない。

また、清水寛はこの視察旅行から糸賀が得たものについて、「生涯保障、地域福祉、重症児対策など、多くの点について貴重な示唆を受けている。しかし、それらを受け身的に学んだのではない。（略）課題意識と近江学園における長年の実践的成果にたって、摂取すべき面と批判的に克服すべき面とを峻別しつつ、学びとっているのである」[2]と指摘している。確かに、糸賀は外国を通して近江学園の課題や日本の福祉のあり方を見ていたことがうかがわれ、近江学園の実践に視察先より進んでいる面を見出したり、より深く問題を捉えて実践しようとしている面があることを自覚している。しかし、糸賀の関心や課題意識は、かなり広範に及んでおり、糸賀の帰国後の思想展開を捉えていく上において、この視察旅行についてはまだ検討の余地が残されている。

ところで、糸賀が視察旅行について直接記した資料としては、訪問先から近江学園に送った一八信の手紙がある。これは、『滋賀日日新聞』（現在は京都新聞に統合され廃刊）に「ヨーロッパ便り」として、一九六〇（昭和三五）年一二月二七日から翌六一年二月二三日にかけて連載され、後に糸賀房によって同名の自費出版もされている。ただ、帰国直前に訪問したドイツにおける後半とオランダの行程については、「ヨーロッパ便り」には含まれておらず、『愛護』第八巻第五号(3)にその内容が掲載されている。また、帰国後にいくつかの論考の中でもふれている(4)。これらの資料をもとに、糸賀がヨーロッパ視察旅行でどのような問題意識をもちながら行程を消化し、また何を得たのか検討していきたい。

## 第一節　ヨーロッパ視察旅行の経緯と概要

### （一）視察旅行の経緯と糸賀の関心の所在

さしあたって、糸賀のヨーロッパ旅行の目的はどのようなものであったのか確認しておきたい。この二年前、糸賀は東京で開催された第九回国際社会事業会議に出席している(5)。そして、このヨーロッパ行きも、ローマで開催される第一〇回国際社会事業会議への出席が主目的で、その前後の期間を利用しての各国の状況視察であった。

糸賀は出発に先駆けて、西ドイツの訪問先に宛て「ヨーロッパに出かけるにあたっての質問書」というドイツ語の質問書を送っている（以下、「質問書」）。これは、「北ドイツミッション（北ドイツ伝道会）」を通じて、関係する団体や施設に送られた。この中で視察の目的について、「私の目的は、ヨーロッパにおける精神薄弱児を対象とした研究に皮相な観察を加えたり、理論研究に携わっている専門家たちと会合を行ったりすることだけにあるのではない。諸文献は日本において容易に入手できるからである。私のねがいは、諸施設、学校ないしは教育機関にあって、実践的に精神薄弱児対策にあたり問題の解決に努力している人びとに親しくめぐりあい、見解をただすことにある(6)」と記しており、概ね次のような内容が列挙されている。

**(一)　精神薄弱者と社会**
一　社会の倫理的規範・精神
二　職業教育
三　退所後の社会の受け入れ・態度、本人の生活（どこで、なにを、どのように）
四　国家の保障
五　福祉団体、教会、学会、国家の協力

**(二)　財政的手段と不治の人びと**
一　不治の人に対する財政手段は、いかにして、何びとからもたらされているか
二　不治の人への財政支出（対策）は、精神薄弱者対策の一般水準の尺度となるか

**(三)　義務教育年齢にあたる精神薄弱者たち**
一　養護学校の教育プラン
二　職業教育学校等における教育

**(四)　乳幼児の精神発達診断**
大津市の乳幼児検診のような取り組みの有無、成果

## （五）施設や精神薄弱者対策に従事する職員

一　共同生活と〝天職〟としての内的自覚
二　職員の自発的熱意の国家、社会による濫用
三　技術的可能性（療育・教育に関する）[7]

まず、第一に「精神薄弱者と社会」という項目を挙げていることは、当時の糸賀の関心が、社会との関係、あるいは社会の中における知的障害者への対応やその施設のあり方にあったことを示している。この項目の冒頭では、「社会福祉とは、単に人間の外的な生活の可能性の保障を意味するものに留まらず、それは個々の人間の生活が、人間の尊厳にふさわしく生の価値をもったものとして、形成されうることを含めたものの謂でなければならない。個々の人間が社会全体の一員として、それぞれに生存することがゆるされることによってのみ、その形成は可能である」と、社会福祉の基盤としての個人の尊厳を強調している。そして、「個々の人間が社会の一員として生きるための前提となるのは、個々の人間がその人格を形成し、発展させることなのである」と、以下の五項目で詳しく述べられるように、知的障害者への人格的発展を目指した取り組みが社会的に展開されることを前提として質問項目が立てられている。とりわけ、「社会が高い倫理的規範」を持っていなければこれらの方策はなしえず、知的障害者は社会の中で生きてはいけないと強調している。

この問題関心は、第二の「財政的手段と不治の人びと」の項目においては、「社会に対して『むくいる』ところのない不治の人びと」に対する社会の態度に、「高い倫理的規範」が明確に看取されるとみなして、それが公私を含む財政的手段としてどのように現れているかという点について質している。第一の項目に関連して、重い障害のある人に対する社会的な支援の具現化状況を質す内容である。

第三の「義務教育年齢にあたる精神薄弱者たち」、第四の「乳幼児の精神発達診断」は、それぞれ近江学園での取

り組みが国際的にどのような位置づけにあるか確認するという内容である。また、「乳幼児の精神発達診断」は、国際社会事業会議においても、大津市における乳児検診の取り組みとして報告を予定しているものでもあった。

第五の「施設や精神薄弱者対策に従事する職員」では、施設における知的障害児者と生活を共同する職員の「自発的熱意」の重要性と労働の側面、つまり「勤務時間」といかにして折り合うかという点や、そのような「自発的熱意」は国家、社会によって安易な解決として濫用されやすいことを指摘し、いかなる実践的な方策が打たれているかを質す内容となっている。

近江学園は設立当初から、全職員の住み込みを基本とする「四六時中勤務」を掲げてきた。これは、学園を単なる収容施設としないための、近江学園運営の根幹をなすものであった。しかしながら、労働基準法の施行など外的な状況の変化や、創設から一五年を経て内部からの崩壊の危機も感じられ、その根幹は揺らぎ始めていたのである。「質問書」の中では、「あるグループの人びとは、施設のなかではたらく人びとに対しても一日八時間労働を要求するのであるが、精神薄弱児対策に従事するひとは、精神薄弱者との共同生活があくまで『家庭』として維持され保護されることを主張せざるを得ないであろう(8)」としている。学園内における労使問題の発生をうかがわせるとともに、糸賀がヨーロッパの実情を通じて、近江学園の「四六時中勤務」の妥当性を質そうとしていたことがうかがえる。

## (二)視察旅行の行程

糸賀の視察旅行の行程は、以下の通りである。一九六〇(昭和三五)年一一月三〇日に羽田を出発し、翌年二月一一日まで、七四日間の行程である。とりわけ西ドイツは、一月二三日から二月七日までの一六日間と、国別ではもっとも長い滞在となっている。

一九六〇年

一一月三〇日：東京
一二月一日～一一日：コペンハーゲン（デンマーク）
一二月一一日～一八日：ストックホルム（スウェーデン）
一二月一八日～二一日：ブリュッセル（ベルギー）
一二月二一日～二八日：パリ（フランス）
一二月二八日～一月四日：ジュネーブ（スイス）

一九六一年

一月四日～七日：チューリッヒ（スイス）
一月七日～一六日：ローマ（イタリア）
一月一六日～一八日：ナポリ（イタリア）
一月一八日～一九日：ローマ（イタリア）
一月一九日～二一日：ベニス（イタリア）
一月二一日～二三日：ウィーン（オーストリア）
一月二三日～二五日：ミュンヘン（西ドイツ）
一月二六日～二七日：シュツットガルト（西ドイツ）
一月二八日～三〇日：ベルリン（西ドイツ）
一月三〇日～二月二日：ハンブルク（西ドイツ）
二月二日～三日：シュヴェーリン（西ドイツ）
二月三日～四日：オインハウゼン（西ドイツ）

二月四日～六日　：ベーテル　（西ドイツ）
二月六日～七日　：ブレーメン　（西ドイツ）
二月七日～八日　：アムステルダム　（オランダ）
二月八日～九日　：デンハーグ　（オランダ）
二月九日～一〇日　：アムステルダム　（オランダ）
二月一〇日　：コペンハーゲン　（デンマーク）
二月一一日　：東京[9]

また、糸賀が事前に質問状を送った「北ドイツミッション」や、ドイツの宣教団体と日本との関係についてもふれておきたい。「北ドイツミッション」は、一八三六年に、北ドイツ諸地域に成立していたいくつかの伝道会が合同して結成された宣教団体である[10]。日本へは一九五四（昭和二九）年以降、相次いで三名の宣教師が派遣された。糸賀は、近江学園からも近い膳所に滞在してたWolfgang Wendorf（ヴェンドルフ）を通じて、北ドイツミッションに視察の受け入れを依頼したものと思われる。

また、糸賀が視察先から日本に送った「ヨーロッパ便り」には、度々「ディアコニッセ・ホーム」を視察したことが認められている。一九五五（昭和三〇）年頃から、日本にも「ディアコニッセ（奉仕女）」が派遣されており、キリスト教関係者の間で話題となっていた。そして、前掲の「質問書」における職員の項目、とりわけ「共同生活と〝天職〟としての内的自覚」についても、「ディアコニッセ」の活動を強く意識していたものと思われる。

## 第二節　「ヨーロッパ便り」をめぐって

本節では、糸賀のヨーロッパ視察について、糸賀が現地から日本に送った手紙「ヨーロッパ便り」を中心に追っていきたい。それは、糸賀がヨーロッパで何を見て、どのように受け取ったのかということとともに、それらを通して日本の実情をどのように相対化し、どのような展望や進むべき方向を見出したのかを明らかにすることでもある。

### （一）デンマーク

一九六〇（昭和三五）年一二月一日、糸賀は最初の滞在地であるコペンハーゲンに降り立った。ここには一一日までの一〇日間滞在し、「コペンハーゲンの福祉センター」の chief psychiarist である Dr.Olsen の案内を受けている。[11] Dr.Olsen からはデンマークの社会保障について一通りの説明を受け、「デンマークでは精神薄弱のために、一〇区にわけられて、それぞれ Center of Care がある。対象は全部で一八、〇〇〇人。その半分は施設に、半分はいわゆる open care（在宅指導）～夫々の自宅で指導をうけている[12]」と、「open care」が半分の比率を占めていることを強調している。そして、「児童や成人の精神薄弱に対するいきとどいた組織には圧倒されるばかりです[13]」、「税も高いが、社会福祉のために思い切った使い方をしているという印象を強く受けるわけであります[14]」と、福祉国家の実情にふれて感嘆している。さらに、「私はどうもこの国の社会保障という経済的な面のみでない、その根底に何かあるにちがいないものをさぐりたいと思って」、「それなりの現在の国の制度の底に流れる etwas としての意味や意義[15]」を求め、教会が関連する社会的サービスの実態を見せてほしいと申し入れている。

この申し入れに対して、Dr.Olsen は「宗教的社会活動センター」の Director である Westergoard Madsen という人物を紹介している。糸賀は、教会が経営する保育所や「ディアコニッセ・ホーム」を訪ね、「地域の（教会に属している）社会的ニードがこの仕事の出発点である。運営は州又は県の援助がある由。しかし性格はどこまでも民間スピリットに貫かれている[16]」と記している。

次に、行政機関である Social Ministry（社会省）を訪ねている[17]。応対したのは Jorgen Ravn という人物である。ここでは、もう一つの関心事項である職員の勤務について、「精神年令の幼い精神薄弱は、幼児がそうであるように、その成長には完全なマザーリングが必要で、それが欠けると、変な人格が形成される。とすれば、施設やコロニーなどで家庭からひきはなされたところの生活で、保母は、どうあるべきか、理想と現実をどう調和させたらよいのかという問いをもって、いろいろ、施設の従事職員の勤務の時間的な調整の問題を追及した[18]」。それに対して、Jorgen は、「〝それは、理想だけれど But can not otherwise（仕方がないことだ）〟と彼は頭をかかえてしまった。（略）所謂八時間とか六時間とかの勤務を調整して、夜勤の人もあり、それも交替制であまり気に病まぬ。どうにも仕様のないことに頭を悩ませてもしょうがないといったところが真相のようだ[19]」と、ここでも生活と勤務という矛盾する二つの問題の所在を確認している。

また、社会省の Jorgen Ravn の紹介で、Rud Conrad という人物を訪ねている。「歴史に明るい法律学者」ということで、「社会保障の成長は、〝long quiet evolution, never social revolution〟（長く静かな改革で、決して社会革命でない）と強調した[20]」ことについて、日本もこの点については深く学ぶ必要があると述べている。糸賀はこの言葉に深い感銘を受けたようで、この後にストックホルムから送った第四信でも、日本の現状について「部分的な繁栄と全体的な貧困。その貧困の海でおぼれつつある国民の大衆、バクハツ的な反抗の連続。一体こんなことで本当の幸福が約束されるだろうか。もっと冷静に幸福の追及にまじめになり、堅実な手段や方法を考えねばならない時がきていると思うのです」と、前述の Rud Conrad の言葉を再度参照して強調している。

同時に、「政治と直結した行政と労働組合の問題、それは又私たちの現場に直結します。大局を見つめる訓練を続けながら、小さな現場が、正しく方向づけられるように、何よりも、めいめいひとりひとりが、本当にものを考え、そして語りあい、方向づけをめいめいの責任でやってみようという積極的責任のある生き方になるように訓練がなされねばなりますまい[21]」と、社会福祉実践における合理的な態度について提起している。

## （二）スウェーデン（カールスルンド）

一二月一一日、コペンハーゲンを発って、スウェーデンに入国した。

一三日には、The Royal Medical Board を訪ねて医師と意見を交換し、作業活動をしている通所形態の施設に案内された。そして、「これらの運営の構想については、私たちは既に卒業していることですし、既にその実現にも手をつけているのですが、とても設備や人的配置は比較になりません」と感嘆する。一方、「完全な作業教育、完全な生産教育です。その原理は私たちの近江学園、信楽学園、あざみ寮などともちがいがありません。ある面では、技術的には私たちの方が進んでいると思いました[22]」と、自らの実践について確信も得ている。

そして、「デンマークでも、スエーデンでも、とても注意をひいたのは、いわゆるオープンケアーがまず第一に考えられているということです。（略）家庭の事情や子供の状態などで、どうにもならぬ時に、収容施設が考えられるというわけ[23]」と、収容施設以上にオープンケア（在宅ケア）が重視されていることに注目している。

一四日と一五日の両日は、宗教系の施設・団体への訪問である。まず、一四日はウプサラの Sameriter hemmet（サマリッター・ヘメット）のディアコニッセ・ホームなどの施設群を視察し、翌一五日、古都 Sigtuna（シグチュナ）を訪ねている。その目的を「一つはキリスト教の教会を中心とした平信徒（レーマン）の活動を教育する機関。もうひとつは教会の信仰を中心としているけれど、国民のあらゆる層～芸術、社会福祉、政治、経済 etc ～の代表者

# 理 コトワリ

KOTOWARI
No.75
2025

# 五〇〇点刊行記念

関西学院大学出版会の総刊行数が五〇〇点となりました。
草創期とこれまでの歩みを歴代理事長が綴ります。


自著を語る
未来の教育を語ろう
關谷 武司 2

関西学院大学出版会の草創期を語る
関西学院大学出版会の誕生と私
荻野 昌弘 4

草創期をふり返って
宮原 浩二郎 6

これまでの歩み
関西学院大学出版会への私信
田中 きく代 8

ふたつの追悼集
田村 和彦 10

連載 スワヒリ詩人列伝
第8回 政権の御用詩人、マティアス・ムニャンパラの矛盾
小野田 風子 12


1997–2025


関西学院大学出版会
KWANSEI GAKUIN UNIVERSITY PRESS

自著を語る

# 未来の教育を語ろう

關谷《せきや》　武司《たけし》　関西学院大学教授

著者は現在六四歳になります。思えば、自身が大学に入学した頃に、パーソナル・コンピューター（ＰＣ）というものが世に現れ、最初はソフトウェアもほとんどなく、研究室にあるただの箱のような扱いでした。それが、毎年毎年数倍の革新的な能力アップを遂げ、あっという間に、ＰＣなくしては、研究だけでなく、あらゆるオフィス業務が考えられない状況が出現しました。その後のインターネットの充実は、さらに便利な社会をもたらし、近年はクラウドやバーチャルという空間まで生み出しました。そして、数年前から、ついに人工知能（ＡＩ）の実用化が始まり、人間の能力を超える存在にならんとしつつあります。ここまでの激的な変化が、わずか人間一代の時間軸の中で起こってきたわけです。

もはや、それまでの仕事の進め方は完全に時代遅れとなり、昨年まであった業務ポストがなくなり、人間の役割が問い直されるまでに至りました。この影響は、すでに学びの場、学校や大学にも及んでいます。

これまで生徒に対してスマートフォンの使用を制限していた中学や高等学校では、タブレットが導入され、ＡＩを使う生徒の姿に教師が戸惑う光景が見られるようになりました。教室で、ＡＩなどの先進科学技術を利用しながら、子どもたちに、何を、どのように学ばせるべきなのか。これは避けて通れない目の前のことで、教育者はいま、その解を求められています。しかし、学校現場は日々の業務に忙殺されており、立ち止まって現状を見直し、高い視点に立って将来を見据えて考える、そんな時間的余裕などはとてもありません。ただただ、「これでいいわけはない」「今後に向けてどのような教育があるべきか」

など、焦燥感だけが募る毎日。

この書籍は、そのような状況にたまりかねた著者が、仲間うちの教育関係者に訴えかけて円卓会議を開いた、そのときに話された内容を記録したものです。まずは、僭越ながら著者が基調講演をおこない、続いて小学校から高等学校までの現場の先生方、そして教育委員会の指導主事の先生方にグループ討議をしていただきました。それぞれの教育現場における課題や懸念、今後やるべき取り組みやアイデアの提示を自由に話し合い、互いに共有しました。そして、それを受けて、大学の異なるご専門の先生方から、大学としていかなる変革が必要となるか、コメントを頂戴しました。実に有益なご示唆をいただくことができました。

では、私たちはどのような一歩を歩み出すべきなのでしょうか。社会の変化は非常に早い。

そこで、小学校から高等学校までの学校教育に多大な影響を及ぼしている大学教育に着目しました。それはまた、輩出する卒業生を通して社会に対しても大きな影響を及ぼす存在です。

一九七〇年にOECDの教育調査団から、まるでレジャーランドの如くという評価を受けてから半世紀以上が経ちました。もはや、このまま変わらずにはいられない大学教育に関して、大胆かつ具体的に、これからの日本に求められる理想としての大学の姿を提示してみました。遠いぼんやりした次世紀の大学ではなく、シンギュラリティが到来しているかもしれない、二〇五〇年を具体的にイメージしたとき、どういう教育理念で、どのようなカリキュラムを、どのような教授法で実施するのか。いま現在の制約をすべて取り払い、自らが主体的に動ける人材を生み出すために、妥協を廃して考えた具体的なアイデアを提示する。この奇抜な挑戦をやってみました。

このような大学がもし本当に出現したなら、社会にどのようなインパクトを及ぼすでしょうか。消滅しつつある、けれど本来は資源豊かな地方に設立されたら、どれほどの効果を生み出すでしょうか。その影響が共鳴しだせば、日本全体の教育を変えていくことにもつながるのではないでしょうか。

そんな希望を乗せて、この書籍を世に出させていただきました。批判も含め、大いに議論が弾む、その礎となることを願っています。

# 関西学院大学出版会の誕生と私

荻野《おぎの》　昌弘《まさひろ》
関西学院理事長

一九九五年は、阪神・淡路大震災が起こった年である。関西学院大学も、教職員・学生の犠牲者が出て、授業も一時中断した。この年の秋、大学生協書籍部の谷川恭生さん、岡見精夫さんと神戸三田キャンパスを見学しに行った。新しいキャンパスに総合政策学部が創設されたのは、震災が起こった一九九五年の四月のことである。震災という不幸にもかかわらず、神戸三田キャンパスの新入生は、活き活きとしているように見えた。

その後、三田市ということで、三田屋でステーキを食べた。その時に、私が、そろそろ、単著を出版したいと話して、具体的な出版社名も挙げたところ、谷川さんがそれよりもいい出版社があると切り出した。それは、関西学院大学生活協同組合出版会のことで、たしかに蔵内数太著作集全五巻を出版している。生協の出版会を基に、本格的な大学出版会を作っていけばいいという話だった。

震災は数多くの建築物を倒壊させた。それは、不幸なできごとであったが、そこから新たな再建、復興計画が生まれる。何か新しいものを生み出したいという気運が生まれてくる。私は、谷川さんの新たな出版会創設計画に大きな魅力を感じ、積極的にそれを推進したいという気持ちになった。

そこで、まず、出版会設立に賛同する教員を各学部から集め、設立準備有志の会を作った。岡本仁宏（法）、田和正孝（文）、田村和彦（経＝当時）、広瀬憲三（商）、浅野考平（理＝当時）の各先生が参加し、委員会がまず設立された。また、経済学部の山本栄一先生から、おりに触れ、アドバイスをもらうことになった。

出版会を設立するうえで決めなければならないのは、まずその法人格をどのようにするかだが、これは、財団法人を目指す任意団体にすることにした。そして、何よりの懸案事項は、出版資金をどのように調達するかという点だった。あるときに、たしか当時、学院常任理事だった、私と同じ社会学部の髙坂健次先生から山口恭平常務に会いにいけばいいと言われ、単身、常務の執務室に伺った。山口常務に出版会設立計画をお話し、資金を融通してもらいたい旨お願いした。山口さんは、社会学部の事務長を経験されており、そのときが一番楽しかったという話をされ、その後に、一言「出版会設立の件、承りました」と言われた。事実上、出版会の設立が決まった瞬間だった。

その後、書籍の取次会社と交渉するため、何度か東京に足を運んだ。そのとき、谷川さんと共に同行していたのが、今日まで、出版会の運営を担ってきた田中直哉さんである。東京出張の折には、よく酒を飲む機会があったが、取次会社の紹介で、高齢の女性が、一人で自宅の応接間で営むカラオケバーで、バラのリキュールを飲んだのが、印象に残っている。

取次会社との契約を無事済ませ、社会学部教授の宮原浩二郎編集長の下、編集委員会が発足し、震災から三年後の一九九八年に、最初の出版物が刊行された。

ところで、当初の私の単著を出版したいという目的はどうなったのか。出版会設立準備の傍ら、執筆にも勤しみ、第一回の刊行物の一冊に『資本主義と他者』を含めることがかなった。新たな出版会で刊行したにもかかわらず、書評紙にも取り上げられ、また、読売新聞が、出版記念シンポジウムに関する記事を書いてくれた。当時大学院生で、その後研究者になった方々から私の本を読んだという話を聞くことがあるので、それなりの反響を得ることができたのではないか。書店で『資本主義と他者』を手にとり、読了後すぐに連絡をくれたのが、当時大阪大学大学院の院生だった、山泰幸人間福祉学部長である。また、いち早く、論文に引用してくれたのが、今井信雄社会学部教授（当時、神戸大学の院生）で、今井論文は後に、日本社会学会奨励賞を受賞する。出版会の立ち上げが、新たなつながりを生み出していることは、私にとって大きな喜びであり、出版会が、今後も知的ネットワークを築いていくことを期待したい。

『資本主義と他者』1998年

資本主義を可能にしたものは？　他者の表象をめぐる闘争から生まれる、新たな社会秩序の形成を、近世思想、文学、美術等の資料をもとに分析する

# 草創期をふり返って

宮原《みやはら》　浩二郎《こうじろう》
関西学院大学名誉教授

関西学院大学出版会の刊行書が累計で五〇〇点に到達した。ホームページで確認すると、設立当初の一〇年間は毎年一〇点前後、その後は毎年二〇点前後のペースで刊行実績を積み重ねてきたことがわかる。あらためて今回の「五〇〇」という大台達成を喜びたい。

草創期の出版企画や運営体制づくりに関わった初代編集長として当時をふり返ると、何よりもまず出版会立ち上げの実務を担った谷川恭生氏の面影が浮かんでくる。当時の谷川さんは関学生協書籍部の「マスター」として、関学内外の多くの大学教員や研究者を知的ネットワークに巻き込みながら、学術書を中心に本の編集、出版、流通、販売の仕組みや課題を深く研究し、全国の書店や出版社、取次会社に多彩な人脈を築いていた。谷川さんに連れられて、東京の大手取次会社を訪問した帰りの新幹線で、ウィスキーのミニボトルをあけながら夢中で語り合い、気がつくともう新大阪に着いていたのをなつかしく思い出す。

数年後に病を得た谷川さんが実際に手にとることができた新刊書は当初の五〇点ほどだったはずである。今や格段に充実した刊行書のラインアップに喜び、深く安堵してくれているにちがいない。それはまた、谷川さんの知識経験や文化遺伝子を引き継いだ、田中直哉氏はじめ事務局・編集スタッフによる献身と創意工夫の賜物でもあるのだから。

草創期の出版会はまず著者を学内の教員・研究者に求め「関学の」学術発信拠点としての定着を図る一方、学外の大学教員・研究者にも広く開かれた形を目指していた。そのためすでに初期の新刊書のなかに関学教員の著作に混じって学外の大学教員・研究者による著作も見受けられる。その後も「学内を中心としながら、学外の著者にも広く開かれている」という当初の方針は今日まで維持され、それが刊行書籍の増加や多様性の確保にも少なからず貢献してきたように思う。

他方、新刊学術書の専門分野別の構成はこの三〇年弱の間に大きく変わってきている。たとえば出版会初期の五年間と最近五年間の新刊書の「ジャンル」を見比べていくと、現在では当初よりも全体的に幅広く多様化していることがわかる。「社会・環境・復興」（災害復興研究を含むユニークな「ジャンル」）や「経済・経営」は現在まで依然として多いが、いずれも新刊書全体に占める比重は低下し、「法律・政治」「福祉」「宗教・キリスト教」「関西学院」「エッセイその他」にくわえて、当初は見られなかった「言語」や「自然科学」のような新たな「ジャンル」が加わっている。何よりも目立つ近年の傾向は、「哲学・思想」や「文学・芸術」のシェアが顕著に低下する一方、「教育・心理」や「国際」、「地理・歴史」のシェアが大きく上昇していることである。

こうした「ジャンル」構成の変化には、この間の関西学院大学の学部増設（人間福祉、国際、教育の新学部、理系の学部増設など）がそのまま反映されている面がある。ただ、その背景には関学だけではなく日本の大学の研究教育をめぐる状況の変化もあるにちがいない。思い返せば、関西学院大学出版会の源流の一つに、かつて谷川さんが関学生協書籍部で編集していた書評誌『みくわんせい』（一九八八―九二年）がある。それは当時の「ポストモダニズム」の雰囲気に感応し、最新の哲学書や思想書の魅力を伝えることを通して、専門の研究者や大学院生だけでなく広く読書好きの一般学生の期待に応えようとする試みでもあった。出版会草創期の新刊書にみる「哲学・思想」や「文学・芸術」のシェアの大きさとその近年の低下には、そうした一般学生・読者ニーズの変化という背景もあるように思う。関西学院大学出版会も着実に「歴史」を刻んできたことにあらためて気づかされる。これから二、三十年後、刊行書「一〇〇〇点」達成の頃には、どんな「ジャンル」構成になっているだろうか、今から想像するのも楽しみである。

『みくわんせい』
創刊準備号、1986年

この書評誌を介して集った人たちによって関西学院大学出版会が設立された

# 関西学院大学出版会への私信

田中《たなか》　きく代《よ》
関西学院大学名誉教授

私は出版会設立時の発起人ではありませんでしたが、初代理事長の荻野昌弘さん、初代編集長の宮原浩二郎さんから設立のお話をいただいて、気持ちが高まりワクワクしたことを覚えています。発起人の方々の熱い思いに感銘を受けてのことで、「田中さん、研究発進の出版部局を持たないと大学と言えないよね」という誘いに、もちろん「そうよね!!」と即答しました。皆さんの良い本をつくりたいという理想も高く、何度も会合がもたれました。ことに『理』の責任者であった生協の書籍におられた谷川恭生さんのご尽力は並々ならないものであったと感謝しております。谷川さんを除けば、皆さん本屋さんの出版にはさほど経験がなく、苦労も多かったのですが、苦労よりも新しいものを生み出すことに嬉々としていたように思います。

私は、設立から今日まで、理事として編集委員として関わらせていただき、一時期には理事長の要職に就くことにもなりましたが、荻野さん、宮原さん、山本栄一先生、田村和彦さん、大東和重さん、前川裕さん、田中直哉さん、戸坂美果さんと、指を折りながら思い返し、多くの編集部の方々のおかげで、やってくることができたと実感しています。五〇〇冊記念を機に、まずは感謝を申し上げ、いくつか関西学院大学出版会の「いいとこ」を宣伝しておきたいと思います。

「関学出版会の『いいとこ』は何?」と聞かれると、本がとても「温かい」と答えます。出版会の出版目録を見ていると、それぞれの本が出来上がった時の記憶が蘇ってきますが、どの本も微笑んでいます。教員と編集担当者が率先して一致協力して運営に関わっていることが、妥協しないで良い本をつくろうとすることからくる真剣な取り組みとなっているのです。出版会の本は丁寧につくられ皆さんの心が込められているのです。
また、本をつくる喜びも付け加えておきます。毎月の編集委員会では、新しい企画にいつもドキドキしています。私事ですが、私は歴史学の研究者の道を歩んできましたが、同時にどこかでいつか本屋さんをやりたいという気持ちがあったことは否定できません。関学出版会では、自らの本をつくる時など特にそうですが、企画から装丁まですべてに自分で直接に関わることができるのですよ。こんな嬉しいことがありますか。

皆でつくるということでは、夏の拡大編集委員会の合宿も思い出されます。毎夏、有馬温泉の「小宿とうじ」で実施されてきましたが、そこでは編集方針について議論するだけではなく、毎回「私の本棚」「思い出の本」「旅に持っていく本」などなどの議題が提示されました。自分の好きな本を本好きの他者に「押しつけ?」、本好きの他者から「押しつけられる?」楽しみを得る機会が持てたことも私の財産となりました。夕食後には皆で集まって、学生時代のように深夜まで喧々諤々の時間を過ごしてきたことも楽しい思い出です。今後もずっと続けていけたらと思っています。

記念事業としては、設立二〇周年の一連の企画がありましたが、記念シンポジウム「いま、ことばを立ち上げること」では、田村さんのご尽力で、「ことばの立ち上げ」に関わられた諸氏にお話しいただき、本づくりの大切さを再確認することができました。今でも「投壜通信」という「ことば」がビンビン響いてきます。文字化される「ことば」に内包される心、誰かに届けたい「ことば」のことを、本づくりの人間は忘れてはいけないと実感したものです。

インターネットが広がり、本を読まない人が増えている現状で、今後の出版界も変革を求められていくでしょうが、大学出版会としては、学生に「ことば」を伝える義務があります。ネット化を余儀なくされ「ことば」を伝えるにも印刷物ではなくなることも増えるでしょう。だが、学生に学びの「知」を長く蓄積し生涯の糧としていただくには、やはり「本棚の本」が大切だと思います。出版会の役割は重いですね。

『いま、ことばを立ち上げること』
K.G. りぶれっとNo. 50、2019年

2018年に開催した関西学院大学出版会設立20周年記念シンポジウムの講演録

# ふたつの追悼集

田村《たむら》　和彦《かずひこ》
関西学院大学名誉教授

荻野昌弘さんの原稿で、一九九五年の阪神淡路の震災が出版会誕生の一つのきっかけだったことを思い出した。今から三〇年前になる。ぼく自身は一九九〇年に関西学院大学に移籍して間もなくだった。震災との直接のつながりは思いつかないが、新たな出発に向けての思いが大学に満ちていたことは確かである。

ぼく自身と出版会とのかかわりは、当時関学生協書籍部にいた谷川恭生さんに直接声をかけられたことから始まる。谷川さんの関西学院大学出版会発足にかけた情熱については、本誌で他の方々も触れているとおりである。残念ながら、出版会がどうやら軌道に乗り始めた二〇〇四年にわずか四九歳で急逝した谷川さんには、翌年に当出版会が出した追悼文集『時（カイロス）の絆』に学内外の多くの方々が思いを寄せている。出版会についていえば、前身には発足の十年近く前から谷川さんが発行していた書評誌『みくわんせい』があったことも忘れえない。『みくわんせい』のバックナンバーの書影は前記追悼集に収録されている。出版会を立ちあげて以来発行されてきたこの小冊子『理』にしても、最初は彼が構想する大学発の総合雑誌の前身となるべきものだったと記憶している。「理」を「ことわり」と読むことにこだわったのも彼である。谷川さんのアイデアは尽きることなく広がり、何度かの出版会主催のシンポジウムも行われた。そんななか、出版会が発足してからもいつもは外野のにぎわわせ役を決めこんでいたぼくに、谷川さんから研究室に突然電話が入り、「編集長になりませんか」という依頼があった。なんとも闇雲な頼みで、答えあぐねているうちにいつの間にやら引き受けることになってしまった。その後編集長として十数年、その後は出版会理事長として谷川さんが蒔いた種から育った出版会の活動を、不十分ながら引き継いできた。

関学出版会を語るうえでもう一人忘れえないのが山本栄一氏で

ある。山本さんは阪神淡路の震災の折、ちょうど経済学部の学部長で、ぼく自身もそこに所属していた。学部運営にかかわる面倒なやり取りに辟易していたぼくだが、震災の直後に山本さんが学部活性化のために経済学部の教員のための紀要刊行費を削って、代わりに学部生を巻きこんで情報発信と活動報告を行う経済学部広報誌『エコノフォーラム』を公刊するアイデアを出したときには、それに全面的に乗り、編集役まで買って出た。それをきっかけに学部行政以外のつき合いが深まるなかで、なんとも型破りで自由闊達な山本さんの人柄にほれ込むことになった。

発足間もない関学出版会についても、学部の枠を越えて、教員ばかりか事務職にまで関学随一の広い人脈を持つ山本さんの「拡散力」と「交渉力」が大いに頼みになった。一九九九年に関学出版会の二代目の理事長に就かれた山本さんは、毎月の編集会議にも、当時千刈のセミナーハウスで行なわれていた夏の合宿にも必ず出席なさった。堅苦しい会議の場は山本さんの一見脈絡のないおしゃべりをきっかけに、どんな話題に対しても、誰に対しても開かれた、くつろいだ自由な議論の場になった。本の編集・出版という作業は、著者だけでなく、編集者・校閲者も巻きこんで、まったくの門外漢や未来の読者までを想定した、実に楽しい仕事になった。山本さんは二〇〇八年の定年後も引き続き出版会理事長を引き受けてくださったが、二〇一一年に七一歳で亡くなられた。没後、関学出版会は上方落語が大好きだった山本さんを偲んで『賑わいの交点』という追悼文集を発刊している。

出版会発足二八年、刊行点数五〇〇点を記念するにあたって特にお二人の名前を挙げるのは、お二人のたぐいまれな個性とアイデアが今なお引き継がれていると感じるからである。二つの追悼集のタイトルをつけたのは実はぼくだった。いま、それを久しぶりに紐解いていると関西学院大学出版会の草創期の熱気と、それを継続させた人的交流の広さと暖かさとが伝わってくる。

『賑わいの交点』
山本栄一先生追悼文集、
2012年（私家版）

39名の追悼寄稿文と、山本先生の著作目録・年譜・俳句など

『時（カイロス）の絆』
谷川恭生追悼文集、
2005年（私家版）

21名の追悼寄稿文と、谷川氏の講義ノート・『みくわんせい』の軌跡を収録

連載

# スワヒリ詩人列伝

## 第8回 政権の御用詩人、マティアス・ムニャンパラの矛盾

小野田 風子

スワヒリ語詩、それは東アフリカ海岸地方の風土とイスラム的伝統に強く結びついた世界である。そのなかで、内陸部出身のキリスト教徒として初めてシャーバン・ロバート（本連載第2回〔『理』59号〕参照）に次ぐ大詩人として認められたのが、今回の詩人、マティアス・ムニャンパラ（Mathias Mnyampala, 1917-1969）である。

ムニャンパラは一九一七年、タンガニーカ（後のタンザニア）中央部のドドマで、ゴゴ民族の牛飼いの家庭に生まれる。幼いころから家畜の世話をしつつ、カトリック教会で読み書きを身につけた。政府系の学校で法律を学び、一九三六年から亡くなるまで教師や税務署員、判事など様々な職に就きながら文筆活動を行った。これまでに詩集やゴゴの民族誌、民話など十八点の著作が出版されている（Kyamba 2016）。

詩人としてのムニャンパラの最も重要な功績とされているのは、「ンゴンジェラ」（ngonjera）[注1]という詩形式の発明である。

独立後のタンザニアは、初代大統領ジュリウス・ニェレレの強い指導力の下、社会主義を標榜し、「ウジャマー」（Ujamaa）と呼ばれる独自の社会主義政策を推進した。ニェレレは当時のスワヒリ語詩人たちに政策の普及への協力を要請し、詩人たちはＵＫＵＴＡ（Usanifu wa Kiswahili na Ushairi Tanzania）という文学団体を結成した。ＵＫＵＴＡの代表として政権の御用詩人を引き受けたムニャンパラが、非識字の人々に社会主義の理念を伝えるのに最適な形式として創り出したのが、ンゴンジェラである。これは、詩の中の二人以上の登場人物が政治的なトピックについて議論を交わすという質疑応答形式の詩である。ムニャンパラがまとめた詩集『ＵＫＵＴＡのンゴンジェラ』（*Ngonjera za Ukuta I & II*, 1971, 1972）はタンザニア中の成人教育の場で正式な出版前から活用され、地元紙には類似の詩が多数掲載された。

ムニャンパラの詩はすべて韻と音節数の規則を完璧に守った定型詩である。ンゴンジェラ以外の詩では、言葉の選択に細心の注意が払われ、表現の洗練が追求されている。詩の内容は良い生き方を諭す教訓的なものや、物事の性質や本質を解説するものが目立つ。詩のタイトルも、「世の中」「団結」「嫉妬」「死」など一語が多く、詩の形式で書かれた辞書のようでさえある。美徳や悪徳、無力さといった人間に共通する性質を扱う一方、差別や植民地主義への明確な非難も見られ、人類の平等や普遍性について

書いた詩人と大まかに評価できよう。
一方、ムニャンパラのンゴンジェラは、それ以外の詩と比べて深みや洗練に欠けると言われる。ムニャンパラは「庶民の良心」であることを放棄し、「政権の拡声器」に成り下がったとも批判されている（Ndulute 1985: 154）。知識人が無知な者を啓蒙するというンゴンジェラの基本的な性質上、確かにそこには、人間や物事の単純化や、善悪の決めつけ、庶民の軽視が見られる。人間の共通性や普遍性に焦点を当てるヒューマニズムも失われている。表現の推敲の跡もあまり見られず、政権のスローガンをただ詩の形式に当てはめただけのようである。以下より、ムニャンパラのンゴンジェラが収められている『UKUTAのンゴンジェラI』と、一般的な詩が収められている『ムニャンパラ詩集』（*Diwani ya Mnyampala*, 1965）、そして『詩の教え』（*Waadhi wa Ushairi*, 1965）から、実際にいくつか詩を見てみよう。
『UKUTAのンゴンジェラI』内の「愚かさは我らが敵」では、「愚か者」が以下のように発言する。「みんな私をバカだと言う　学のない奴と／私が通るとみんなであざけり　友達でさえ私を笑う／悪口ばかり浴びせられ　言葉数さえ減ってきた／さあ、確かなことを教えてくれ　私のどこがバカなんだ?」それに対し、「助言者」は、「君は本当にバカだな　そう言われるのももっともだ／だって君は無知だ　教育されていないのだから／君は幼子、背負われた子どもだ／教育を欠いているからこそ　君はバカなのだ」と切り捨てる。その後のやり取りが続けられ、最後には「愚か者」が、「やっと理解した　私の欠陥を／勉強に邁進し　愚かさから抜け出そう／そして味わおう　読書の楽しみを／確かに私は　バカだったのだ」と改心する（Mnyampala 1970: 14-15）。
一方、『詩の教え』内の詩「愚か者こそが教師である」では、「愚か者」についての認識に大きな違いがある。詩人は、「愚か者ははこし器のようなもの　知覚を清めることができる／愚か者こそが、賢者を教える教師なのである」（Mnyampala 1965b: 55）と、ンゴンジェラとは異なる思慮深さを見せる。また、上記のンゴンジェラに見られる教育至上主義は、『詩の教え』内の別の詩「高貴さ」とも矛盾する。
たとえば人の服装や金の装身具／あるいは大学教育や宗教の知識に驚かされることはあっても／それが人に高貴さをもたらすわけではない　そういったものに惑わされるな／服は高貴さとは無縁だ　高貴さとは信心なのだ
高貴さとは信心である　読書習慣とは関係ない／スルタンであることや、ローマ人やアラブ人であることでもない／それは心の中にある信心　慈悲深き神を知ること／騒乱は高貴さには似合わない　高貴さとは信心なのだ（Mnyampala 1965b: 24）
同様の矛盾は、社会主義政策の根幹であったウジャマー村についての詩にも見出せる。一九六〇年代末から七〇年代にかけて、平等と農業の効率化を目的として、人工的な村における集団農業の実施が試みられた。『UKUTAのンゴンジェラ』内の詩「ウジャマー村」では、政治家が定職のない都市の若者に、村に移住し農業に精を出すよう諭す。若者は「彼らが言うのだ　私たちは町を出ないといけないと／ウジャマー村というが　何の利益があるんだ?」と疑問を投げかけ、「この私がどんな利益を上げられるだろう?／体には力はなく　何も収穫することなどできない」、「なぜ一緒に暮らさないといけないのか　どういう義務なのか?／せっかくの成果を無駄にして　もっと貧しくなるだろう」と移住政策の有効性を疑問視し、「私はここの馴染みだ　私の人生は町にある／私はここで丸々肥えて　いつも喜びの中にある／もし村に住んだなら　骨と皮だけになってしまう」と懸念する。それに対し政治家は、「町を出ることは重要だ　共に村へ移住しよう／恩恵を共に得て　勝者の人生を歩もう」、「みんなで一緒に住むことは　国にとって大変意義のあること／例えば橋を作って洪水を防ぐことができる／一緒に耕すのも有益だ　経済的成果を上げられる」とお決まりのスローガンを並べるだけである。にもかかわらず若者は最終的に、「鋭い言葉で　説得してくれてありがとう／怠け癖を捨て　鍬の柄を握ろう／そして雑草を抜いて　村に参加しよう／ウジャマー村には　確かに利益がある」と心変わりをするのである（Mnyampala 1970: 38-39）。

この詩は、その書かれた目的とは裏腹に、若者の懸念の妥当性と、政治家の理想主義の非現実性とを強く印象づける。以下の詩を書いたときのムニャンパラ自身も、この印象に賛同してくれるはずである。『ムニャンパラ詩集』内の詩「農民の苦労」では、農業の困難さが写実的かつ切実につづられる。

はるか昔から　農業には困難がつきもの／まずは原野を開墾し　枯草を山ほど燃やす／草にまみれ　一日中働きづめだ／農民の苦労には　忍耐が不可欠

忍耐こそが不可欠　心変わりは許されぬ／毎日夜明け前に目を覚まし／すぐに手に取るのは鍬　あるいは鍬の残骸／農民の苦労には　忍耐が不可欠

森を耕しキビを植え　草原を耕しモロコシを植え／たとえ一段落しても　いびきをかいて眠るなかれ／動物が畑にやってきて　作物を食い荒らす／農民の苦労には　忍耐が不可欠（三連略）

いつ休めるのか　いつこの辛苦が終わるのか／イノシシやサルに　怯えて暮らす苦しみが?／収穫の稼ぎを得る前から　疑念が膨らむばかり／農民の苦労には　忍耐が不可欠

キビがよく実ると　私はひたすら無事を祈る／すべての枝が花をつける時　私の疑いは晴れていく／そして鳥たちが舞い

降りて　私のキビを狙い打ち／農民の苦労には　忍耐が不可欠（一連略）
農民は衰弱し　憐れみを掻き立てる／その顔はやせ衰え　見る影もない／すべての困難は終わり、農民はついに収穫する　みずからの終焉を／農民の苦労には　忍耐が不可欠
(Mnyampala 1965a: 53-54)

ウジャマー村への移住政策は遅々として進まず、一九七〇年代に入ると武力を用いた強制移住が始まる。しかしムニャンパラはタンザニア政治が暴力性を帯びる前、一九六九年に亡くなった。『詩の教え』内の「政治」という詩には、「国民に無理強いするのは、政府のやることではない」という一節がある (Mnyampala 1965b: 5)。ムニャンパラがもう少し長く生き、社会主義政策の失敗を目の当たりにしていたなら、「政権の拡声器」か「庶民の良心」か、どちらの役割を守っただろうか。

ムニャンパラは、時の政権であれ、身近なコミュニティであれ、そこから期待された役割を忠実に演じきった詩人と言えるだろう。そのような詩人を前にしたとき、われわれはつい、詩人自身の思いはどこにあるのかと問いたくなる。しかしスワヒリ語詩において重要なのは個人の思いではなく、詩がその時代や社会において良い影響を与え得るかどうかである。社会情勢が変われば詩の内容も変わる。よって本稿のように、詩人の主張が一貫していないことを指摘するのは野暮なのだろう。

社会主義政策は失敗に終わったが、ンゴンジェラは現在でも教育的娯楽として広く親しまれている。特に教育現場では、子どもたちが保護者等の前で教育的成果を発表するための形式として重宝されている。自由詩の詩人ケジラハビ（本連載第6回〔『理』71号〕参照）は、ムニャンパラの功績を以下のように称えた。「都会の人も田舎の人もあなたの前に腰を下ろす／そしてあなたは彼らを楽しませ、一人一人の聴衆を／ンゴンジェラの詩人へと変えた！」(Kezilahabi 1974: 40)。

（大阪大学　おのだ・ふうこ）

注1　ゴゴ語で「一緒に行くこと」を意味するという (Kyamba 2022: 135)。

**参考文献**

Kezilahabi, E. (1974) *Kichomi*, Heineman Educational Books.
Kyamba, Anna N. (2022) "Mchango wa Mathias Mnyampala katika Maendeleo ya Ushairi wa Kiswahili", *Kioo cha Lugha* 20(1): 130-149.
Kyamba, Anna Nicholaus (2016) "Muundo wa Mashairi katika *Diwani ya Mnyampala* (1965) na Nafasi Yake katika Kuibua Maudhui" *Kioo cha Lugha* Juz. 14: 94-109.
Mnyampala, Mathias (1965a) *Diwani ya Mnyampala*, Kenya Literature Bureau.
——— (1965b) *Waadhi wa Ushairi*, East African Literature Bureau.
——— (1970) *Ngonjera za UKUTA Kitabu cha Kwanza*, Oxford University Press.
Ndulute, C. L. (1985) "Politics in a Poetic Garb: The Literary Fortunes of Mathias Mnyampala", *Kiswahili* Vol. 52 (1-2): 143-162.

## 【4～7月の新刊】

**『未来の教育を語ろう』**
關谷 武司［編著］
A5判 一九四頁 二五三〇円

**【近刊】** ＊タイトルは仮題

**『宅建業法に基づく重要事項説明Q&A 100』**
弁護士法人 村上・新村法律事務所［監修］

**『教会暦によるキリスト教入門』**
前川 裕［著］

**『ローマ・ギリシア世界・東方』**
ファーガス・ミラー古代史論集
ファーガス・ミラー［著］
藤井 崇／増永理考［監訳］

KGりぶれっと60
**『学生たちは挑戦する』**
開発途上国におけるユースボランティアの20年
村田 俊一［編著］
関西学院大学国際連携機構［編］

## 【好評既刊】

**『ポスト「社会」の時代』**
社会の市場化と個人の企業化のゆくえ
田中 耕一［著］
A5判 一八六頁 二七五〇円

**『カントと啓蒙の時代』**
河村 克俊［著］
A5判 二二六頁 四九五〇円

**『学生の自律性を育てる授業』**
自己評価を活かした教授法の開発
岩田 貴帆［著］
A5判 二〇〇頁 四四〇〇円

**『破壊の社会学』**
社会の再生のために
荻野 昌弘／足立 重和／山 泰幸［編著］
A5判 五六八頁 九二四〇円

KGりぶれっと59
**『基礎演習ハンドブック 第三版』**
さぁ、大学での学びをはじめよう！
関西学院大学総合政策学部［編］
A5判 一四〇頁 一三二〇円

※価格はすべて税込表示です。

## 好評既刊

# 絵本で読み解く 保育内容 言葉

齋木 喜美子［編著］

絵本を各章の核として構成したテキスト。児童文化についての知識を深め、将来質の高い保育を立案・実践するための基礎を学ぶ。

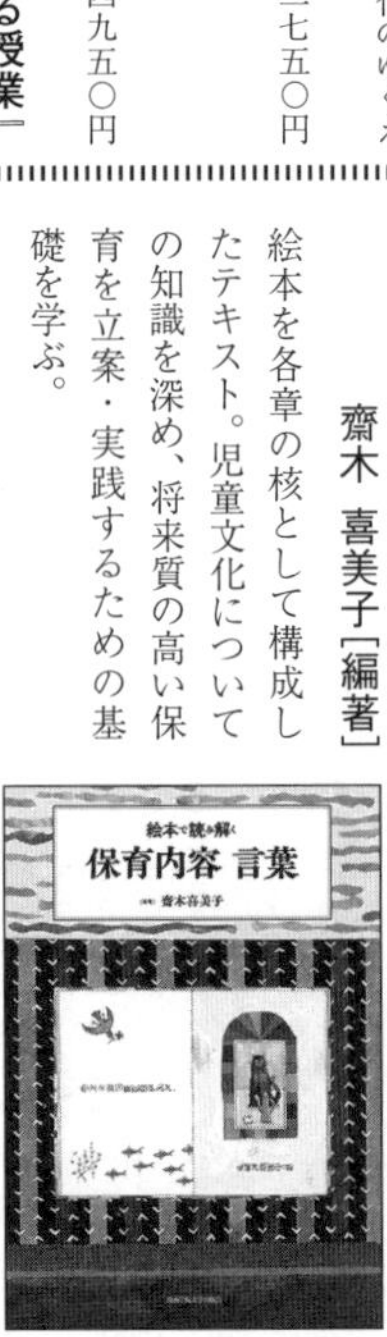

B5判 214頁 2420円（税込）

## スタッフ通信

弊会の刊行点数が五百点に到達した。九七年の設立から二八年かかったことになる。設立当初はまさかこんな日が来るとは思っていなかった。ちなみに東京大学出版会の五百点目は一九六二年（設立一一年目）、京都大学学術出版会は二〇〇九年（二〇年目）、名古屋大学出版会は二〇〇四年（二三年目）とのこと。特集に執筆いただいた草創期からの教員理事長をはじめ、歴代編集長・編集委員の方々、そしてこれまで支えていただいたすべての皆様に感謝申し上げるとともに、つぎの千点にむけてバトンを渡してゆければと思う。（田）


コトワリ No. 75 2025年7月発行
〈非売品・ご自由にお持ちください〉



知の創造空間から発信する
K.G. University Press 関西学院大学出版会
〒662-0891 兵庫県西宮市上ケ原一番町1-155
電話0798-53-7002 FAX0798-53-5870
http://www.kgup.jp/ mail kwansei-up@kgup.jp

が夫々、またはお互いに連絡を取りながら社会のために奉仕する計画を討論する会議の system である[24]」と、認めている。そして、「社会という考え方が、借りものでない、そこに本当の個人の尊厳が認められている。いま、ひるがえってわが国に、このような精神的な思想的な中心がどこかにあるだろうか[25]」と、日本の実情に照らしながら個人の尊厳を確立するために、真の意味での社会の成立とその成熟が重要であることを強調している。

一六日には大規模施設であるカールスルンド（Carlslund）を訪問している[26]。カールスルンドは一九〇一年、入所者八名、看護婦四名で開設された。慈善事業家のマリア・クラソンによって発展がはかられ、一九三一年には、利用者数は四二名になっている。一九五四年に「精神遅滞者の教育と保護に関する法律」が制定され、国内の施設は全て公立化される。これを契機として、施設は拡大し、大規模化していった。カールスルンドの収容人数も、一九五四年の一六〇名から、一九五七年には二二〇名、一九六四年には五二四名と急速に増加している。糸賀が訪れた一九六〇年はまさに拡大期であった[27]。

糸賀は、その機能と設備については、「四五〇人ほどの子供から大人を含んだ精薄者が、それぞれ幾つもの建物に分類され（重症者も勿論）公共の教育機関や、洗濯場やセンターも確立しております。実にすばらしいコロニー、施設です。従事者二〇〇人、医学的な設備もととのっています。歯科医も来ています。歯の治療を見学しました。レントゲンや脳波は勿論、平均して患者一人一日当たりここは三〇 kr弱に相当するということでした[28]」と、感嘆している。しかし、「重症の子たちのいる部屋や建物や設備もみました。子どもが遊ぶ部屋も、訓練をうける部屋も、それぞれ、いちいち鍵をかけてあります。まるでオリの中の動物のようです。やはりオムツの交換がうまくいくとは限らないと見えて、ちょっと異様な臭気を感じました。Touch（タッチ）とか人間形成とかいうことは、あまり考えていないようです。ごく重いのはベットにねたきりです。動けるのも特殊な動く椅子に坐らせ、さしわたした板のテーブルに両ヒヂをつかしています。リノリュームの部屋をはいまわっているのもいました[29]」と、処遇内容については批判的に見ていたことがうかがえる。

また、「（略）外面的な暮らしの底に流れていなければならない内面性について、どのような考慮がなされているのかが、ちょっと心配になって、つっこんできくと、理想と現実はちがうとあっさり割切っている。この辺がどうも私には割り切れぬのである」と、背景にあるはずの理念については疑問を感じたことを記している。[30]

このようにカールスルンドの物理的環境には驚嘆するものの、その処遇内容やその根底にある考え方には疑問を感じていたようである。また、糸賀の疑問は当を得ていたと思われ、当時のスウェーデンでは、すでに大規模施設における処遇のあり方について問題が提起されていた。一九五一年に知的障害のある子をもつ親の会であるＦＵＢが発足し、大規模施設の問題性を指摘し始める。また、ベンクト・ニーリエ（Bengt Nirje）と並んで、スウェーデンにおいてノーマリゼーション理念の具現化を促進した主要な人物として挙げられるカール・グルネワルド（Karl Grunewald）が施設の監査を通じて、その問題性を取り上げ始める時期とも重なっている。[31] さらに、一九五九年には、隣国デンマークでノーマリゼーションの考え方が知的障害者法に取り上げられ、一九六三年には「精神障害者のための北欧会議」において、バンク・ミケルセン（Bank Mikkelsen）がノーマリゼーションのコンセプトを明らかにした。[32]

スウェーデンは、この後の一九六八年の援護法制定を期に、脱施設の方向に大きく方向転換していくのである。糸賀が訪問したカールスルンドも長い時間をかけて縮小され、一九九〇年代には完全閉鎖された。帰国直後の糸賀は、「私はもちろんヨーロッパの施設を見て、感服ばかりしていたのではありません。北欧のある施設では保母さんたちがみなカギのたばを持っていました。部屋に入るのもカギ、出るのもカギ、私はどこかへ幽閉されるような感じがしました。ガラスばりのカギ、カギの連続でした。保母室では、こどもたちの部屋の物音が、レダーのようにキャッチされるような装置を持っているのを見ました。それを見て、今さらながら科学の進歩ということに疑問をもったのであります」[33]と、カールスルンドの管理性に対しては否定的な印象を持っていた。糸賀は、一九六〇年代後半、日本で「コロニーブーム」が巻き起こった時期において、大規模・複合施設が一生涯の生活の場となることに警鐘を鳴らすことになる。その一因には、このようなヨーロッパのコロニーに対する批判的な視点があったと考えられる。[34]

## (三) ベルギー（ゲール）

一二月一八日、糸賀はアムステルダムを経由してベルギーへ向かう。ベルギー訪問の第一の目的は、ゲール(Geel)の視察であった。

ゲールを最初に訪れた日本人は呉秀三であると言われており、それは一九〇一（明治三四）年のことである。翌年、呉は医学会において「癲狂院の組織及び設備に於いて」という講演の中で、ゲールと京都の岩倉の例を紹介しながら「家庭看護」について論じている。[35]

また、糸賀の訪問の直前では、文部省の山口薫が、一九五六（昭和三一）年にゲールを訪ね、その様子を日本に伝えている。[36]糸賀は山口の報告を受けて、「この子たちをしあわせにする道は本人たちの能力を高めることばかりでなく、その地域社会が精神薄弱児に対してどのような考え方をもち、どのような態度で接するかということにかかっているということです」と、主張している。そして、社会福祉施設が「地域社会の広いあたたかい支えをうけることができれば、最もむずかしいといわれる精神薄弱者のさまざまな問題が解決するばかりでなく、そのことが他の児童福祉の面にも、さらに社会福祉全般にまで、どんなに大きい貴い波紋を及ぼすかもしれないと思います。滋賀県を日本のゲールにしたい[37]」と展望し、「精神薄弱者に対する社会の共同連帯責任」が浸透することを期待して、社会福祉施設が「地域の人びとの深い理解と同情のもと」に支えを受けて存立すべきであると強調していた。

一二月一九日付の第八信によると、糸賀は、Dr. E. Jagobi に案内され、「ゲールの特色は施設にも学校にもないと強調する。（略）三万人のゲールの町に二、〇〇〇人の患者が一軒に一人又は二人（三人以上はない）世話になっている。それがここの最大の特徴だ[38]」との説明を受け、町自体が障害者を受け入れていることを認識している。そして、

「ちかごろ、わが国にも、家庭養護寮（Home group family）ということばで、一種の里親制度の利用であるがもう少し組織的に、そして養護技術も高度に取り入れようとしている試みが紹介され、関西ではその一部その実施を見ている。ゲールの町では、町ぐるみでそういう組織の網の目が敷かれていて、しかも対象は、精神薄弱児（者）を含んだいわゆる精神障害児（者）である。そしてかれこれ七百年の歴史と伝統をもっているのであった[39]」と感嘆し、「本当の意味でのオープンケアの実態を見てとても大きく得るところがあった[40]」と、認めている。

## （四）イタリア・ローマ（国際社会事業会議への出席とイタリアの施設）

年が明けて一九六一（昭和三六）年一月七日、ヨーロッパ訪問の第一の目的である国際社会事業会議へ出席するため、ローマに到着する。国際会議では、大津市の乳児検診の実践について、それらが「community の中における実践として実を結びつつある」と報告している[41]。しかし、各国における専門職のおかれている状況の違いもあり、そもそものテーマについてはあまり議論が深まらなかったようで、「社会事業の厳然たる領域について、お互いに問題を深めていくのがよいのではないか」と、不全感をもって終わったことがうかがえる。

国際会議を終えた後、ローマの知的障害者施設を見学している。ここでは、劣悪な施設収容の現実に衝撃を受けることになり、カトリック系の教会の運営による男性のみを対象とした施設を視察した際の印象を、次のように認めている[42]。

三〇〇人の精薄者のうち、重症者が三〇人いるというので、その三〇人の生活している場所を見せて貰った。（略）臭い。例の特有の臭気が鼻につく。まず、看護の手が行き届いていないことを、直感する。三〇〇人の全体に対して、従事職員は全部で二〇人。そのうち三人が女性で、他は男性看護人。その二〇人のほかに、一〇人の尼さんが、随時ボランティアとしてはたらいてくれるということ。ここでは、指導とか訓練とかいったものは、まるで考えられていない。ただ食べさせて、着せて、寝させるだけのようである。こういうのをいわゆる「飼い殺し」というのであろうか。（略）精薄者に対する考え方や意識が、まだまだ低いということを、ここは物語っている。[43]

また同日には、同じ系列の女性の施設も見学している。こちらは、男性の施設と違って比較的軽度の知的障害者を対象にした施設であったが、利用者から「判で押したように」型どおり教えこまれたあいさつを受け、「何となく淋しいものを感じて、いつまでも私の心の底にしこりのように残っていた」[44]と、イタリアの二つの施設の視察を通じての感想を、次のように認めている。

これからの精薄児や精薄者の教育は、死力を尽くして、自己改造をしていかねばならぬぞと思った。（略）世の中がかわりつつあるということの実態を、自分自身がどのように認識するかということである。私自身の認識の内容が、世の中の変化ということに関係をもつことなのである。世の中のかかわり方に、外面的に盲従するのではなくて、世の中のかかわり方に内面的にかかわりをもつような仕方で、私たちはものを考えていかねばならないのではないだろうか。もうひとつは、（略）子供たちを社会に送り出す教育を主眼としながら、私たちは、子供の何を見てきたかということ、これは大問題である。子供と社会とのつながりは、私たち自身の内面的なものの考え方によって、影響されることが非常に大きいものだということ、これはたいした責任のあることである。[45]

このように、自らの実践は社会の内側に包含され、社会的な関連を持つ必要があるが、それは知的障害者に対する偏見に満ちた社会の側からの要請に応じて、ひたすら社会効用的にあるいは社会防衛的に対応するのではなく、実践の側から社会変革を促すような自律したあり方を提起している。

しかし、「全職員のものの考え方の、根本を変えてかからねばならぬことであろう。難事業中の難事業である。ひとの考え方を変えるなどということは、口で言う程やさしいことではない。自分自身を考えてみてもわかる。『地金』というヤツがしょっちゅう顔を出す」[46]と、これは支援者自身の問題であり、その困難さについても自らに言い聞かせるように指摘している。これらはとりもなおさず日本の障害児者福祉の有り様を、そして近江学園や自らの実践に向けられた課題の提起であろう。

## (五) 西ドイツ

一月二三日、オーストリアのウィーン滞在を経て西ドイツのミュンヘンに到着する。ドイツには二月七日まで滞在している。これは全行程中で最も長い滞在であり、あらかじめ「質問書」を送っていたことからも、当初から主要な視察先として位置づけていたことがうかがえる。

翌二四日、Heninger 牧師の案内で、Herzogsägmühle を訪ねている。ここには、ミュンヘンのインナーミッション(内国伝道協会)の所有する広大な土地に様々な施設が点在している。知的障害者を主な対象としたものではなかったが、糸賀はその様子を、「ひとつの特殊な村を作っていた。九〇〇人ほどがすんでいる。ひとつのいわゆる『コロニー』であった。Homeless な不幸な人たちに、まず住むべき家と、職を与えようとする福祉事業である。不良化した、またしそうな少年や青年たちを収容する家もある。精神薄弱者のための家も、そこにあった。(略) 子供たちは、二五種類もあるこの村のさまざまな仕事場に出かけて、仕事をしながら、実社会の訓練を受けるのである」[47]と認めている。糸賀はこれらを、近江学園から分離した信楽寮やあざみ寮の目的と同様の取り組みとして理解しており、施設内を視察しながら「ドイツの伝統的な、長い歴史に鍛えられた INNERE MISSION の精神的な背景のもとに、はじめて可能になったことだと、私はしみじみ思わされたのである」と、社会事業におけるエートスの重要性を強調している。

糸賀はさらに、収容施設に「沈殿する子供たちのことをつっこんで」聞いている。そして、「やはりそこはここでも問題になっていると見えて、顔を見あわせていた。そして、いまは勿論こういう家々にいっしょに住んでいて、いつまでも社会に出られない形であるけれど、最近、そういう人たちのために、そこが生涯の家であり、同時に仕事場であるような、特別な小さな社会をつくりたいという希望をもっているということであった。（略）私はこれまでに築きあげた実績の上に、その夢はきっと実現するにちがいないと思った」[48]と、評価し期待している。

二五日、シュッツガルトのステッテンに移動する。ステッテンには日本人の平山久[49]がケースワーカー兼サイコロジストとして勤務しており、主に彼の案内を受けることになる。ステッテンの施設は、三カ所に分かれており、合計一、二二〇人が収容されていた。

ステッテンの施設についても好印象をもったようで、特に重度重複障害をもつ人たちへの配慮について高く評価している。たとえば、重症児のために改装された施設を見て、「実に細やかな行き届いた神経が感じられるものであった。重症であるからベッド・ワークが主になる。それを可能な限りベッドから離れさせて、保母たちがそれぞれの部屋でいっしょに遊んでやろうとしていた」とか、医師の動きについて、「部屋部屋をみてまわり、床で遊んでいる子に声をかけたり、ベッドの子を時々抱きあげてはほうずりをしたり、訴えをきいたりしているのは、とても印象的であった。（略）保母といっしょで、子どもたちと深い接触をもっていることが感じられた」[50]と、科学的で冷めた関わりではなく、人間的な関わりをもっていることを評価している。さらに、施設内の様子についても、「おもちゃはそれぞれの部屋に沢山あった。保母が忍耐強い指導にあたっている。それぞれ（ひと部屋に一〇ベッド位）の入り口の扉が色分けしてある。黄、緑、おちついた赤、青、白、等。広い廊下に出て、今度自分の部屋をみると、どの色の部屋かすぐわかる仕掛けである。廊下にも出て遊んでよいのである。（略）掃除がどこもかしこも徹底的に指導されている。はたらいている人たちはめいめいの仕事にたいして、誇りと責任をもっていることがはっきりとあらわれていた」と、個々の利用者への配慮と職員の仕事に対する態度に感動している。

帰国直後に記した文でも、「ヨーロッパの施設を見るのに、大体三つの見方をしたのでした。その一つは、こどもとおとなと、どのような人間的な深いつながりを持っているだろうか。その二は、施設の建物や備品が、どんなに工夫されているか。その三は、初代の園長のもえるような建設的意志が、どのように次の世代にうけつがれているか。歴史の中で未来に前進しているか。ということであります」と述べ、「私はドイツにおいて、この三つについてすばらしい解答を得たのでした[51]」と、記している。これは、スウェーデンのカールスルンドを視察したときに持った感想とは対照的である。

また、少額の献金も尊いと、金額の少なさにかかわらずその業務に労力をかけているとの説明を受け、「新しい社会建設の理論を語りあい、共鳴した[52]」と、社会的な理解を拡大する活動にも関心を寄せている。

なお、ドイツでは、この後、ベルリン、ハンブルク、シュヴェーリン、オインハウゼン、ベーテル、ブレーメンを訪ねて回るが、帰国間近なこともあって現地からの手紙にはふれられておらず、これらの訪問地については、帰国後に概略的に記されているのみである。

## （六）オランダ

ローマからドイツを経て、最後の滞在地のオランダに向かう。オランダについては、ヨーロッパ各地を訪問するたび「オランダを手本にした」との言を得ており、期待をもって訪問したことがうかがえる。オランダには、二月七日から帰国直後の三日間滞在し、アムステルダムとデンハーグを視察している。

この訪問は帰国直前であったため、「ヨーロッパ便り」にはその様子は記されておらず、帰国後に精神薄弱児愛護協会の機関誌である『愛護』に寄稿した「ヨーロッパの精薄施設を見て感じたこと（二）」等に報告がある。これらには、「収容施設や生産的な工場施設や学校などを見てまわり」と、その印象を次のように述べている。

オランダについて一口に言えば、私は収容施設的な閉鎖的な行き方から脱却して、社会自体の広々とした場所で精薄問題を考えていこうとする方向にむかっているという感じを受けたのであります。全てが施設で解決されるという考え方ではなくて社会の中で精薄対策を解決していくべきであるという考え方がそこではかなり支配的になっているではないか。しかし、それでは収容施設というものを否定したかというと決して否定しておるのではありません。（略）たゞその施設が単なる収容施設ではなくて、そこに生産的・工場的な仕事場をもっています。そして社会にそれがつながっています。[53]

このように、施設が閉鎖的になったり、社会と隔絶されるのではなく、社会の中に位置づけられ、社会と交渉をもつことの重要性を強調しており、「オランダでなにが一番私の心を打ったかといいますと、それは精薄の対策は施設の中に入れたらおしまいだという考え方ではないということであります[54]」と述べている。そして、そのための重要な社会資源が「保護授産施設」であると指摘している。「オランダでは国中に百八十カ所ほどの保護授産施設ができており」、「本人は毎日生きがいを感じながら、そこに通ってきているわけです。働きたい人がみんな働けるようになっている施設です。（略）働きたいと思うような意欲を発生させる、どうして働くような気持ちにならせるかということが、教育のいちばん中心課題だと思うのですが、そのような教育の効果が上がったときに、働きたいと思うそのひとびとを社会的な意味で働けるようにするということこそが、政治のいちばん大きな問題点ではないかということを感じたのであります[55]」と、教育的な活動とその先にあるべき「就労」とが一続きでなければならないことを強調している。

このように糸賀は、「精薄者のための仕事場（sheltered work shop）」に非常な関心を寄せたようであり、「収容施設というものがゴールインではなくて、それが出発点となって、もう一ぺん社会の中に精薄の人たちが生き生きとした生活を求めて出て行けるようにしよう。また出られない人たちは、そこが自分たちにもっとも適した社会であるような、そういう社会をそこに建設しようというようなあたたかい心くばりが感じられたのであります。（略）彼らが立派な社会人として生きて行けるような姿を、仕事を通して実現しておるということであります」と、「保護授産施設」の必要性を強く提起していく。

ただし、入所施設の機能についてまで否定したわけではなく、一連の支援の仕組みの中で入所施設が重要な位置をしめているという認識は変わらない。また、「さらに、重症な人たちにたいしては、その施設の中に病院的なケアーがありまして、そこでほんとうのしあわせをそのひとたちなりにうちたてようとしているのを私はハッキリとみることができたのであります。いわゆるコロニーというものがそこに建設されつつあったのであります[56]」と、「コロニー」の必要性についても強調している。

もう一つ、「保護授産施設」と並んで糸賀の興味を引いたのが居住に関する支援である。それは、「ある民間団体が経営しているところの『家』という名前で呼ばれている精神薄弱者対策であります。それは普通の町並の何丁目何番地といったところに二軒続きの家がその施設になっていまして、民間団体が経営しているところの一種のアパートでありますと述べられており、また「国費で一人当りに対して支給されるところの援護費」が支出されていることから、一種の支援付き住居を視察したものと思われる。入居者は、ここから「特殊学級」や職場に通っており、「みなそれぞれに立派なベッドがあり、そのまわりをめいめいが自由に飾っているのです。（略）これこそ本当に開かれた対策であります。社会に窓がひろびろと開かれたところの姿であります。そういう姿勢を、国が国策として打ち出しているということは、この国の思想の高さを示しているといってよいと思うのです[57]」と、感嘆している。

これらは、国の施策の質的な充実を求める提言の意味を含むものとして、やや楽観的な面のあることに留意しなければならないだろう。ただ、続けて日本における施策の増強を期待しつつ、「（略）ほんとうに精薄者の人権を確立するため、そのひとびとの自立というものを本気で考えていかなければならないと思うのです。単に施設に収容すればそれで問題が解決するという安易な考え方から脱皮しなければならない[58]」とも述べている。

しかし一方で、オランダの福祉のあり方について必ずしも全面的に賞賛しているわけではなく、帰国直後に書いた一文では「精神薄弱者個々人の生き甲斐というものはどうであろうか」と、次のような疑問も呈している。

（略）食えなければ保障すればいゝのだという考え方、これは現在もっともなことであるけれども、その考え方は、精薄者自身の内面性の発展というよりも、外面的に通常の社会がこれらの「特殊」な者たちをどううけ入れるかといううけ入れ方に重点を置いた考え方であろうと思うのです。もし、精薄者の内面性の問題を無視した社会政策だけが前面に出てくると、それは非常に単純に割り切ったドライなものになってしまうのであります。（略）経済的にはどんなに貧しくてもあるいは豊でも、その中で彼らの精神的な人間らしい生き方というものを問題にしようとすることが、私たちの精神薄弱対策の一つである。その観点から見ると、オランダの考え方は、私が接した限りにおいては非常に単純に割り切って、経済的社会的解決ということを強調しているように見える。(59)

糸賀は一九五〇年代前半、経済的、職業的な面から外面的に社会に適応していく「外的適応」に対して、内面から本人の生きがいや充実観をともなって能動的に社会に参入していくという「内的適応」の概念を導き出していた。この面から見れば、オランダでのあり方は、外面的な面に比重が置かれており、内面的な適応については十分でないと受けとったようである。

## 第三節　ヨーロッパ視察旅行を終えて

糸賀は、オランダでの視察を慌ただしく終え、二月一〇日、アムステルダムからコペンハーゲンを経て、翌一一日に帰国した。糸賀が、二カ月に及ぶヨーロッパ視察旅行で得たものは何だったのだろうか。

一つには、社会福祉における思想や精神（エートス）の重要性を確認したことである。帰国後、ヨーロッパ諸国を振り返って、「どこの国を見ましても、精神的支柱がしっかりしていない国はない。（略）単に『金をあたえる』ということだけではなしに、問題以前の精神的支柱をしっかり持たねばならぬことを痛感しました(60)」と、記している。さらに、第二次世界大戦中に、ナチス・ドイツによる障害者の虐殺がベーテルの責任者の抵抗によって停止されたことにふれ、「我々もこの仕事を遂行していく上には、勇気をもたねばならないことについて、無言の叱咤を受けたのでありますと述べており、暗に日本国内における社会防衛的な思想を含む対策に批判を向けている。しかし、糸賀はヨーロッパのエートスや思想をそのまま引き写そうとはしていない点にも注目する必要がある。

また、先行研究が指摘しているとおり、一部の収容施設や大規模施設としての「コロニー」に対しては、評価と批判の両面から見ていたことも確認出来る。しかし重要な点は、糸賀が何を重視していたかということである。

まず、イタリアで視察したような収容施設内の劣悪な生活環境や「飼い殺し」のような処遇に対する批判は当然ながら、スウェーデンのカールスルンドのような設備の整った施設における管理的な処遇に対しても批判的に見ていた。その一方で、生涯にわたる生活保障のシステムとしての収容施設の形態を取ることそのものに対しては否定をしていない。たとえばドイツのクルップで、施設に長期間収容されている知的障害のある女性に出会ったことを、次のように感慨深く記している。

（略）クロップという施設では、十七才の時から九十才の今まで収容されているある精薄のおばあちゃんにであいました。白髪でまっ白いシーツにうずくまっているおばあちゃんが、白い手をさしだしてきましたので握手しました。私はその時、いつになったら日本でこのようなことができるだろうかと、胸いっぱいになりました。日本は何もない、野蛮国である。我々が苦労して、やっとこせ精神薄弱者福祉法をこしらえてもらったのですが、中身は生活保護法にちょっと毛がはえた程度でしかない。人間がかろうじて死なない程度に生きていくしかない。これで文化国家といえるでしょうか。世界にほこるべき日本のあり方といえるでしょうか。日本はどうかしている、どこかまちがっていると、そのおばあちゃんと握手した時、万感がいなずまの如く交錯したのでした。[61]

日本においては、成人した知的障害者への支援についての施策はほとんど未整備であり、このような認識はその整備の必要性を訴えたものとして理解できる。しかし、ここには知的障害者の生涯の大半を施設に収容するという処遇のあり方に対しての疑問や批判は見られない。すでに見たように、劣悪な環境の「収容施設」の実態や管理的な大規模施設のあり方には批判的であり、「シェルタードワークショップ」（保護授産施設・庇護授産施設）や「オープンケア」（在宅ケア）についても積極的に参考にして取り入れようとする姿勢も見られる。それでも、「収容施設」や、職業的な自立が不可能と考えられた障害者を対象とした「小さな特別な社会」の形成については否定せず、一般の社会に準ずるものとして位置づけようとしていることもうかがえるのである。

次に、福祉に携わる職員の勤務のあり方についての苦悩である。近江学園では、設立の方針の一つに「四六時中勤務」を掲げており、全職員は入所児と生活を同じにしていた。帰国後も、近江学園における全職員が住み込む状況は継続されたことから、この点についてはどうしても譲れない重要な背骨のようなものであったことがうかがわれる。しかし、見学した施設に従事するシスターの居室が個室として確保されていること、公私の区分が明確にされており、勤務態度については日本よりも真剣であると感心している。このため、職員処遇のあり方については、何らかの思うところがあったようで、帰国後次のように述べている。

私の見た範囲では、従事者の処遇の問題の一つとしてその住まい、住宅が非常に念入りに考えられているということです。（略）善し悪しは別でありますが、例えば日本の施設では保母さんが一緒にこどもたちと寝起きをしていなさるところがあります。同じ部屋に寝起きをすることが、その子どもたちの愛育のために必要だという信念で、それがよい意味での一つの特色となっているところもあるようです。しかし私の見た範囲ではヨーロッパの各施設では、原則として、そういうようなことはないのでありまして、必ず保母なり指導員なり、教官なりという人々はその住んでいる部屋や建物を拝見しますと、私の目から見てずいぶん立派でありまして、いわゆる働く者の人権が尊重されているという感じをしっかりうけたのであります。私はしみじみと思いました。これが当たり前のことなのだ(62)（略）

糸賀は帰国後の一九六一（昭和三六）年八月に、私財を投じて「一碧寮(63)」と言われる職員寮を建設し、半分を職員家族舎に、半分を女子職員宿舎（休養室）にあてた。開設以来、近江学園では「職員とくに女子職員は文字どおり子どもたちと起居をともにするという勤務をつづけてきたが、個人の部屋がないために、週一度の休日すらも子どもたちの部屋で休まなければならない(64)」状況が続いていたのである。職員のために、せめてもの休日の個人の時間を確保したのである。

最後に、近江学園を核とした自らの実践レベルや方向性の是非についての確信を得たことである。糸賀は、「私たちの学園の教え方や方向はそんなにおくれたものではない。ある面ではいくらか進んでいる。そして、それらの国ぐにをまわってなにをみたかというと、結局、いつも日本の国とか近江学園とかを一生懸命にみていた。しかもそこにきめの細かいものをみつけたというような感じがするのである。だから、ヨーロッパで自分自身をみてきたといった方が正しいのかもしれない(65)」と述べており、視察旅行を通して自らの実践のあり方について向き合ったことが窺える。また、最後に訪問したオランダの進んだ実情を見ている時でさえ、「外面的な社会の受け入れ」のみではなく、「個人の内面性の発展」の重要性を指摘している。そして、「ある面ではいくらか進んでいる」と述べているように、日本に比べて歴史があり、制度の整備が進んだヨーロッパ諸国における課題をも指摘しているのである。

糸賀は、ヨーロッパの障害児者福祉について、とりわけ財政的な裏付けや仕組み、システムについては比較にならないほど進んでいるが、障害当事者の内面的な充実については、やや懐疑的に見ていた。それは、ヨーロッパの障害者福祉の実情をとおして、日本の、そして自らの実践のあり方を見ていたのであり、帰国後に障害児者への支援システムについて、どのような価値意識から、どのような展望を描いていったかという点を検討していく上でも貴重な視点を与えてくれる。

（1）　二〇〇七年三月二〇日放送の、NHKのテレビ番組『ラストメッセージ』では、西ドイツのベーテルを訪問したことをきっかけに、糸賀の重度障害者に対する観点が転換し、「この子らを世の光に」という言葉が生まれたとされている。また、番組内で紹介されている糸賀の印象とその内容から、ベーテルではなく、同じく当時西ドイツのステッテンか、ベルギーのゲールの施設を視察した時のものと推測される。

（2）　清水寛「戦後障害者福祉と発達保障――近江学園における糸賀一雄の『発達保障』の立場にたつ福祉思想の形成過程」吉田久一編『戦後社会福祉の展開』（一九七六、ドメス出版）四八四頁。清水は、糸賀が「北欧諸国における社会保障の経済的うらづけの高さと、それを支える国民のスピリッツを評価しつつも、デラックスなコロニーの中で重症児が『まるで飼われているといった感じ』で、処遇されていることにきびしい批判の目を向けている」ことを例示している。

（3）　糸賀一雄「ヨーロッパの精薄施設を見て感じたこと（二）」『愛護』第八巻第五号（一九六一、日本精神薄弱者愛護協会）一頁。

（4）　糸賀一雄「ゲールの町を訪ねて」『手をつなぐ親たち』第五九号（一九六一、全日本精神薄弱児育成会）や「ヨーロッパの精神障害者施設を見学して」『臨床心理』第四号（一九六二、関西臨床心理学者協会）など。

（5）　国際社会事業会議（The International Council on Social Welfare）は、一九六七年に日本における組織名称を国際社会福祉協議会と変えている。

（6）　糸賀一雄「ヨーロッパへ出かけるにあたっての質問書」（一九六五）［『糸賀一雄著作集Ⅱ』（一九八二、日本放送出版協会）二六七頁］。原文はドイツ語で書かれており、『著作集』には日本語の翻訳が収載されている。

（7）　前掲、糸賀「ヨーロッパへ出かけるにあたっての質問書」二六七―二七〇頁を要約した。

（8）　同右、二七〇頁。

（9）　糸賀一雄『ヨーロッパ便り』（一九六九、糸賀房自費出版）の内容を元に作成した。

（10）　北ドイツミッション（北ドイツ伝道会）については、堀光男「ドイツの日本伝道と日本のプロテスタンティズム」日本におけるドイツ宣教史研究会編『日本におけるドイツ――ドイツ宣教史百二十五年』（二〇一〇、新教出版）を参照した。

（11）『ヨーロッパ便り』第一信には「北ドイツミッションから既に連絡してあることをWendorfさんからの便りで知っていました」（一二頁）とあり、デンマークでの視察先についても、W. Wendorfに紹介を依頼していた。
（12）前掲、糸賀『ヨーロッパ便り』一五―一六頁。
（13）同右、一二頁。
（14）同右、一六―一七頁。
（15）同右、一九頁。
（16）同右、二七頁。
（17）事前に木田市治より紹介を得ていた。
（18）前掲、糸賀『ヨーロッパ便り』三五頁。
（19）同右、三五頁。
（20）同右、三七頁。
（21）同右、五一―五二頁。
（22）同右、六〇頁。
（23）同右、六一―六二頁。
（24）同右、七四頁。
（25）同右、七六頁。
（26）カールスルンドは、国立コロニーの建設に際してモデルの一つとして参照され、一九九〇年代後半には施設閉鎖（解体）の具体例として日本に紹介されている（VTR『街に暮らす――知的障害者の望ましい自立を求めて』（一九九八、日本財団）等）。
（27）カールスルンドについては、Janne Larsson, Ann-Marie Stenhammar, Anders Bergstrom, 河東田博（翻訳）、杉田穏子（翻訳）、ハンソン友子（翻訳）『スウェーデンにおける施設解体――地域で自分らしく生きる』（二〇〇〇、現代書館）を参照した。
（28）前掲、糸賀『ヨーロッパ便り』七七頁。
（29）同右、七八―七九頁。この時期の糸賀は、昭和二〇年代に自らが設置した「社会との橋渡し」機能を持つコロニーだけでなく、大規模複合施設についてもコロニーと呼んでいる。
(30) 糸賀一雄「北欧における精薄教育」『精神薄弱児研究』第二九号（一九六一、全日本特殊教育研究連盟編）八頁。
(31) ［カール・グリュネバルド述］ジョーラン・グラニンガー、ジョン・ロビーン著、田代幹康、シシリア・ロボス訳著『スウェーデン・ノーマライゼーションへの道　知的障害者福祉とカール・グリュネバルド』（二〇〇七、現代書館）
(32) ただし、河東田は、スウェーデンではこれよりかなり以前、一九四〇年代にノーマリゼーションの原理の萌芽があったことを指摘している。河東田博「新説一九四六年ノーマライゼーションの原理」『立教大学コミュニティ福祉学部紀要』第七号（二〇〇五、立教大学）。
(33) 前掲、糸賀『ヨーロッパ便り』三三二頁。
(34) 国立コロニーの設置計画に際しては、厚生省から派遣された担当官がカールスルンドの視察に訪れ、その後の検討にあたっても有力なモデルの一つとされていた。
(35) 『医事新聞』六〇八（一九〇二）
(36) 山口はゲールの印象を「英国の精神薄弱者達が何れも、ベッドのある立派な一室をあてがわれ、一個の人間として、いささかもさげすまれることなく幸福に暮らしているのをみて大変感動した」（「英国の精神薄弱児教育を視察して（二）（付ベルギー・フランスの特殊教育）」『手をつなぐ親たち』第一一号（三二年二月）（一九五七、精神薄弱児育成会）四―九頁）、「特に心を打たれたのは、彼等を預かる人々の精薄者に対する態度で、ここには我々が高い理想として掲げている、精薄者に対する社会の共同連帯責任が、そういう堅苦しい言葉抜きに確立されていることであった」（「ゲールのこと――ベルギーの精薄教育」『精神薄弱児研究』第一巻第一号（一九五六、全日本特殊教育研究連盟）八―九、二五頁）と述べている。
(37) 糸賀一雄「児童福祉週間によせて」（一九五七、未発表原稿）［『糸賀一雄著作集Ⅱ』（一九八二、日本放送出版協会）三七五頁］
(38) 糸賀一雄『ヨーロッパ便り』（一九六九、糸賀房自費出版）九六頁。
(39) 糸賀一雄「ヨーロッパの旅日記から――ベルギー・西ドイツ・スイス・オランダの施設を訪問して」（執筆年不明）［『糸賀一雄著作集Ⅱ』（一九五七、日本放送出版協会）一五一頁］
(40) 前掲、糸賀『ヨーロッパ便り』一〇二頁。

(41) 同右、二二二―二二三頁。
(42) この施設については、「ヴァチカンの大使館で調べて置いて貰った、精薄者の施設を訪問する」と記されているのみで、施設名は不詳である。
(43) 前掲、糸賀『ヨーロッパ便り』二三九―二四一頁。
(44) 同右、二四二頁。
(45) 同右、二四三―二四四頁。
(46) 同右、二四三頁。
(47) 同右、二八三頁。
(48) 同右、二八四頁。
(49) 糸賀がステッテンを訪問した翌年、平山久は糸賀に依頼されて、「西ドイツステッテン精神薄弱者施設紹介」という記事を『愛護』に寄せている（『愛護』第九巻第一二号（一九六二、精神薄弱児愛護協会）二一―二九頁）。糸賀は、この記事の掲載に際して平山の紹介文を書いている。
(50) 前掲、糸賀『ヨーロッパ便り』三〇五―三〇六頁。
(51) 同右、三二三頁。
(52) 同右、二九九頁。
(53) 糸賀一雄「ヨーロッパの精薄施設を見て感じたこと（二）」『愛護』第八巻第五号（一九六一、日本精神薄弱者愛護協会）一頁。
(54) 糸賀一雄「精神薄弱対策の方向――創立十周年記念全国大会講演」『手をつなぐ親たち』第七〇号（一九六二、精神薄弱児育成会）一八頁。
(55) 同右、一九頁。
(56) 同右、二〇頁。
(57) 同右、二一頁。
(58) 同右、二一頁。
(59) 前掲、糸賀「ヨーロッパの精薄施設を見て感じたこと（二）」一三頁。

(60) 前掲、糸賀『ヨーロッパ便り』三二一頁。
(61) 前掲、糸賀『ヨーロッパ便り』三二四頁。
(62) 糸賀一雄「ヨーロッパの精薄施設を見て感じたこと(一)」『愛護』第八巻第四号(一九六一、日本精神薄弱者愛護協会)一三頁。
(63) 「一碧」は糸賀のペンネームである。
(64) 糸賀一雄「十五年目をむかえた近江学園」『近江学園年報　第一〇号』(一九六三、近江学園)一一頁、糸賀一雄『この子らを世の光に』(一九六五、柏樹社)二六〇頁。
(65) 前掲、糸賀「十五年目をむかえた近江学園」三〇頁。

# 第一〇章 地域福祉論の展開とその特質

## 重度重複障害者・重症心身障害児対策に向けたソーシャルアクションとの関係に着目して

昭和三〇年代後半から最晩年にかけての糸賀の論考には、地域福祉に関連するものが多く見られる。これは当時、地域福祉やコミュニティケアへの関心が高まったことの影響もあると考えられるが、近江学園では設立当初から施設を地域社会の中に位置づけようとしていたことも指摘されており、そのような観点から評価されることが多かった。

たとえば、清水寛は、糸賀らが近江学園の創設にあたって「『施設を地域社会のなかに位置づける』ことをめざし、『医局を地域社会の診療所として』の性格をもたせて開設」したことに着目している。[(1)] また「近江学園の児童福祉施設としての発展の時期区分」として、創設から糸賀の死去直後までを四期に区分し、最終期である第四期（一九六三―七一）については「重症心身障害児施設の分化と地域福祉の拠点としての施設づくりへの志向」にその特徴を見出している。そして、糸賀が取り組んだ主な地域福祉活動として、乳幼児発達相談所の開設（一九六四）や、大津市母子保健センターの開設（一九六五）を挙げるとともに、これらの前段階として、近江学園の医局が参画して一九五八（昭和三三）年から始まった大津市での乳児検診活動の実績があったことを指摘している。

また、これらの活動について池田敬正は、糸賀が「この子らに世の光を」ではなく、「この子らを世の光に」という価値の転換を提唱したことにふれ、「この主張は、全てのひとに人間としての尊厳を見出すことを提起するものである。このことを前提として、子どもたちの発達の可能性を全面的に保障することをもとめる。そのため地域社会に発達保障をすすめる組織を提言する。この地域福祉の提案は先駆的であった」と指摘している。そして、糸賀が「福祉施設が『地域福祉体制の整備とその活動とのあいだに活きた関係を保つ必要』があると説」いていることを示し、人格的平等を前提として「施設が地域社会の福祉機能と開かれた関係をもとめるものであった」[2]と、評価している。また小田兼三も、「現在からいえば、地域福祉の開拓者、さらにはコミュニティケアの推進者でもあったといえるのではないだろうか」[3]と、同様の評価をしている。

しかし、このような評価に対して、その背景や形成過程については十分検討がなされているとはいえない。また、清水が指摘する糸賀が関与した地域福祉活動と池田や小田らの評価に見られるような理念との間には、その具現化という点で距離があるように思われる。つまり、「全てのひとに人間としての尊厳を見出す」理念に対応し、それを具現化する方策の構想については、未完であるというよりもほとんど未発でさえある。そのため、糸賀の地域福祉論を検討するにあたっては、直接的に関与した地域福祉活動だけでなく、周辺の状況やその背景も含めて捉えていく必要がある。

ところで、本章の副題にもあるように、糸賀の地域福祉論はソーシャルアクションとともに検討する必要がある。そもそも、地域福祉活動とソーシャルアクションとは密接な関係にあるが、それに加えて次のような問題意識がある。

一九六〇年頃以降、糸賀の論考にはコミュニティケアや地域福祉を意識したものが多く見られるようになる。しかし、糸賀の地域福祉論の特徴は、昭和二〇年代の後半から始まった知的障害児者や重症心身障害児への社会保障を求めるソーシャルアクションを展開する中から、地域福祉体制の整備を重視する観点として出てきていることにある。とりわけ重症心身障害児への取り組みは、糸賀の地域福祉論の中核的な位置をしめる。つまり、糸賀のソーシャルアクションは、近江学園やその後に展開してきた収容施設の拡充を求めることにとどまらず、池田が指摘するように、地域の中における一人ひとりの人格を尊重する理念の具現化を求めて行われるのである。また、収容施設の重要性は強調されるが、それは絶対的な存在ではなく、あくまで「必要な時に必要な手がさしのべられる」[4]、その一つの機能としての位置づけに限定している点についても注目すべきである。

本章では、以上のような視点のもとに、糸賀のソーシャルアクションと地域福祉論を捉え直してみたい。

## 第一節　精神薄弱者福祉法の制定に向けて

### （一）ソーシャルアクションの基盤としての「自覚者の責任」と「心境の問題」

糸賀の活動においてソーシャルアクションへの志向が顕著になり始めるのは、昭和二〇年代終盤のことである。一九五二（昭和二七）年の精神薄弱児育成会の設立を機に、彼の活動は単なる施設の運営をこえて障害者の生活保障を求めるソーシャルアクションへと拡がっていく。それは、官僚時代に中央にまで拡がった人脈を頼って個別に解決していくやり方の限界も意識したであろうし[5]、精神薄弱児育成会や特殊教育研究連盟の設立、精神薄弱者愛護協会の活動再開など、関係団体の動きが活発化してきたことや、これらの団体を通じてより広く理解を求めていく必要性を感じてのことであったと考えられる。しかし、当然のように、これらの団体を構成する関係者や施設の考え方は一様ではなく、また戦前からの社会防衛思想や優生思想に基づく否定的な障害者観の影響も小さくはない。そのため、糸賀らは、考え方や主張の異なる人々の中で、いかにして新しい価値を生みだし、いかにして共感を得ていくかといった試行錯誤をくりかえしている。その過程においては失敗も少なからず経験しながら、ソーシャルアクションに臨む姿勢はくりかえし反省されていくのである。

例えば、一九五四（昭和二九）年五月二三日から三〇日まで大阪松坂屋において「忘れられた子等」の作品展示が行われているが、そこで関係者との間で意見や方向性をめぐって衝突があったことがうかがわれる。糸賀は、この出来事に対する自らの行動について、「展示会の反省点」と題した一文を記している。その内容から、展示会開催の前日、五月二二日に準備作業を終えた後に書かれたものと推測される[6]。この一文では「日本の精神薄弱児対策の空念仏」や「他の施設のやり方の生ぬるさや、殊に東京のやり方への非難（?）のごとき気持、当局の無為無策に対する非難も潜在していた」と、行政当局や他施設等、他の関係者への不満も吐露している。ただ、「『私たちはやっているのだ』という誇示の気持ちを、なんの無理もなくおさえて、他を生かし、おのれを生かすように、共存的に調和を尊ぶ心境にまで、自然に高まるのでなければ本物ではない」と、自省している。そして、「『この機をはずして、またの機会はない』と思い定めるということが、自覚者としての学園の当然の姿であったが、その表現の仕方には、まだまだ未熟なものがあったということになる。しかしそれは表現の仕方という結果についてだけでなく、その因って来たった原因にまで、私たちの考えがさかのぼって反省されるのでなければいけない。結果だけを技術的にいじくりまわして、他との調和をはかろうとするところに、妥協だとか、見せかけとか、卑屈とか、謙遜の放漫とかが見られることになるのだ。（略）根本的な態度が変わらねばならない。これは心境の問題である[7]」と述べている。ここには、木村素衞のいう「自覚者の責任」とともに、下村湖人の「煙仲間」情操による「心境の問題」が意識されており、これらは糸賀のソーシャルアクションの特質を検討するにあたっては重要な概念である。

ここで糸賀が「心境の問題」と強調しているのは、下村湖人の『青年次郎物語』（後の『次郎物語　第三部』）の第七章にあたる「心境の問題」の内容を意識したものである。旧制中学校に進学した主人公の次郎たちが、校内で教師や先輩から理不尽な扱いを受ける。ある時、次郎が授業中に教師の間違いを指摘したことを発端に、面子をつぶされたと思いこんだ教師から授業を乱す者として教室から出されてしまう。次郎は誤解を解くため教師に謝ろうとするが、それに対して学友は自らの正しさを信じて妥協するべきでないと主張する。「心境の問題」の章は、「白鳥会」に集った次郎や学友の新賀、兄の恭一やその同級の大沢らを、主宰者である朝倉先生が諭す場面である。学友の新賀が「不正を不正と知りながら、それと妥協するのは、糞尿を溜めっぱなしにするのと同じではありませんか」と主張するのに対して、朝倉先生は「新賀が、良心的にどうしてもそうでなくちゃならんと考えるなら、新賀にとってはそれが最善の道だ」。しかし、「（略）全体の調和とか秩序とかいうことを強く念頭においている人なら、新賀の考えている以上の道理を考えんともかぎらん」と諭していく。そして、「一つ一つのことがらの正邪善悪にこだわるのでもなく、さればといって、それに無頓着だったり、良心にそむいて邪悪に妥協したり、また、大沢の言うように、ひねこびた聖人君子のまねをしたりするのでもなく、全体の調和と秩序のために、ごく自然に行動するというようなことは、心境を練らなくてはできないことだ。心境を練ることを忘れて、ただ頭で考えるだけでは、道理以上の道理はけっしてつかめない。つかめたようでも、いざとなると、やはり一つ一つのことがらの正邪善悪にこだわりたくなったり、自分をいつわって聖人君子のまねをしたり、あるいはいいかげんに妥協してしまったりしたくなるんだ」と強調する。[8] 糸賀は自らの方針や取り組みに確信をもち、そのことを盾に正義をふりかざすような運動のやり方を自省しており、このような姿勢の背景を「煙仲間」情操に求めているのである。

このように、昭和三〇年代前後の障害者の社会保障を求める運動が立ち上がっていく時期に、糸賀の思想において木村や下村の影響が、障害者の社会保障を求めるソーシャルアクションのあり方をめぐる問題と出会っていくのである。それは、糸賀自身が「終戦直後のはげしい社会的現実が要請しているところにひきまわされて、むしろうわすべった社会事業家気どりを示していたのかもしれないのである」[9] と自省的に述べているように、自らに正義があると一方的に主張するといったやり方ではなく、関係者間において意見の違いのあることを認識しながら、ねばり強く運動を展開していくのである。その姿勢は前章で検討したヨーロッパ視察旅行においても、障害福祉の仕事は決して革命ではなく「長いそして静かな改革」であるという言葉に共鳴することによって確認されているのである。[10]

このような糸賀の姿勢は最晩年まで貫かれ、また地域福祉活動の場面においても強調される。最後の著書となった

『福祉の思想』の中では、最終の第八章の「地域福祉のなかで」において、「地域福祉における指導性は、陣頭におどり出て指揮をとるという勇ましい姿のなかにみられるよりも、むしろ、地下水のように浸透して根をうるおし、おのれの姿を見せないものでさえある。白鳥蘆花に入るということばにもあるように、白い蘆の花一面の畑に白鳥がはいってその姿を没してしまっても、蘆の花はそそぎはじめ活動するというのである」と、地域福祉活動のあり方を「地下水」に例えて提起している。「白鳥入蘆花」は、下村が『次郎物語』第三部の中で、『碧巌録』にある「白馬入蘆花」を改変して使用した造語である。下村は、集団や地域社会において、自ら表に躍り出ていくのではなく、全体の調和を目指しながら地域を構成する個々人を活かすように働くことの重要性を強調し、糸賀もその趣旨を引き継いで地域福祉における指導性のあり方として援用している。

ちなみに、糸賀の『福祉の思想』における第八章の最後の節は「社会福祉協議会」で締めくくられている。これは、一九六三（昭和三八）年に『月刊福祉』第四六巻第九号に掲載された「社協の地域活動に期待するもの」という論考がもととなっている。初出である『月刊福祉』への掲載時には、冒頭に「社協会長のこと」という一節があったが、『福祉の思想』では削除されている。糸賀はこの一節の中で、滋賀県社会福祉協議会の運営に関わってきた者としての自己批判として、滋賀県社会福祉協議会の会長が現職の県知事の兼務となったことを取り上げ、「こういうところに社会福祉活動の民主化といっても、なかなか育たない、往きつ戻りつの低迷性があるといってよかろう。（略）社協活動が市町村行政とは別に、住民のニードをとらえたり、それを育てて意識化させるような盛りあがりを自由に展開しようと思っていたことに、ちょっと水をさされたような格好になった[12]」と批判的に述べている。そして、「かつての大政翼賛会のような上意下達機関になってしまったりするのでは、どこかに間違いがあるということになるであろう」と、その組織化における自律性に基づく帰納的なあり方の重要性を指摘し、演繹的なあり方を批判している。ここには、戦時中、下村の思想に共鳴しつつも、行政官として翼賛体制を内部から担ったことの責任の自覚と反省もうかがえるのである。

## （二）精神薄弱者福祉法の制定と新たな課題

一九六〇（昭和三五）年の精神薄弱者福祉法の制定は、糸賀が関与した精神薄弱児育成会等による運動の一つの結実であるといえる。

すでに昭和二〇年代後半には、児童福祉施設における知的障害児者の年齢超過の問題と共に、いわゆる重度障害児の問題も表面化していた。児童福祉法による目的規定が「独立自活に必要な知識技能を与える」とされたことにより、将来的にも「独立自活」が期待出来ないとされた重度障害児が、知的障害児施設への入所を拒否されるという事態が各地で生じていたのである。

しかしこの間、施設入所を断られた家族における無理心中などが相次ぎ、重度障害児のための施設に対して国が責任を持つべきであるという気運が高まっていった。国立の知的障害児施設は、厚生省内においては一九四八年頃から課題認識があり、一九四九（昭和二四）年から一九五三（昭和二八）年まで予算要求を続けていたが実現されずにいたのである。そして、一九五六（昭和三一）年に中央児童福祉審議会が「精神薄弱児のうち、白痴児、身体的障害又は性格異常のある者については、それぞれ特別な保護指導を行う必要があるので、これらの児童を分類収容するため国立の施設を設置すること」と意見具申し、また精神薄弱児育成会の働きかけもあり、昭和三二年度予算要求が認められ実現することとなった。しかしながら、児童福祉法上の年齢超過後の課題は残されたままであり、さらに国立施設の設置により「社会生活に順応出来ないような重症児は入れていただけなくなり、他方、今まで全国各地の精薄児施設にやむなく収容保護されていた多数の重症児が国立施設に入れるべきものとして家庭に帰される姿も見られ（略）」[13]と事態は改善されるどころか、新たな問題を生む結果となっていた。

一九五八（昭和三三）年、厚生省は「精神薄弱者福祉対策要綱（案）」を作成し、非公式の懇談会を開いて学識経験者らに意見を聞いている。糸賀も懇談会のメンバーとなっているが、話し合いの結果による施設の体系を次のように示している。

（イ）精神薄弱者更生施設

主として職業的自立の可能な軽度の精神薄弱者を収容して職業訓練を行い、併せて社会適応性の付与につとめて社会復帰を図る。

（ロ）精神薄弱者収容授産施設

社会復帰の可能性は少ないが、適当な保護指導によってある程度技術的作業を習得しうる精神薄弱者を収容し、適当な種目の授産事業を行いつつ保護を加える。

（ハ）重度精神薄弱者保護施設

主として知能指数二五以下のいわゆる白痴級の者を収容して、長期間継続的に生活指導を行いつつ保護を加える。(14)

そして一九六〇（昭和三五）年、精神薄弱者福祉法（現 知的障害者福祉法）が制定され、精神薄弱者援護施設が実現していくことになる。しかし、財政上の裏付けの関係から実質的には、上記の施設体系の中では最も障害程度の軽い知的障害者を対象とした「精神薄弱更生施設(15)」にあたる「精神薄弱者援護施設」のみが規定され、やはり重度知的障害者の法的な対応は今後の課題とされる。これについては、立法を後押しした国会議員からも「最低以下だと思う」と不十分さが指摘されている。(16)

しかし、糸賀はこの法案に関連して、「（略）この法律に流れている根本思想の特色は、精神薄弱者の福祉を積極的に考慮しようということであつて、児童福祉法の進む方向をうけて立つたという点にある。単なる生活保護法ではない。単なる貧困対策でもない。そこに今後の展望があるといえよう(17)」と、一定の期待を示している。また、ようやく法制化された精神薄弱者援護施設は、当初は通知によって三年の収容年限が設定されていた。これは関係団体の抗議を受けて撤回されることになるが、糸賀が年限設定の撤回にこだわった形跡は認められない。つまり、糸賀にとっては、生涯を収容施設で保護することは必ずしも絶対的な要件ではなかったと考えられる。特に、精神薄弱者福祉法の制定と前後してヨーロッパを視察して以降は、施設の必要性と併せて、「単に施設に収容すればそれで問題が解決するという安易な考え方からは脱皮しなければならない」[18]と、明確に主張していくようになる。そして、現在も見られるような「軽度者は地域で仕事を、重度者は施設で手厚い保護を」といった発想ではなく、収容施設と地域における支援策の必要性が、障害の重さ軽さにかかわらない、普遍的な主張となって展開されていくのである。

## 第二節　重症心身障害児対策における収容施設の性格について

### （一）糸賀の「発達保障思想」と地域福祉に位置づけられる収容施設

昭和三〇年代の後半に入ってからは、糸賀のコロニー概念や構想にも、重要な変化が見られる。まず、社会福祉の専門職のあり方として、地域の組織化へ向けた役割が強調されるようになる。例えば、一九六一（昭和三六）年一一月に作成された、近江学園の「昭和三七年度申請内容の説明」において、「教育指導技術組織体系の研究」に「地域社会のコミュニティオーガニゼーションの研究」が入ってくるなど、施設の機能や職員のあり方に地域を意識したものが目だって含まれている。このような地域に向かう展開は、当時のコミュニティケアが強調され始めた状況からすれば当然のこととともいえるが、「昭和三六年度は近江学園にとってひとつの重大な転機であった」と述べられるように、「指導体制の変革」がなされ[19]、施設と地域が隔てられたものとしてではなく、ひと続きのものとして捉えられていく姿勢が明確になる。

そして、一九六三（昭和三八）年の重症心身障害児施設「びわこ学園」が設立される時期には、収容施設の役割や位置づけについての認識が、それまでのものとは根本的に異なる変化を遂げていることが明確になる。糸賀は、びわこ学園と島田療育園が、「『サリドマイド奇形児』の特別医療保護施設として指定された」との報道のなされ方に対して、「家庭的、社会的に困った問題の子どもを、親の愛情という美名のもとに、その生命を断ったり、断たないまでも『施設』に入れてしまうことが問題の解決だと考えているような考え方が、今日、大手を振ってまかり通っている（略）」と批判し、次のような問題提起をしている。[20]

収容施設の存在は、昔は、健全な社会を守るためにその必要性が強調されたものであったが、いまはそうではない。どんなひともその生命が尊重され、その天分が生かされるように、そのひとの価値が社会でおしみなく実現されるためにこそ、教育的にみて必要な場所であると考えられている。びわこ学園のような重症の心身障害児のための収容施設であってさえも、そこがその子の生涯のコロニーとなるといきなり予定されているのではない。むしろ、再び家庭やまたは次の段階として必要な施設に、社会復帰するということを目的としているのである。[21]

このように、重症心身障害児の場合も収容施設を最終的な問題解決の手段とは認識せず、あくまで一つの機能や拠点として考えている。そして、「社会効用論や投機的な考え方を脱却して」「生命の絶対的な尊厳をまもりながら、そのどんなわずかの天分でも活かしてい」くことを主張し、「現実のこの社会に無関係な生き方が追求されるというのでは決してない。どんな貧しい能力も、それが活かされる舞台は、このひとをとりまく社会であるし、それ以外には生きようがないのである」と強調している。また、能力的あるいは環境的な「欠陥」を受けとめ、「よりよい姿に伸びていくように」する「教育の場」が、「学校であり施設であり、もし必要であれば、そのひとたちを中心にした新しいコロニーの形成である。学校も、施設も、コロニーも、現実の社会から隔離された閉鎖的なものであるべきではない。社会の中にあって、社会のひとつのいとなみとして、社会との深いつながりにある」[22]と、重度の障害者を対象とした施設やコロニーについても、社会の中にあって、社会の機能の一つとして存在するという考えが明確に述べられている。

糸賀が、施設と社会との関係を強調したのには、一九六〇（昭和三五）年のヨーロッパ視察の際にデンマークやスウェーデン等において「オープンケア」（在宅ケア）が重視されていることを目の当たりにし、確信をもったことの影響も挙げられる。しかし、国内の状況に目を転じれば、重症心身障害児対策が国家施策として成立していく過程とも無関係ではなかったことがうかがえる。次項では、そのような視点のもとに、糸賀のびわこ学園設立に向けた取り組みを、東京で同じく重症心身障害児への取り組みを行っていた小林提樹や、小林が創設した島田療育園の設立経緯との比較を通じて検討してみたい。

## （二）日本赤十字産院における小林提樹の取り組みと島田療育園の創設

小林提樹は、一九〇八（明治四一）年に長野市で生まれ、旧制長野中学校から、慶応義塾大学医学部に進む。卒業後は、小児精神衛生相談主任となり、障害児の治療と相談にあたっている。一九四一（昭和一六）年に軍医として招集され、中国東北部や沖縄、台湾を経て敗戦を迎える。帰還後は、日本赤十字産院小児科医長（後に部長）となり、日赤乳児院創設と同時に乳児院長を兼務することとなった。そして、ここには常時二〇—二五人程度の障害児が入院していた。

一九五五（昭和三〇）年には、障害児の両親や家族を対象とした月例の相談会である「日赤両親の集い」を開始している[23]。これらの活動を通じて、重症心身障害児施設「島田療育園」や親による当事者団体である「全国重症心身障害児を守る会」の構想が胚胎していくのである。

そして一九六〇（昭和三五）年、重度障害児の父親で、遊技場の経営者であった島田伊三郎から寄付された土地に島田療育園を創設してその園長に就任する。当初、小林は園長に就任するつもりはなかったようである。しかし、重症心身障害児施設が制度創設の経緯で医療機関としての位置づけを持つこととなったため、施設長は医師でなければならず、自らが日赤産院を辞して就任せざるを得なかったようである。

小林は、重症心身障害児への対応について、「子供を育てるには、先ず医療があり、次に教育がある。或はこの両者を併用して効果をあげようとする。ところが、この何れもが匙を投げることがある。しかし、その時も私たちは失望しない。なお、そこには社会的な適切な手段が考えられるからである」[24]と、医療、教育の効果が期待できない子どものために「社会的な適切な手段」が必要であると提起している。そしてそれは、「欠陥をもちながら安全な生活場所をどこに得られるかという問題」[25]であった。小林は一貫して重症心身障害児を「不幸な子ども」と表現しているが、その存在価値については、「この子も国宝である」[26]と尊重する姿勢もみられる。そのため、「（略）社会生活が複雑であればある程、心身共にそれに対する適応性がなくてはならぬと感じます。（略）心身に障害のある子どもたちは、平時といえども戦時体制に生きているに等しいハンディキャップをもっているといえるようです。さればこそ、この子どもたちに長寿を望むのは困難でもあるわけで、この子どもたちの幸福を願うならば私たちの住む社会とはちがった社会を作ってやるのが最も望ましいということになりましょう」[27]と、安寧に暮らすことの出来る別世界が必要であると強調する。

しかし、小林の重症心身障害児に対する取り組みは、次の一文に表されているように、究極的にはいかにして家族が本人の死を迎えるかという、「死への開眼」に終結することとなる。

死んで惜しまれる場合とやれやれと重荷をおろした場合とを考えると、私たちは後者をとりたいと思います。惜しまれて、後に悲しみを残して死んでいくことは二重の不幸であり、それは天寿を全うしたとは言いがたいような気がします。親としての責任を果たして天寿を待つ境地に立った時、子供の死は悲しみの中にも満足感を覚えます。このところにいたるまでの私たちの努力だけが、私たちに残されたものであり、それ以上は天知るのみであると存じます。私たちの子供が万が一早逝することがあっても、私たちは責任を果たしたという点で満足できるようにありたいと念願いたします。[28]

小林が医師としてなした重症心身障害児にかかわる先駆的な取り組みに対しては、当然評価がなされるべきであおり、重症心身障害児施設の性格をめぐって両者の違いが明確になっていくのである。しかし、小林の障害者観や処遇観は、教育と福祉を起点とした糸賀や近江学園におけるそれとはかなり異なっている。

## (三) 重症心身障害児施設の創設とその処遇内容をめぐって

重症心身障害児施設への公的支出は、一九六一（昭和三六）年から東京の島田療育園に研究費補助が始まっている。翌年には、全国社会福祉協議会に重症心身障害児対策委員会が設置され、厚生省と東京都、滋賀県を巻き込んだ動きとなっていく。糸賀はこの動きを「この仕事をいつまでも研究の段階にとめおくのでなく、たとえ法律がないとしても、もう行政の軌道にのせるべきだと判断したのである。それは国の考え方としては大変な飛躍であったといえよう。それまでは社会復帰を前提とした施設以外に手をつけなかったのである。それに比して今回は、国が重症心身障害児の問題を契機として、はっきりとその前提条件をとりのぞいたことを意味するからである[29]」と評価している。

しかし、ここからの制度化に向けた具体的な協議の段階で表面化した両者の認識の相違が問題であった。島田療育園は日本赤十字産院に活動の源流があり、運営形態として「病院形式」が予定されている。それに対して、びわこ学園は精神薄弱児施設であり、教育機能を併設した近江学園を母胎としている。このような経緯から、対象は同じであっても背景にある考え方には大きな隔たりがあった。厚生省との協議の過程で、当時の黒木利克児童局長から、びわこ学園も「病院形式」の運営をとることを促され、「病院形式というより教育を中心としたいわゆる施設の考えかたをもっていたので、いささかとまどいを感じたが、しかし、これからの重症心身障害児対策を肢体不自由児のたんなる特殊分野に終わらせないという新しい課題をそこに展開することを考えて、児童局長の考えかたに暫定的な意味で同調することにした[30]」のである。

しかし、両者の隔たりは一足飛びに埋められるものではなかった。重症心身障害児施設に対して、「島田療育園では社会的重症という考えかたをふくみ、びわこ学園からは発達保障という考えかた」をもって臨んでおり、糸賀からすれば島田療育園の「社会的重症」という考え方は、受け入れがたいものであった。糸賀はこの経過から、「発達保障思想の中身として、つぎの点をはっきりさせることができた」と述べている。

（略）まず島田療育園の肢体不自由児対策からの出発にたいし、われわれが精神薄弱児対策から出発するという考えをふかめることによって、不治永患という考えかたを捨てたということである。肢体不自由児対策は整形外科手術によって回復し、社会復帰することによって相当な回転が考えられている。それにのれない脳性小児麻痺は不治永患として一応除外しなければならない。そういう思想系譜は重症心身障害児対策にとりくんだとき、軽視できない問題をはらんでくる。私たちは肢体不自由児対策が必要であり、その思想の大きさにふれればふれるほど、ここで重症児自体の側にたって問題をうけとめることが大切だと思うようになったのである。(31)

つまり、本来の病院機能の範疇において、医療的に治療不可能な「不治永患」、そして社会復帰不可能な重症心身障害児を、除外する必要から島田療育園は誕生している。それに対して近江学園では、「発達保障」思想に見られるように、生涯を通じて段階を上っていく「縦の発達」だけでなく、感情や情緒面を含む「生活世界」の拡がりを意味する「横の発達」の道筋を見出し、そのことを支持する機能の一つとして重症心身障害児が構想されているのである。重症心身障害児は一般に言われるような発達の段階を上っていくことには限界があるかも知れないが、それぞれの段階で「横」に生活世界の拡がりがあるとみたのである。そのため、びわこ学園においては、重症心身障害児は「不治永患」ではなく療育の対象である。糸賀からすれば、いかにして家族が納得する死を迎えるのかという消極的な側面が受け入れられなかったのであろう。慎重に言葉を選び、一面では理解を示しながらも、次のように批判している。

即ち、当時は病院で重症なこどもが死ぬことは、家庭でほどこすすべなく死んでいったばあいの両親の嘆き悲しみにくらべれば、その子が病院で死んだことは、家族の安心と幸せにつながる。病院とはそういうところなのだという、つまり親のすくいのために重症心身障害児施設は役割を果たさなければならないということがいわれていた。あるいは社会的重症というのがあって、その地方の対策が未熟であるときに、必要性が高くなるようなことが考えられなければならないということもいわれた。そういうこどもが重症心身障害児施設に入ってくることが、じつは従事者にとって救いであり、従事者の心をゆたかに、あかるくしてくれ、救われるのであるともいわれた。われわれはその事実をみとめながら、しかしそういう考えかたにたいして、こどもの側にたって立向った。そういう考えは分類処遇をくずすこと、したがって正しい関係づけを意図する根拠がなくなること、さらには飼い殺し思想につらなって、リハビリテイションは死への転機しかないということになること、しかもそれによって親のセラピー、それも安心とあきらめへのセラピーをもたらそうという、それが果たして重症児対策といわれていいものかどうかということを問題としたのである。われわれもふくめて、すべての人の心に一度は飼い殺し思想が宿る。そういうものであるから、この対決は施設をつくる以上に大切なものとしてうけとめたのである。そして、この重症児が普通児と同じ発達のみちを通るということ、どんなにわずかでもその質的転換期の間でゆたかさをつくるのだということ、治療や指導はそれへの働きかけであり、それの評価が指導者との間に発達的共感をよびおこすのであり、それが源泉となって次の指導技術が生みだされてくるのだ。そしてそういう関係が、問題を特殊たらしめず、社会の中につながりをつよめていく契機になるのだということ。そこからすべての人の発達保障の思想は基盤と方法が生まれてくるのだということをつかんだのである[32]。

小林は戦前から障害児の外来相談に取り組み、糸賀もまた一九五八（昭和三三）年から「大津市乳幼児検診」の活動に、近江学園として参画している。しかし、糸賀はこの取り組みを通じて、「地域に生まれてくる子どもたちの心身の発達をつねに見まもり、親を含めたその環境を調整し、発達を保障するための施設を用意することである。このような発達保障の体系のなかでは、欠陥児対策が、何か特別な慈善的ないとなみでないということが、きわめてはっきりとしたこととして、うかびあがってくる」と、子どもの「発達保障」の側面からアプローチすることの必要性を訴えるようになる。そのことを通じて、福祉施設には「社会公共のものとして、その使命が自覚されているのである」

という。そして、「社会福祉施設の事業は、一般の地域福祉活動の一環として、はじめて正しい位置づけをもつといえましょう。施設に送りこめば、それで問題が解決したというのでなく、むしろ『施設は必要なときに必要な手を』のひとつの手に過ぎないのです。（略）地域福祉活動が広汎に、そしてきめ細かに展開することが前提です(33)」と、在宅から施設をひと続きのものとして包括的に捉え、地域福祉活動の中に位置づけようとしている。

## 第三節　国立コロニー建設への関与

糸賀の地域福祉論を検討するにあたって、コロニーをめぐる議論は避けて通れない事項である。なぜなら、現在からみればコロニーは地域社会から隔絶された実態があり、また障害者の地域生活を阻害する象徴的な存在と見られている。そして、ここまで見てきたように、糸賀自身が隔離的な収容施設のあり方には批判的であった。それにもかかわらず、糸賀は国立コロニーの建設にあたって、推進する立場をとっているのであり、その背景や意味を読み解いていく必要がある。

ところで、戦後から昭和三〇年代半ばまでの経過を見てみると、施策を要求する側からも、施策をする厚生省の側からも、数年後に建設され今日一般的にいうところの総合的かつ大規模なコロニーの必要性が提起されているようには見受けられない。また、糸賀もこの時期にヨーロッパ視察旅行を通して、このような大規模施設によって現状の解決を図ることについては懐疑的であった。さらに、国際的な状況に目を移せば、一九六二（昭和三七）年二月五日のアメリカ大統領ケネディによる「精神病及び精神遅滞に関する教書」等によって、大規模収容施設に対する厳しい批判が向けられていたし、イギリスをはじめヨーロッパにおいてもコミュニティケアが強調されていた。

一九六三（昭和三八）年、水上勉は『中央公論』六月号に「拝啓池田総理大臣殿」という一文を掲載し、心身障害児対策の不十分さを訴える。池田勇人内閣総理大臣は自ら水上に返答することはなく、黒金泰美官房長官が代わって返答しているが、両者の議論がかみ合うことはなかった。しかし、それまで知られることすら少なかった重度知的障害者や重症心身障害児の問題が、公にされたという点においては大きな意味があったといえるだろう。これを契機として、関係団体の一般社会への呼びかけや政府に対する要望や陳情はより一層の高まりを見せていくのである。

また、政府においても経済面に偏った進展に伴う「ひずみ」の指摘を受け、「社会開発」が要請されるようになってきた。これらの経緯については、国立コロニーのぞみの園・田中資料センターが編纂した『わが国精神薄弱施設体系の形成過程』（一九八二、心身障害者福祉協会）に詳しいが、あらためて昭和三〇年代後半から昭和四〇年前後にかけての動向を確認しておきたい。

まず、一九六三（昭和三八）年一月一四日、経済審議会によって出された「経済発展における人的能力開発の課題と対策」には、「労働、生活環境等の改善」として「社会保障の充実」がうたわれ、「体位と健康についての対策」「老齢者対策」「児童青少年対策」「最低生活保障と低所得者対策」に並んで「心身障害者対策」が挙げられている。その特徴は、「身体障害者を職業につけ、その社会復帰を促進する」ために、「リハビリテーションの強力な推進」が強調されているところにある。そして、「身体障害者対策とあわせて精神障害者、なかんずく精神薄弱者の訓練施設の整備充実をはかり、その社会的適応性を高めることによって、社会経済活動への参加を促進することが必要であろう[34]」と、障害者の「労働力を活用する」ことに重点が置かれている。

次に、翌一九六四（昭和三九）年七月三一日、厚生省による「厚生行政の課題」においても、「若年労働力需要のひっぱく」に対応する一環として、「身体障害者の能力の再開発を図つて、社会復帰を促進することは、本人の福祉向上のためはもとより、経済社会の発展という観点からも必要であるので、精神薄弱者援護施設、身体障害者更生援護施設、肢体不自由児施設、精神薄弱児施設などの諸施設の計画的な整備を図るとともに、これら施設における専門職員の養成確保に務める」と掲げられた。それに加えて、「社会復帰を期待しがたい重症ないし重度の心身障害者（児童を含む）に対しても、収容保護施設の整備を進める」[35]と、リハビリテーションに加えて、「収容保護施設」の必要性が示されている。

ただ、精神薄弱者福祉法の成立過程でも見たように、社会効用的な観点からでなければ制度化がなされないという状況には変わりなかった。当時の児童家庭局長であった黒木利克は、一九六四（昭和三九）年六月二五日の参議院社会労働委員会において、社会党の藤原道子[36]参議院議員の「この子供たちのために終生安んじて送れるようなコロニーの施設」を国の責任で設置してはどうかという質問に対して、「政府でも親の会と協力をいたしまして、イギリスでやっておりますような任意保険、生命保険の活用、それから精薄財団と申しますか、親が生前何らかの拠金をしておきまして、親が死亡した場合に、それを専門機関に預けて精薄児の将来の問題をみていくというようなやり方、それと、お説のように、西ドイツでやっておりますような精薄者の村をつくって、そこでお互いが自活していくというようなやり方、それが親の会とも協力をいたしまして検討いたしておりますが、特にコロニーの問題では、親の会のほうで関東に一つの試みをしようというので、厚生省としても積極的に御援助申し上げておりますが、最近ではまた九州地区でそういうような計画もぼつぼつ検討されておるようでありますから、厚生省としても積極的に応援してまいりたいと思います。ただ、国が直接やるというようなことには、なかなか財政当局の了解も得られにくいと思いますので、やはり精薄児を持った親の人たちの協力を前提にいたしまして、納税者の御協力を仰いで国から助成をするというような行き方でやろうということで、いろいろいま検討している最中でございます」と、答弁している。また黒木は、「障害児を生産と結びつけて軽度のものには生産に参加させることによって、重度のものを養うなどいわゆるコロニー」[37]と表現している。つまり、コロニーの設立は障害者の親によってなされ、コロニー内での「自給自足」や入所者の「互助」によって運営されることが想定されており、国が率先して財政支出を行い、コロニーを設置・運営するという発想は見られない。

政府が「障害者の村『コロニー』」を施策として掲げていく直接的なきっかけを作ったのは、当時ラジオ東京（現

TBS）の番組でパーソナリティーを担当していた秋山ちえ子である。秋山は、かつて西ドイツのベーテルを訪問したことがあり、また海外と比べて日本の福祉が遅れていることを痛切に感じていたことから、日本にも重度障害者のコロニーが必要であると考えていたようである。秋山は、当時の橋本登美三郎内閣官房長官（佐藤内閣）夫人と旧知であり、橋本官房長官夫人を通じて佐藤寛子総理大臣夫人、山下春江参議院議員らと島田療育園を訪問している。このような秋山の行動を通じて、橋本官房長官、佐藤総理大臣らが、政府の責任としてコロニー構想を掲げるようになった(38)。

そして、一九六五（昭和四〇）年七月二三日、内閣総理大臣の諮問機関として設置されていた「社会開発懇談会」による「社会開発懇談会中間報告」において、「心身障害者のリハビリテーション」が、「労働力のひっぱく」への対応としての「人間能力の開発という点」から取り上げられた。その中で、「一般社会で生活していくことの困難な精神薄弱者については、児童を含めて、環境のよい土地にコロニーを建設し、能力に応じて生産活動に従事させることが必要である。そのためには国有地・公有地を優先的にまわすなど土地の確保をはかるべきである(39)」と「コロニー」の建設が提案された。

厚生省は、この流れに乗って「心身障害者の村（コロニー）懇談会」を設け、具体的な建設に向けての合意形成をはかっていく。懇談会では、「コロニーとは何か」というその定義をめぐる論議が交わされ、その過程を通して「コロニー」とは大規模・総合施設であるとの共通イメージが形成されていったのである。ただ、この時期、厚生省の行政官がヨーロッパの障害者施設を視察しており、すでに日本に持ち込めるモデルを検討しており、懇談会の議論を待つまでもなく省内ではすでにその構想が固まっていた(40)。

「コロニー懇談会」における議論の経過を、最終意見書に至る経緯をたどりながら見ていこう。まず、一九六五（昭和四〇）年一一月二六日厚生省による「いわゆるコロニー設置についての意見」が提出された。この前文では、「これらの施設は、その絶対数が不足しているばかりでなく、収容される者の独立自立という点に重点がおかれていたため、重度の障害者を長期にわたって収容介護する施設に乏しく、また、各施設相互の有機性にかけるなどその関連づけが必ずしも行われていない。最近、重症心身障害児に対する施策の拡充が強く叫ばれ、その一つとしてコロニー設置の必要性が論議されているが、コロニーというものの特性を、長期収容を目的とする施設の総合体と考えた場合、上記の点をも考慮して、重症心身障害者、障害の程度が固定した者等を中心とした生活共同体として総合施設を設置する必要がある[41]」と、国立コロニー設置の趣旨が述べられている。その要点は、一点目に重度障害者の長期収容施設を可能とする施設が不足していることを補うこと、二点目には施設種別が多様になりつつあり、総合施設の形態をとることにより施設種別間の相互移行を容易にすることである。これらを鑑みると、その規模は「三〇〇〜五〇〇名が望ましいという意見もあるが、かりに一、五〇〇名程度の規模を予定し、医療、教育、職能訓練、授産、共同利用の施設、その他職員養成所、職員住宅棟を設置する[42]（略）」と構想されていた。

この厚生省案をもとにした「葛西試案」が作成され、葛西嘉資、牧賢一、三木安正、仲野好雄の四名の委員による起草委員会による検討を経て最終意見がまとめられていった。その結果、趣旨として「重症心身障害者、障害の程度が固定した者等を長期収容し、あるいは居住させて、そこで社会生活を営ましめる生活共同体としての総合施策であり、かつ、常に一般社会との有機的な関連の中で育成されるべきものである」という一文が加えられるとともに、その規模については「一単位三〇〇〜五〇〇名とし、数単位をもって一コロニーを構成する。従って、コロニーの一応の規模としては、一五〇〇名〜二〇〇〇名程度」のものとなる。この修正により、コロニーの性格は、生涯の生活の場であることがより強調され、その集合体としての「障害者の村」がより強くイメージされている。

この懇談会において糸賀がどのような発言を行ったのかは不明であるが、最終意見書の内容はそれまでの糸賀のコロニーに対する考えとは大きな相違が見られる。しかしながら、一九六七（昭和四二）年四月一日の『厚生』第二十二巻第四号には、「重症心身障害児の療育やコロニーの建設が、従来の施策に見られた体系的整備の名のもとに、いわば対象を対策から切りおとしてしまったやり方の根本的な反省の上に立っているとすれば、それこそわが国の福祉施策が一歩や二歩前進したというのでなく、質的な転換を経験したことと解されるのである。私は昭和三十八年七月二十六日、厚生省事務次官通知によって重症心身障害児の療育体系がはじめて国家責任として打ち出されたときと、国立コロニー懇談会が打ち出したコロニーの理論を、その意味で高く評価したい[43]」と述べている。また、「当分の間、暫定的運営の面であらゆる重症心身障害児を施策の対象にするということであれば、それを基本的な姿にまで結実させなければならない。なぜならば重症心身障害児対策は、その基本的な精神を『ひとりも落ちこぼれたり切りすてられる者がない』ことにおき、具体的な施策を専門的、体系的に分化させることでなければならないからである[44]」と、全ての重症心身障害児がその施策の対象となることを重視している。つまり、このような楽観的すぎるともとれる評価の背景には、それまで制度から除外されていた重症心身障害児を制度の対象に含めることにより、より重度障害者や重症心身障害児への施策の浸透をはかるねらいがあったと推測される。しかし、国立コロニー建設をめぐる動きは、政治の主導によってもたらされたものであり、その推進については糸賀のような実践家が単独で抗しうるものでもなかったとも考えられる。

この後、国立コロニーに関する論議は「国立コロニー建設推進懇談会」に、その場を移していく。糸賀は「国立心身障害者コロニー基本計画（試案）」の基本目標について「また『障害者は終生居住し、……』とあるところを、順序を逆にして、『障害者は一般社会に復帰することができるが、必要に応じて終生居住も考えられる』というふうにしたらどうか[45]」という収容施設の位置づけや性格に関わる点を指摘している。しかし、最終案としてまとめられた「国立心身障害者コロニー設置計画」では、「障害者は一般社会に復帰することもできるが長期間生活することが通例でありさらに必要に応じて終生居住することもできる[46]」とされており、糸賀の意図は取り入れながらも後退をさせられている。

糸賀の発言や提案からは、抗しきれない政治の流れに対して、それを活かしながらも方向修正を促したり、押し返したりしようとしたことがうかがえる。そして、この直後に「重症児の生産性」という考え方を提起していく。

## 第四節　木村素衛の「表現的生命」と糸賀の「重症児の生産性」

### （一）「社会変革」の主体としての重症心身障害児と「重症児の生産性」概念

糸賀は「生産教育」を、知的障害者自身による新しい社会づくりとして重視していたが、それは職業を通じて一般社会につながっていくことのできる障害者に限られていた。しかし、糸賀の最晩年には「重症児の生産性」という概念が導き出されており、重症心身障害児についても生産性を認め、「生産教育」の必要性を主張するようになる。このような転換が明確に表れてくるのは、一九六六（昭和四一）年頃のことであり、これはびわこ学園の実践を経て、第二びわこ学園が増設された時期にあたる。まず、「重症児の生産性」についてふれた最も初期のものを見ておきたい。

「人間」という抽象的な概念でなく、「この子」という生きた生命、個性のある子の生きる姿のなかに、共感や共鳴を感ずるようになるのです。ちょっと見れば生ける屍のようだとも思える重症心身障害の子が、ただ無為に生きているのではなく、生き抜こうとする必死の意欲をもち、自分なりの精一ぱいの努力を注いで生活していると いう事実を知るに及んで、私たちは、いままでその子の生活の奥底を見ることのできなかった自分たちを恥ずかしく思うのでした。重症な障害はこの子たちばかりではなく、この事実を見ることのできなかった私たちの眼が重症であったのです。(47)

かつて糸賀は、「新しい社会づくり」は、社会で働く、あるいはものづくりとしての生産活動に携わる知的障害児者自身によってなされることを主張していた。生産を通じて「立派に社会で活躍」することがその前提であったのである。(48)重度知的障害者や重症心身障害児への取り組みは、それを間接的に後押しする位置づけであった。しかし、この時期になると、重度知的障害者や重症心身障害児が社会変革の直接の主体として前面に出ている。

同時に、社会一般で共通のイメージを持ち始めたコロニーに対して警鐘を鳴らすとともに、糸賀のコロニーは地域福祉活動における位置づけを持つものとして構想されていく。それは、以下に引用するように、「保護」という名の「飼い殺し」に対する警鐘であり、それを押し返すように「重症児の生産性」概念が形成されはじめる。

> 重いものには保護をといっても、私たちは保護という名の飼い殺しを願っているのではありません。もしそうであるならば、保護という名を返上したいものです。重い障害をもっている人たちを中心にしたコロニーが必要だからといっても、そのコロニーが世間から隔離されたもので、そこに生涯を安のんに暮らせれば本人も幸福であろうし、健全な社会にとっても損害が少なくてすむといった考え方でコロニーがつくられるとすれば、それはもう一度根本から考えなおしてみる必要があると思うのです。（略）コロニーが終着駅であったり、墓場であったりするのではなくて、それは始発駅でもあり、人間の育ちという長いいとなみのなかで、必要なときに与えられる必要な手のひとつであればよいわけです。（略）この子らが不幸なものとして世の片隅、山峡の谷間に日の目も見ずに放置されてきたことを訴えるばかりではいけない。この子らはどんなに重い障害をもっていても、かけがえのない生命をもっていて、かけがえのない個性的な自己実現をしているものです。人間とうまれて人間となっていくのです。その自己実現こそが創造であり、生産であるのです。私たちのねがいは、重症な障害をもったこの子たちも立派な生産者であるということを認めあえる社会をつくろうということです。（略）しかもこの子たちが自己実現という生産活動をしているというのは、じつは二重の意味をもっているのです。重症の心身障害という限界状態におかれているこの子らの努力の姿をみて、かつて私たちの社会功利主義的な考え方が反省させられたように、心身障害をもつすべてのひとたちの生産的生活がそこにあるというそのことによって、社会が開眼され、思想の変革までが生産されようとしているということです。[49]

第八章で検討したように、昭和三〇年代半ば頃までの糸賀は、重度知的障害児や重症心身障害児への取り組みを通じて直接支援にあたるものが影響され、実践のあり方に変化が生じるという主張を展開していた。しかし、ここではそこからさらに進んで、重症児を直接に社会に影響を与えられる主体として位置づけることが意図されている。

それでは、糸賀がいう「重症児の生産性」や重症児に対する「生産教育」とは何を意味するのか、上記の主張に見られるように自己実現を如何にして社会的な関わりをもつ生産活動と位置づけたのだろうか。

## （二）木村素衛の「表現的生命」と糸賀の「重症心身障害児の生産性」

結論を先どりすれば、糸賀は木村の「表現的生命」という概念を援用して「重症児の生産性」を導き出しており、その目的は重症児を特殊から普遍へ包越する試みであった[50]。まずは、木村の「表現愛」について見てみよう。

木村は、糸賀が出会った当時、京都帝国大学文学部哲学科教育哲学講座の担当者であったが、本来の専門は教育哲学ではなかった。教育学講座を担当するにあたって、自らの「表現愛」を起点としながら教育哲学を構築していったのである。木村の「表現愛」については、一九三九（昭和一四）年に出版した『表現愛』（岩波書店）にまとめられており、ここに木村の「表現愛」の到達点があると思われる。

木村は、「人間の本質はそれの自覚的表現性にある」として、「尤もここで表現と云ふのは、言葉を以てする単なる言表に限られるのではなく、総じて何等かの意味に於て外界に働きかけ外界に於て何等かの意味あるものを形成することを意味する。（略）このものの構造を明らかにすると云ふことは、とりもなほさず人間存在の具体的構造を明らかにすると云ふことに他ならないであらう[51]」と、述べている。木村は表現における「内」と「外」を関連させてさらに「外」とは「内」によって形を与えられていくものとして捉えている。そのため、「内」から「外」に働きかける場合の外界の本質規定は「素材性」であるとし、それは「二重の性格に於て形成的主体の環境を形作る」としている。木村はそれを、芸術、とりわけミケランジェロの彫刻を例に挙げ、その制作過程に例えている。「二重の性格」とは、まず「素材が素材であると云ふことは、このものに於て実現されるべき形が未だそこに現れてゐないがためであって、従てこの点に於て素材は形成作用に対する障碍者でなければならない」しかし、「作ると云ふことは、そこに見られるべくして見られてゐない姿を現はに見る為めに、主体がその障碍を克服し排除して行くことに他ならない(52)」のである。ここでいう「障碍」とは、ドイツ語の「anstoß」の訳であり、衝突や摩擦を意味している。

つまり、「内」から「外」に向かって表現しようとする時、素材である「外」はあり得べき「形相」を整えてはいない。そういう意味において障碍として現れるのである。次に、「内」からの「障碍を克服し遮りを破る(53)」働きかけによって、「この否定者に於て却て形相を実在化する」、言い換えれば「素材は却て形相の実在的支持者としてその積極的意味を顕してくる」のである。さらに、「外」とは「二重の性格」における素材にとどまらず、「常に主体に語りかけるところのもの(54)」でもある。なぜなら、「歴史が人間の表現的生命過程であるなら、外とは歴史的環境」に他ならず、「外とは作られたものとして見出される世界」だからである。そこでは、「内」と「外」とはお互いに作り作られる関係である。木村はこのような「外」のあり方を、「表現的意志に語りかけて来る表現的環境」と呼んでいる。

糸賀は、木村の「表現愛」の構造を受け取って、障害児者と自ら、あるいは一般社会との関係に適用しようとしている。

生命はすべて表現的生命、自分自身を表現していくところの命なのです。いいかえますと自己実現が可能な命の姿をすべてが持っているわけで、これは重症であってもなくてもみんな一緒なのです。自己を実現するとか、自己を表現するとかいう表現的生命は、すなわち自分の外にあるものを自分の内なるものの表現の材料にするということであります。いつでも自分の外のものを、環境を、自分というものを表現し、自分というものを実現するための素材にしていくことです。しかし、ただ外なるもの、親や、兄弟や、先生や、保母が単なる外のものとして、自己実現の素材であるだけかといえばそうではありません。素材であるように見える一面があると同時に、外なる親や、兄弟や、先生や、その重症心身障害児をめぐる人びとは、歴史的、社会的な外なるものとして、その子どもに抵抗を加えるわけなのです。この抵抗と内なるものが自分を実現しようとすることとの共なる戦いということ、共に生きていく姿というものが自己実現というものではないでしょうか。ここに障害者と周囲の環境との共同作業があるわけです。[55]

これは、糸賀が最終的に到達した重症心身障害児の療育に対する考え方の背骨をなしており、「このことが療育の現実でありまして、また本質的構造なのであります。この構造に私たちが気づかされたときには障害者も含め、健康な人も含め、全ての人びとの発達が保障されなければならないという思想で、それは全部同じ地盤の上に立つものになっていくわけなのです。障害者だけの特別なものではないという、ここに正当なものが位置づけられてくるわけです。この一般性というか普遍性というものがないかぎり、特殊教育とか、あるいは重症心身障害児の療育対策は決して実を結ばないと思います」と主張する。

そしてこの考えを発展させて、「（略）重症の心身障害児たちは、実は生産社会に生産人として復帰することはできないでしょうが、人間と生まれて人間となるという自己実現をするということは、内と外との関係においてその人間の生産性を認めることに他ならないということです。芸術品につきましても、その作品は見ることにおいて生産されているのです。この重症な子どもたちを認める人びとが親であり、先生であり、社会であるときに、この子どもたちは外からの環境から眺める姿の中に自己を表現していきます。自己実現を試みているこの生産性を私たちは否定することはできません」と、「重症児の生産性」が導き出されてくるのである。同様に、「生産教育」についても、それまで実際に物を生み出すことを前提としたものであったが、「生産教育というものは、そういうような生産が支えられる世界をつくっていくことだと思います」[56]と、捉え直されているのである。

なお、糸賀が「重症児の生産性」や「療育」について語る際には、「限界状況」という概念が多用されている。これは、カール・ヤスパース（Karl Theodor Jaspers: 1883–1969）の基本概念を意識したものと思われる。[57]たとえば、「（略）満一歳というものが一生涯続くかもしれない重症な心身障害児の世界、ぎりぎりの限界状況におかれている者を守っている親や先生や医者や看護婦が、この限界状況の中で物事の本質に気づかされたということになります。（略）療育という限界状況に到達したときに、さらにもっと内容的なことを教わることになったことを申し上げたいのです」[58]と、述べている箇所である。つまり、ぎりぎりの「限界状況」の中に生きる重症心身障害児と向き合うことによって、「この子たちの存在そのものが、自分自身との対決にまで私たちを立ち向かわせるということに外ならない」[59]と言うのである。本章では、木村素衛の論考との関連について述べたが、このように糸賀の思想にはさらに多くの人物からの影響が見られ、多角的な視点から検討していく課題が残されている。

以上のように糸賀の地域福祉論は、従来言われていたような「乳幼児検診」の活動よりも、重症心身障害児施設やコロニーのあり方に対する危惧から展開されたと解する方が理解しやすい。それゆえ、「重症児の生産性」に見られるような理念としての高さに比して、収容施設に頼らない支援のあり方については未発であり、具体性を欠いている点も指摘しなければならない。

現在、大規模複合施設を意味するコロニーは、全国に二〇カ所設置されていると言われる。しかし、その中に、糸賀が手がけたコロニーが含まれることはない[60]。すなわち、コロニーとは複合的な大規模施設のこととして定着して今日に至っている。また、これらのコロニーは外部との交流は皆無ではないものの、設立当初に目論まれたように地域社会の中にとけ込んでいったり、完全に一つの「村」や「地域社会」として成熟することもなかった。

一方糸賀は、最晩年に近江学園とその関連施設を核にしたコロニーを構想し、実現に向けて県との交渉にあたっている。岡崎英彦によれば、「近江学園、一麦寮、落穂寮、あざみ寮を通じて、扇の要のような働きをする場を建設し、大津における乳幼児検診を県下にも広げ、その結果とも関連させて、ライフサイクルを通して、精神薄弱児者の療育を、地域の住民との関わりにおいて展開しようという考え方がうかがえる」[61]という。

糸賀は、近江学園を中心として、障害者の生涯にわたる生活支援システムの構築を描いていた。しかし、戦後二〇年が経ち、学園内にはかつてのような同志的結束は薄れていた。関連する施設にも労働組合が結成されて、職員処遇の向上をめぐって毎年の労使交渉にも苦労するようになっていたのである。それでも、一九六六年頃には県レベルでは近江学園の移転の方針が決定されていたようであるが、「職員の待遇改善問題や人事問題と絡んで移転についての園内論議が紛糾し、職員間に合意がえられなかった」[62]と言われている。結局、滋賀県庁勤務以来、二十数年に及ぶ激務の連続は、もともと丈夫でない糸賀の体を蝕んでおり、構想を具現化させるだけの余力も時間も残されていなかったのである。

---

（1）清水寛『「発達保障」思想の形成』（一九八一、青木書店）一六五頁。
（2）池田敬正・池本美和子『日本福祉史講義』（二〇〇二、高菅出版）二四五頁。
（3）小田兼三『コミュニティケアの社会福祉学』（二〇〇二、勁草書房）一〇一頁。
（4）糸賀一雄「重症心身障害児の対策」『医療と福祉』第二巻第七号（昭和四〇年七月一五日）［『糸賀一雄著作集Ⅲ』（一九八三、日本放送出版協会）二五三頁］
（5）ただし、これらの人脈を頼ったアクションがなされなかったわけではない。例えば、びわこ学園に対する公的保障を求める過程では、近藤壌太郎や原文兵衛らの滋賀県庁時代の人脈を頼った中央への働きかけも行っている。糸賀一雄「重症心身障害児対策のとりくみ」『近江学園年報　第一一号』（一九六五、近江学園）四〇八―四〇九頁。
（6）「学園日誌」『近江学園年報　第七号』（一九五五、近江学園）一八七頁を参照した。
（7）糸賀一雄「展示会の反省点」（一九五四、未発表原稿）［『糸賀一雄著作集Ⅱ』（一九八二、日本放送出版協会）三二一頁］
（8）下村湖人「次郎物語」『新風土』第六巻第一〇号（一九四三、小山書店）四八―五一頁。この章は、『新風土』への連載時には「五、課題をめぐりて」であったが、単行本の発行に際して、「第七章　心境の問題」と改編されている。
（9）糸賀一雄「序文」『近江学園年報　第八号』（一九五八、近江学園）

(10) 糸賀は、Mr.Conrad の障害福祉の仕事は、「長いそして静かな evolution（改革）で、決して revolution（革命）ではない」という姿勢に共鳴し、「日本の国もこの一点は深く学ばねばならぬことだろう」と述べている（糸賀一雄『ヨーロッパ便り』（一九六九、糸賀房自費出版）三七頁）。
(11) 糸賀一雄『福祉の思想』（一九六八、日本放送出版協会）二三三頁。
(12) 糸賀一雄「社協の地域活動に期待するもの」『月刊福祉』第四六巻第九号（一九六三、全国社会福祉協議会）一二頁。
(13) 「精神薄弱者対策の発展」『手をつなぐ親たち』第六八号（一九六一、全日本精神薄弱者育成会）三七頁。
(14) 糸賀一雄「成人の精神薄弱者対策」『愛護』一五・一六合併号（一九五八、日本精神薄弱者愛護協会）一―三頁。
(15) 「精神薄弱者更生施設」は、前出の「精神薄弱者福祉対策要綱（案）」にもあるように、当初は比較的軽度の障害者を対象にしたものであったが、後に比較的重度者を対象とした施設に転換していく。
(16) 山下春江「推進者として喜びとお願いとを」『手をつなぐ親たち』第五一号（一九六〇、精神薄弱児育成会）三頁。
(17) 糸賀一雄「成人精薄者の対策――精神薄弱者福祉法案に関連して」『愛護』第二九号（一九六〇、精神薄弱者愛護協会）四頁。
(18) 糸賀一雄「精神薄弱対策の方向性――創立十周年記念全国大会講演」『手をつなぐ親たち』第七〇号（一九六二、全日本精神薄弱者育成会）一二頁。
(19) この点については、清水による先行研究が、特に重要な転換点であったことを指摘している。
(20) 糸賀一雄「発達の保障」『教育時報』第一四巻第六号（一九六二、滋賀県教育委員会）〔『糸賀一雄著作集Ⅲ』（一九八三、日本放送出版協会）二四七―二四八頁〕
(21) 同右、二四八頁。
(22) 前掲、糸賀「発達の保障」二四九頁。
(23) この会を母胎にしながら、一九六四（昭和三九）年に「全国重症心身障害児を守る会」が結成される。また、小林が発行していた会報『日赤両親の集い』は、『両親の集い』に改称され、全国重症心身障害児を守る会の会報に引き継がれている。
(24) 小林提樹「両親の集い」『両親の集い』第一三号（一九五七、日赤両親の集い）一頁。
(25) 小林提樹「真実を知っても動じない心構え」『両親の集い』第二六号（一九五八、日赤両親の集い）一二頁。

(26) 小林提樹「自戒の言葉――この子も国宝である」『両親の集い』第一九号（一九五七、日赤両親の集い）二頁。
(27) 小林提樹「卒業して二十五年」『両親の集い』第五二号（一九六〇、日赤両親の集い）三頁。
(28) 小林提樹「ただ秋風の吹くばかり」『両親の集い』第四六号（一九五九、日赤両親の集い）三頁。
(29) 前掲、糸賀『福祉の思想』一六八頁。
(30) 同右、一六八―一六九頁。
(31) 同右、一七〇―一七一頁。
(32) 同右、一七一―一七二頁。
(33) 糸賀一雄「社会事業の現状と希望」『せせらぎ』特別号（一九六五、滋賀県立大津高等学校青少年赤十字）［『糸賀一雄著作集Ⅲ』（一九八三、日本放送出版協会）三二〇―三二一頁］
(34) 国立コロニーのぞみの園・田中資料センター編『わが国精神薄弱施設体系の形成過程』（一九八二、国立コロニーのぞみの園・田中資料センター）二八二―二八三頁。
(35) 同右、二八五―二八六頁。
(36) 藤原道子は、売春防止法の制定にも関与しており、「精神薄弱者に対してはコロニー的なものが必要である。これがなければ売春問題の解決はできないくらいに考えておる」（昭和三六年二月二一日、参議院法務委員会）と、売春防止の観点からもコロニーの必要性を唱えている。
(37) 黒木利克「精神薄弱者愛護月間に寄せて」『手をつなぐ親たち』第一〇二号（一九六四、全日本精神薄弱者育成会）六頁。
(38) 前掲、国立コロニーのぞみの園・田中資料センター編『わが国精神薄弱施設体系の形成過程』一四六―一五五頁を参照した。
(39) 同右、二九一―二九二頁。
(40) 厚生省は、一九六六（昭和四一）年四月にヨーロッパに、七月にはアメリカに職員派遣している。参議院社会労働委員会に政府委員として出席した竹下精紀（厚生省児童家庭局長）は「外国につきましては、西ドイツにございまする『ベーテルの家』というのがございまして、これは非常に規模が大きうございますが、約八千名程度の心身障害児、あるいは者、また、そのほかに非行の少年等を収容しております。ここに二週間ほど行ってもらったわけでありますが、そのほかはスウェーデンの国立の重度の精神薄弱児の施設、それから、また、オランダにおきましては授産所がございますので、そういった授産所を数カ所見て回っております。大体ヨーロッパのほうはそういうことでございましたが、アメリカのほうではウィスコンシン・コロニーというのがございまして、そこを主体に見学していただくというふうに考えております」と答弁している。また、一九七〇（昭和四五）年の参議院社会労働委員会で、坂元貞一郎（厚生省児童家庭局長）は、「一番典型的な例としましては、先ほどあげました西ドイツの『ベーテルの家』であるわけでありますが、これにつきましては、いま申しましたように、四千五百人ぐらいの対象者が入っているわけであります。非常に広大な地域にあるようでありまして、なかなか専門家の一部には、このような広大な地域に、しかもこれだけの多数の収容者を入れるということは、日本の場合は必ずしも見習うべき点じゃないのじゃないか、非常に施設の運営、管理がむずかしいということが指摘されているようでございますので、私どもとしましては、アメリカの千二百六十八名ぐらいの『セントラル・ウィスコンシン・コロニー』というようなものが大体日本の現状からいったら近い例じゃないか、このようなことからいたしまして、こういうものを頭に描きながら実はコロニー懇談会でも案をつくっていただいた、こういうことになっているようでございます」と答弁している。

(41)「いわゆるコロニー設置についての意見」（一九六五、厚生省）（『わが国精神薄弱施設体系の形成過程』（一九八二、国立コロニーのぞみの園・田中資料センター）二九八頁）

(42)同右、二九八頁。

(43)糸賀一雄「重症心身障害児の福祉対策に望む」『厚生』第二十二巻第四号（一九六七）〔『糸賀一雄著作集Ⅲ』（一九八三、日本放送出版協会）四四二頁〕

(44)同右、四四三頁。

(45)同右、四四三頁。

(46)「国立心身障害者コロニー設置計画」（『わが国精神薄弱施設体系の形成過程』（一九八二、国立コロニーのぞみの園・田中資料センター）三〇九頁）

(47)糸賀一雄「この子らを世の光に」『手をつなぐ親たち』第一一八号（一九六六、精神薄弱児育成会）六頁。

(48)第六章参照。

(49)前掲、糸賀「この子らを世の光に」六―八頁。

(50)このような、糸賀の思想に見られる特殊から普遍への志向については、吉田久一による評価に依っている。吉田久一

「高度成長期の社会福祉事業〔社会福祉実践の思想〕」『社会事業理論の歴史』（一九七四、一粒社）等。

(51) 木村素衛『表現愛』（一九三九、岩波書店）四三頁。

(52) 前掲、木村『表現愛』四四頁。

(53) 同右、九頁。

(54) 同右、一一頁。

(55) 糸賀一雄「この子らを世の光に」『両親の集い』第一二七号、第一二八号（昭和四一年一一月二五日、一二月二五日）（一九六六、全国重症心身障害児(者)を守る会）〔『糸賀一雄著作集Ⅲ』（一九八三、日本放送出版協会）三七九—三八〇頁〕

(56) 同右、三八一—三八二頁。

(57) 糸賀はヤスパースの思想について何等述べていないが、石野美也子らによる糸賀の蔵書目録によれば、次の三点のヤスパースの著書が含まれていることが確認出来る（石野美也子「糸賀一雄蔵書目録（哲学編）」『京都文教短期大学研究紀要』四七（二〇〇八、京都文教短期大学））。Karl. Jaspers『Die geistige Situation der Zeit』（一九三三、Walter de Gruyter&Co.）、ヤスパアス著・草薙正夫訳『ニイチェ根本思想』（一九四七、創元社）、ヤスパース著・草薙正夫訳『ニーチェの実存的意義』（一九五六、新潮社）、ヤスパース著・草薙正夫訳『哲学入門』（一九五九、新潮社）。

(58) 前掲、糸賀「この子らを世の光に」三七九頁。

(59) 前掲、糸賀『福祉の思想』一七八頁。

(60) 例えば、前掲の『わが国精神薄弱施設体系の形成過程』一七七—一七九頁には、全国一八カ所のコロニーが列挙されているが、糸賀の設立した施設は含まれていない。

(61) 岡崎英彦「解説」『糸賀一雄著作集Ⅲ』（一九八三、日本放送出版協会）四九四頁。

(62) 前掲、岡崎「解説」四九五頁。

# 終章

一九六八（昭和四三）年九月一七日、糸賀は病身をおして滋賀県福祉施設等新任職員研修会の講義にのぞんだ。講義が終わりにさしかかり、「この子らを……」と言いかけた時に心臓発作のため倒れ、病院に搬送される。一度は意識を回復したものの翌一八日に容態が急変し、そのまま逝去した。享年五四歳であった。

糸賀は、三三歳で近江学園の創設に参画して以来、園長として二一年間、驚異的な勢いで新たな施設や事業を展開していった。糸賀が設立した施設は七つある。すなわち、一麦寮、あざみ寮、落穂寮、信楽寮（信楽学園）、日向弘済学園、第一びわこ学園、第二びわこ学園である。これらの施設は、それぞれ役割や対象を異にしており、直面した問題に対処しながら制度に先駆けて、施設の設立に奔走した後半生であった[1]。

後には、生前最後に取り組んだびわこ学園の建設や、重症心身障害児の記録映画『夜明け前の子どもたち』の制作費用にあてた多額の借金が残されていた。多くは担保をとらない、糸賀自身を全面的に信用しての融資であったと言われる。これに対して、「糸賀の借金は国民の借金」と借金返済運動が起こり、全国または海外からも多くの寄付が寄せられた。

逝去から一年半経た一九七〇（昭和四五）年三月二八日の『朝日新聞』の「天声人語」は、この借金返済の動きについて次のように論評している。

〝精薄の父〟といわれた糸賀一雄氏は、亡くなった時、多額の負債を残した。その尊い負債をみんなで返そうと、人びとの善意の寄金が約一千万円も集まっているという。（略）国にかわって施設をつくり、運営してゆく苦労が糸賀氏の寿命を縮めたのだが、建設費の負債約六千五百万円があとに残った。これを聞いて「糸賀の負債は国民の負債」と返済の寄金集めに立ち上がったのが（略）「神戸シュバイツァーの会」の向井正氏や、京都の仏師松久朋琳氏、同じく京都の洋画家全和凰氏らである。いろんな人びとの善意は一千万円になったという。糸賀氏の心は生きて、ひろがっている。「糸賀の負債は国民の負債」だが、同時に「政治の負債」であることを、為政者は痛感しているだろうか。(2)

糸賀は、第一次世界大戦勃発の年、山陰地方の鳥取に生を受けた。世界恐慌の混乱の時期に少年期を、大正デモクラシーの高揚した時期に思春期を過ごした。青年期の入り口における苦悩からキリスト教への入信を決意して、京都帝国大学で宗教哲学を専攻するに至った。そして、鳥取県立第二中学校時代からの親友であり、糸賀をキリスト教の信仰に導いた圓山文雄との死別を経験し、「パウロの終末論」をテーマにした卒業論文を書き上げる。

大学卒業後、近江学園の創設に参画するまでの時期には、感化を受けたとされる「二人の恩師」に出会った。代用教員時代には京都学派の中堅であり、教育哲学者の木村素衛に私淑した。木村からは、「自覚者は責任者である」という教育に向かう情熱と、「表現愛」という後の思想形成にとって重要な思想を受け取った。また、木村から受け取った哲学的な素養は、近江学園設立以降の実践の中でも、「その日その日の刹那に埋没して酔生夢死をしないために、つまり人間として下卑ない(3)」ように、「なんのために」という日々の反省的な問いかけの姿勢となって顕れている。

さらに、木村の薦めで滋賀県庁へ移ってからは、県知事の近藤壌太郎によって秘書課長に抜擢され、近藤の〝事上錬磨〟によって現場に立ち向かっていく実務家としての能力を厳しく鍛えられた。また、原文兵衛、友納武人、井伊直愛ら、政財界に通じる人脈も広がった。

そして学務部での勤務を通じて、戦時下の教育行政や厚生行政にも携わり、三津浜学園と石山学園という、近江学園の前身となる施設の創設に関与した。両施設には、先輩教員であり生涯の盟友となる池田太郎、田村一二を滋賀県に引き入れた。

また、近藤知事の秘書課長として協力した学生義勇軍同志会の活動を通じて、初期の近江学園の活動を担う主要な職員となる岡崎英彦や増田正司、矢野隆夫ら同志との出会いを得た。同会の事務局長であった江木武彦は、精神薄弱児育成会の設立にあたって、糸賀をその活動に招き入れた。会長であった十河信二も、近江学園の後援団体である大木会の顧問となって糸賀の活動を側面から支えていく。これらの人脈を形成していく過程は、近江学園の創設と発展のために不可欠であった。

さらに本書では、糸賀がこの時期に下村湖人と出会い、下村が提唱する「煙仲間」運動へ関与していることを取り上げた。糸賀は、京都帝国大学の先輩である永杉喜輔によって下村に引き合わされ、下村の提唱する「煙仲間」運動にも共鳴していく。また、下村も糸賀に期待をかけ、両者の親交は下村の逝去まで続くこととなる。従来、糸賀が近江学園の設立に参画していく動機には、木村素衛から託された「国家再建の責務」があったと言われてきた。しかし、木村からの期待に加えて、下村湖人から受けた期待や「煙仲間」の思想的な影響も看過できない。それは、糸賀が好んで用いた「一隅を照らす」や「脚下照顧」といった言葉に表されるように、大きな視野に立って、眼下の仕事に精進するという実践の姿勢にも顕れているのである。

このような「煙仲間」情操は、木村から受け取った「自覚者の責任」や「下卑ない」姿勢とともに、徹底して「実践的な努力」を基盤におくことを裏うちするとともに、現場と地域社会や国家政策との関連をもたらし、実践家としての糸賀の強みともなっていった。それは、「実践の中からうみ出された考察が、地域社会の人びととのかかわりのなかで声となり力となり、それは施策や政策をゆりうごかすものとなる。施設社会事業は現実の社会欠陥を補完しようとする実践的な努力のなかから新しい社会をうみ出すのである」[4]と、直面するニーズや課題に対して、ただ単に一施設の問題に留めることなく、「社会的な解決」をはかっていく論拠となった。そして、最晩年においては、地域福祉活動に対する「地下水的な役割」の提唱としても展開されていくのである。

あらためて糸賀の活動の足跡をたどってみると、所与の状況の中で現実的に可能な方法を探りながら、漸進的に施策や社会一般の認識と向き合い、個別具体的な実践であるミクロレベルから、地域社会との関係を取り持つメゾレベル、そして政策的な対応であるマクロへと向かう指向が随所に見られる。このことは、個別の施設の取り組みにおいてのみに完結しがちな障害児者福祉のあり方にも、重要な示唆を与えてくれるものと思われる。

また「煙仲間」情操やその思想は、糸賀の障害観の形成と変遷にも大きく関わっている。昭和二〇年代の後半から三〇年代にかけては、下村や田澤の「全一」思想から「同心円」観に基づく平等観が導き出された。そして、昭和三〇年代以降の障害者の社会保障を求めるソーシャルアクションにおいては、「誇示の気持ちをおさえて、他を生かし、おのれを生かすように、共存的に調和を尊ぶ」という「煙仲間」情操が指針となっており、このような姿勢が障害者の積極的な価値の主張や、昭和三〇年代後半の「重症児の生産性」へとつらなる重要な思想展開をもたらす基盤となっている。つまり、木村から受け取った「表現愛」を援用した「重症児の生産性」概念を導き出したことは、糸賀の思想における一つの到達点であると考えられるが、それは下村から受け継いだ「煙仲間」情操に裏うちされた姿勢や態度の上に成立するのである。

しかし、これらの障害観の形成の根元に、平和への誓いと強い思いがあったことも忘れるべきではない。最晩年の著である『福祉の思想』に、「煙仲間」の概念が多数用いられていることには、もう一つのメッセージが込められているように思えてならない。それは糸賀の戦争体験と福祉活動との関連であり、そこには社会福祉をめぐる宿命的な課題が含まれている。糸賀には、近江学園創設にあたって、「役人稼業への反省も含めて、戦争責任をどう引き受けるかという問題があった」こと、そして木村素衛から託された国家再建という「ナショナリステックな課題」があったことが指摘されてきた。[5] つまり、戦後の糸賀の姿勢には、一貫して戦争に荷担したことへの反省が見られるのである。

戦前、戦中期の糸賀は、行政官として「東亜の新秩序」を浸透させる使命を課された立場において、「(略) 自分の国の中に、郷土の中に、そして家の中にもう一つ突込んで自分自身の中に、精神的な新秩序を建設せねばならぬと信じてゐる」と述べ、同時にキリスト者としては（キリスト教が）「その本来の姿を以て、日本の地盤に甦るのでなければ駄目だ[6]」と、主張している。この時期の糸賀の言説からは、国家的な大方針や体制を表だって批判する姿勢は見られない。しかし、宿命的な状況を受け入れながらも個の自律性や主体性を意識していることがうかがわれ、「その世界自体を作り之に方向を与えて行く者として、主体的にこの世界に住むのでなければならない[7]」と、常に内から変革を志していく姿勢が見られる。下村が「煙仲間」運動を通して批判したのも、演繹的な上からの国民統合のあり方や翼賛体制、そしてその中において自律性を喪失しながら声高に大義を叫び、自らの正義を没個性的に主張する人々の姿に向けられたものであった。下村と糸賀の国家観や戦争に対する考え方には、少なからず相違があったこともうかがえるが、糸賀が下村の「煙仲間」運動に共鳴したのは、このような共通する問題意識があったためである。

一方、戦後の糸賀は、戦争への反省や平和への願いを持ちながら、下村らの「煙仲間」運動が対抗しようとした翼賛体質が、形を変えて平時にも存在していることを見出していたと私は思う。そして、糸賀が批判を向けたのは、他の福祉関係者であり、地域社会であり、政治であり、そしてなによりも糸賀自身の内面に対してであった。

近江学園の初期、「社会事業の独立性」を掲げながら失敗を重ねる中で、自らの独善性を反省し、広く社会的支援の拡がりや後援を求める方向に運営方針を転換した。そして、昭和三〇年前後の障害児者に対する社会保障を求める運動が盛り上がってきた中では、「積極的な態度をもてばもつほど、それは攻撃的であり、排他的であり、独善的であったことは否定できない」と、「学園の考えは正しいという自負」から生まれる誇示の気持ちに向き合い、「一人ひとりの子どもをいかに生かすか」という本来の目的のために「心境の問題」を強調し[8]、自らの「根本的な態度」を見直している。当事者の権利を代弁するという行為であるがゆえに、そこには自らを正当化する態度が含まれがちである。糸賀には他の福祉関係者や自らの中に、戦前、戦中期における不毛な正義の争奪戦と同じ性質のものを感じとり、自覚しようとする姿勢がうかがえる。

そして、政治的な息がかかって急遽実現した国立コロニーの建設は、戦時中の地方行政を担った糸賀にとって、個人ではどうしようもない戦時中の上意下達式のやり方に重なったのかも知れない。それでも、「政治的関心があつまり、世論の支持をうけて浮かびあがった問題は、そのときこそ勝負としなければ、いつ再び機会がめぐりくるかわからないことなのである。きびしい現実である[9]」と吐露するように、公的な裏付けを得ながら如何にして中身の充実を得るかという苦悩も宿命的なものとして引き受けようとしている。

また、社会福祉の組織化においては、「かつての大政翼賛会のような上意下達機関」のあり方と重ね合わせて、地域住民や関係者の主体性を軽視した行政主導による演繹的な組織化の方向に対して警鐘をならしている。そして、「地域の民主的組織のなかに福祉の思想がはいりこみ、社会連帯が育つように、具体的な問題のとり組みが始まらなければならない」と提起しつつ、住民や当事者の主体性を妨げる専門職の「勇ましい姿」を戒めている[10]。このような糸賀の姿勢は、福祉実践や福祉政策、あるいは研究に携わる者が無意識の内に体制や大状況に巻き込まれていることや、その中で排他的であったり、謙虚さを失ったりしていくことに対して自覚をせまるものである。

さて、本書では糸賀の代名詞ともいえる「発達保障」思想を正面から取り上げるのではなく、やや異なる側面からの検討を試みてきた。結びにあたって、糸賀の「発達保障」思想と施設のあり方に対する提起についてもふれ、今後の課題を確認しておきたい。

糸賀の逝去後、「発達保障論」は「障害者の権利を守り、発達を保障する」ことを目指した運動を進める理論的支柱として広く共感を得て、一定の成果も上げた。しかしその一方で、「発達保障論」は障害児者の教育保障と社会保障の国家責任を追及する政治的運動の象徴としての側面も目立つようになる。また、統合教育を推進する立場や、身体障害のある当事者からはパターナリズムや分離・能力伸張主義の支柱的理論と目され、批判されることにもなる。確かに、その批判は省みられ、乗り越えられるべき課題でもあるが、糸賀の「発達保障」思想とその後の要求運動の中で主張される「発達保障論」とは、やや異質なものとして検討されるべきであろう[11]。

糸賀の「発達保障」思想とは、一般に言われるような発達段階を上っていくことを保障するべきというものではない。例えば、『福祉の思想』の第七章「発達保障の考え方」では、コロニーのあり方について、「飼い殺しでない保護」のあり方を願って警鐘を発した後に、「だれととりかえることのできない個性的な自己実現をしているものなのである。人間とうまれて、その人なりの人間となっていくのである。その自己実現こそが創造であり、生産である。（略）うまれながらにしてもっている人格発達の権利を徹底的に保障せねばならぬ[12]」と、述べている。そして、「三歳の精神発達でとまっているように見えるひとも、その三歳という発達段階の中身が無限に豊かに充実していく生き方があると思う。生涯かかっても、その三歳を充実させていく値打ちがじゅうぶんにあると思う」と、「その人なりの人間となっていく」ことが可能となるような制度や体制や技術の整備を求めている。そして、そのような「自己実現」を「創造であり、生産である」と提起した。

さらに、そのような「自己実現」は、私たち自身に対して功利主義的な考え方を反省させ、「社会が開眼され、思想の変革までが生産されようとしている」と、「新しい生産活動」であると強調する。それは、「身分、経済、人種の不平等や差別の克服が人類の課題となってから久しいが、いま私たちは生まれながらの能力のちがいからくる差別観の克服に立ち向かうという、新しい課題の前に立たされていると思う。（略）この子どもたちの存在そのものが、自分自身との対立にまで私たちを立ち向かわせることに外ならない」と、「教育とか福祉の根底を問うところに私たちをいざなう足がかりがある」と、主張している[13]。

糸賀は昭和二〇年代の後半、「同心円」観によって、生命としての平等性を導き出した。しかし、この時点では、社会的存在としての平等性には至っていなかった。そして、「アガペとエロス」の弁証法的自己同一によって、絶対的な存在の肯定と向上を目指す努力やそこに喜びを求めるという、二律背反する価値に解決の道筋を得た。さらに、社会効用論を超えて、本人の満足感や生きがいを強調する「内的適応」論を展開する。経済的な自立によって社会に直結することを追究するのみではなく、その生活の内面的なあり方や、その満足感・充実感を問うたのである。この過程において、社会変革の主体者として障害当事者が前面に押し出されてくる。それは、当初こそ、職業活動や経済に直接結びつく生産活動を通したものであったが、やがて経済的自立が困難な重度障害者の「自己実現」の追究を通じて「社会の変革」を促す「重症児の生産性」へと展開していった。

同時に、これらの思想形成の背景には、常に当時の社会状況や政策動向が意識されており、晩年の「発達保障」を提起した際は表現を変えて次のようにも語られている。

（略）さまざまな社会政策との関連のなかで、障害児がどのように生きていくか、その生きがいの探求という底しれぬ課題も私たちの話題となってきました。当然、そこには人間が人間とうまれて人間となっていく過程にとり組む発達の問題が登場してこなければなりません。発達のタテ軸とヨコ軸、貧しいタテの発達ではなくて、豊かな発達が期待されるための、ヨコ軸の無限の可能性への挑戦、そして、それだからこそ、改めて障害児やそれととり組む人びととの生活の条件や制度がもう一度考え直されなければならなくなります(14)。

つまり、糸賀の「発達保障」思想とは、当初から政策や支援のあり方を提起するために、発達概念の再考を求めたものであった。「タテ軸の発達」に対して、「ヨコ軸の発達」という人生の質の充実へと連なる概念を打ち立て、「タテ軸」の伸びが遅くとも、人として「同じ道すじ」をたどるのだと提起したのである。しかし、この提起を通して、「タテ軸の発達」にも何らかの見直しが求められたはずであり、そのことを欠いて「ヨコ軸の発達」を発達概念に含めることには違和感が生じるのである。

福島智は、糸賀以後の「発達保障運動」の中で扱われてきた「発達保障論」をめぐる議論を整理するにあたって、まず「『発達』とは、人間にかかわる身体的・精神的等のさまざまな『変化』を定向的に捉えた概念であると同時に、その『定向性』に価値意識を付着させた概念であるという『二重性』を持つ」ことを指摘する。そして、障害児者に関わるあらゆる営みの根底には、本来「幸福の実現を志向する価値意識」が横たわっているべきであると主張する。[15]それゆえ「『能力』が主体によって『現実に展開』され、外界や他者との相互交渉の中で、具体的に発揮されてこそ、主体者にとって価値あるものとなる」[16]のだから、「『発達の保障』と『幸福の保障』を同一視する姿勢」を改め、「『発達の保障』と『幸福の保障』とをはっきりと分離し、そのうえで前者がどのように後者に貢献するかを厳しく吟味する必要」があると提起している。[17]この指摘は、「発達保障運動」における「発達保障論」を対象になされたものであるが、糸賀の「発達保障」思想が本来展開すべきであった一つの方向を示している。

糸賀らが「発達保障」を提唱した時期は、高度成長期であり向上や前進の意味を含む「発達」や「生産」には絶対的な価値がおかれる時代である。障害のある人は、「発達」や「生産」の対象外におかれていた。ゆえに「発達保障」思想は、障害のある人を排除してきた「発達」や「生産」概念への抵抗であり、本来は「反発達」、「反生産」とも言うべき性質を持つものである。糸賀は、人としての「同じ道すじ」を強調することによって、その概念の内部から変革を迫ろうとした。従来の「発達」や「生産」概念の負の側面や限界を示し、さらに手もちの能力を用いて展開する生活世界における「内面的な充実」や「生きがい」といった人間の幸福に関与する側面を持ち込むことによって、発達概念に含まれる差別性や排除性の克服をねらったのである。発達段階に基づくクラス編成や、施設種別を設けるといった「分類処遇」の意味も、「混合収容」が生む「飼い殺し」に対する批判として提起されたものであった。しかし、もう一度翻って、再帰的に従来の発達の捉え方やそこに含まれる価値観の見直しが促されなければ、「タテ軸の発達」を想起させがちな「発達の保障」と「幸福の保障」が異質なもののまま癒着し、前者の性質が後者を侵食する、つまり発達することが幸せであるかのような「自己目的化」が生じる危険を含むこととなる。

また、本来糸賀が求め続けていたのは、生命の尊厳を基盤にしたお互いに育ち合う「共感の世界」の拡がりであり、他者との関係の中で手もちの能力を用いて行われる生活世界の拡大である。重症心身障害児の場合に即して言えば、いかにして「重症児の生産性」が地域や一般社会の中で発揮される場面を実現するかであろう[18]。また、そのためには地域福祉の中における具体的な支援方策の実現も欠かせず、収容施設に偏重しない支援方策を実現し得たかどうか、これらは糸賀の急逝もあって、その思想や構想は、現実面での検証と再理論化の機会が失われてしまったのである。そのためこれらは、現在においても乗り越えられなければならない課題として遺されている。

糸賀の逝去後まもなく、日本は二度のオイルショックを受けて高度成長から低成長の時期に入る。政府財政収入の悪化は福祉国家への理想を棚上げさせ、国際的な動向もあって福祉政策を小さな政府路線へと転換させていった。さらに、糸賀の逝去に前後して、いわゆる「コロニーブーム」が巻き起こる。各地に大規模な総合施設が建設されていった。また、一九七一（昭和四六）年の「社会福祉施設緊急整備七カ年計画」によって、知的障害者収容施設の設置が全国的に展開されることになる。しかしながらその展開のあり方は、「量的な不足」を補うことが優先され、グランドセオリーをもたない場当たり的な対応となっていくのである。これらのコロニーや入所施設の建設にあたっては、糸賀が提唱したような「地域社会との橋渡しの機能」は、理念としては掲げられるものの、実質的にはあまり顧みられることもなく、単なる理想的なものとして切り捨てられていった面も否定できない。

このような障害児者福祉の状況に対して、一九七〇年代以降、「青い芝の会」に代表される当事者運動からの厳しい批判が投げかけられる。当然、糸賀の業績や思想も批判の対象となるが、彼らの主張を見る時、その中に糸賀の思想が垣間見られることがある。例えば、横塚晃一は、「障害者と労働」という一文の中で「我々障害者は、一束かつげなくても落穂を拾うだけ、あるいは田の水加減をみているだけでもよしとすべきであり、更にいうならば寝たっきりの重症者がオムツを変えて貰う時、腰をうかせようと一生懸命やることがその人にとって即ち重労働としてみられるべきなのです。このようなことが、社会的に労働としてみとめられなければならないし、そのような社会構造をめざすべきだと思います[19]」と、「労働」の中身を問う主張や、「社会復帰」とそれを目指したリハビリテーションのあり方への批判を展開する。

糸賀は晩年、「重症児の生産性」を語る場面で、「脳性小児麻痺で寝たままの一五歳の男の子が、日に何回もおしめをとりかえてもらう。おしめ交換のときに、その子が全力をふりしぼって、腰を少しでも浮かそうとしている努力が、保母の手に伝わった。保母はハッとして、瞬間、改めて自分の仕事の重大さに気づかされたという[20]」というエピソードを披瀝しており、これら以外にも両者の類似点は見出されることから、横塚は糸賀の著作を参照していたことがうかがわれる。

また、「人と生まれて人間となる。（略）単なる人、個体ではありません。それは社会的存在であることを意味している」という「社会的存在」を基盤にした「ハビリテーション」の考え方や、それらを含む糸賀本来の「発達保障」の焦点が、それぞれの「発達段階の中身が無限に豊かに充実していく生き方」にあったことなど、当事者運動の主張と必ずしも全面的に対決するものでもなかったと思われる。

さらに、入所施設におけるいわゆる「保護という名の飼い殺し」を危惧し、「私たち自身もふくめて、すべての人の心に一度は飼い殺しの思想が宿る[21]」と、その思想が施設職員の「良心」のうちに宿ることを指摘していた。そして、専門職にとっては「自分自身との対決が、私たちの専門職への大きな魅力になってこなければ、ウソなんです」と、自らの内なる思想や姿勢との対決の重要性も指摘している。しかしながら、糸賀の思想が当事者に全面的に受け入れられていたわけでもなく、両者の主張の間には食い違いや隔たりもある。

本書では、糸賀の著作や糸賀に関連する資料を用いて、糸賀という人物の実像を追求していくことを課題とした。その後の「発達保障」を求める運動において、そして横塚ら「青い芝の会」のような当事者運動の中においても、糸賀の思想がどのように取り扱われて批判されたのか、あるいは受け取られて継承されたのか、今後の課題として、現在に至るまでの展開の中で改めて検証していく必要がある[22]。糸賀の思想を絶対的なものとして崇拝することではなく、糸賀という人物の実像を追い、現在に至るまでの連続と非連続に目を向けることによって、相対化していくことこそが重要なのである。

そして、この課題に取り組む意義については、糸賀自身によって、「福祉の実現は、その根底に、福祉の思想をもっている。実現の過程でその思想は常に吟味される。どうしてこのような考え方ではいけないのかという点を反省させる。福祉の思想は行動的な実践の中で、常に吟味され、育つのである[23]」という提起にも示されている。

---

(1) 糸賀が設立に関与したり、近江学園から職員を転出させたりして協力した施設はさらに多くある。
(2) [天声人語]『朝日新聞』(一九七〇年三月二八日)
(3) 糸賀一雄「人間性の回復」『南郷』第十五号(昭和二九年一一月一五日)[『糸賀一雄著作集Ⅱ』(一九八二、日本放送出版協会)三三〇頁]
(4) 糸賀一雄『福祉の思想』(一九六八、日本放送出版協会)一三―一五頁。
(5) 吉田久一『社会事業理論の歴史』三八六頁。
(6) 糸賀一雄「精動指導者の手記」基督教青年会『開拓者』一九四〇年五月号(一九四〇、基督教青年会)三六頁。
(7) 糸賀一雄「下村湖人著『青少年のために』を読んで」『滋賀教育』五六八(昭和一八年六月)(一九四三、滋賀教育会)二四頁。
(8) 糸賀一雄「展示会の反省点」(一九五四、未発表原稿)[『糸賀一雄著作集Ⅱ』(一九八二、日本放送出版協会)三二二頁]
(9) 糸賀一雄『福祉の思想』(一九六八、日本放送出版協会)一八三頁。
(10) 同右、二三二―二三三頁。
(11) 「発達保障」は、糸賀が単独で提出したものではなく、学園の研究部において理論化が行われた。そのため、糸賀はヨーロッパから帰国後、その方針と自らの考えが「一致をみた」としているが、糸賀の用いる「発達保障」には、独自の解釈やそれまでの思想展開とは連続しない面も含まれている。
(12) 前掲、糸賀『福祉の思想』一七七頁。

(13) 同右、一七七―一七九頁。
(14) 糸賀一雄『愛と共感の教育』(一九七二、柏樹社) 一三五頁。
(15) 福島智「『発達の保障』と『幸福の保障』――障害児教育における『発達保障論』の再検討」『教育科学研究』(一〇)(一九九一、首都大学東京) 六〇頁。福島は、この論文の中で、「発達保障論」の再検討課題として、「『能力の発達』をめぐる二律背反的価値意識」や、発達することが自己目的化する危険性を指摘し、「幸福の保障」をめざした「価値意識の変革」と「能力展開の現実的保障」を提起している。これらは、本書でも取り上げた糸賀が取り扱おうとした思想的課題とも共通する点が多い。
(16) 同右、六一頁。
(17) 同右、六二頁。
(18) 本書の旨趣とはやや異なるが、森は「重症児の生産性」が「障碍の重い子どもの『自己実現』を無媒介的に社会的な『生産活動』に結びつけられた議論であり論理の飛躍があるといわなくてはならない」と指摘している (森博俊『知的障碍教育論序説』(二〇一四、群青社) 二〇一頁)。
(19) 横塚晃一「障害者と労働」(東大自主講座「医学原論」にて報告草稿　昭和四七年三月)『母よ！　殺すな』(一九七五、すずさわ書店) 四四頁。
(20) 前掲、糸賀『福祉の思想』一七五頁。
(21) 同右、一七二頁等。
(22) 中野敏子は、近年における「障害学からの提起」について、「社会福祉が人間尊重と平等という、理念・価値をその柱としながらも、そこにそれを損なう『危うさ』が内在しているのではないかという問いかけである」と捉え、「社会福祉学が『当たり前』として向き合ってきたスタンスを問い返し、社会福祉学の『生活の維持・向上』『生活の質向上』という機能を遂行するにあたっての改善の手がかりを与えてくれる論点であることは確かといえよう」と述べている。そして、そのために「障害学があらためて日本における『青い芝の会』の活動に着目し、その理念に独自の価値形成があったことを指摘する。かつて、日本の福祉思想あるいは理念として、糸賀一雄の「発達保障思想」が障害者福祉のみならず社会福祉領域で展開されたことの意味と、『青い芝の会』をはじめ、当事者の運動から生み出される価値形成のもつ意味を検証しておく必要があるだろう。そこに、日本に形成された価値形成過程の独自性があきらかになり、社会福祉における理念・価値の意味が見えてくる可能性があるはずである」と、提起している（中野敏子『社会福祉学は「知的障害者」に向き合えたか』（二〇〇九、高菅出版）三六頁）。

（23）　前掲、糸賀『福祉の思想』六四頁。

# 参考文献一覧

## （糸賀一雄の著作）


糸賀一雄「雪中の死を思ふ」今井新太郎編『圓山文雄』（一九三六、北陸之教壇社）
糸賀一雄「国家と教会の現実」基督教青年会編『開拓者』一九三九年四月号（一九三九、基督教青年会）
糸賀一雄「下村湖人著『青少年のために』を読んで」『滋賀教育』五六八（一九四三、滋賀教育会）
糸賀一雄「近江学園要覧」（一九四六）［『糸賀一雄著作集Ⅰ』（一九八二、日本放送出版協会）］
糸賀一雄「設立ノ趣旨」（一九四六）［『糸賀一雄著作集Ⅰ』（一九八二、日本放送出版協会）］
糸賀一雄「春を迎へる心」『南郷』創刊号（昭和二二年二月二三日）［『糸賀一雄著作集Ⅰ』（一九八二、日本放送出版協会）］
糸賀一雄「社会事業の在り方（一）」『南郷』第二号（昭和二二年三月一五日）［『糸賀一雄著作集Ⅰ』（一九八二、日本放送出版協会）］
糸賀一雄「社会事業の在り方（二）——児童保護施設に於ける生産部門と教育との関連性について」『南郷』第四号（昭和二二年七月一日）［『糸賀一雄著作集Ⅰ』（一九八二、日本放送出版協会）］
糸賀一雄「生活即教育」『南郷』第三号（一九四七）［『糸賀一雄著作集Ⅰ』（一九八二、日本放送出版協会）］
糸賀一雄「一年を回顧して」『南郷』第六号（一九四八）［『糸賀一雄著作集Ⅰ』（一九八二、日本放送出版協会）］
糸賀一雄「山伏の夢——近江学園の建設をめぐって」『新風土』第一巻第二号（一九四八、新風土社）
糸賀一雄「社団法人『近江学園椎の木会』趣意書」（一九四八）［『糸賀一雄著作集Ⅰ』（一九八二、日本放送出版協会）］
糸賀一雄「養護施設に於ける精神薄弱児の問題」『南郷』第八号（一九四八）［『糸賀一雄著作集Ⅰ』（一九八二、日本放送出版協会）］
糸賀一雄「子豚談義」『新風土』二巻三号（一九四九、新風土社）

糸賀一雄「精神薄弱児教育の現在と将来」『近江学園報告書　第一集』（一九四九、近江学園）
糸賀一雄「信仰とその働きを通じて平和へ（堅田教会におけるレーメンス・サンデ講談の原稿）」（一九五〇）［『糸賀一雄著作集Ⅰ』（一九八二、日本放送出版協会）］
糸賀一雄「精神薄弱児の運命」『近江学園年報　第二号』（一九五〇、近江学園）
糸賀一雄「精神薄弱者施設・ファナールド学園について」『児童』第五号（一九五〇、日本少年教護協會）
糸賀一雄「問題児の対策」『社会福祉研究』第二号（一九五〇、滋賀県社会福祉研究会）［『糸賀一雄著作集Ⅰ』（一九八二、日本放送出版協会）］
糸賀一雄「精神薄弱児施設『落穂寮』の誕生を見るまで」（一九五〇）［『糸賀一雄著作集Ⅰ』（一九八二、日本放送出版協会）］
糸賀一雄「昭和二十五年度歳出予算と決算」『近江学園年報　第三号』（一九五一、近江学園）
糸賀一雄（因幡一碧）「沈殿者の問題――コロニーへの必然性」『近江学園年報　第三号』（一九五一、近江学園）
糸賀一雄「まえがき」『近江学園年報　第三号』（一九五一、近江学園）
糸賀一雄「跋――池田太郎先生のこと」池田太郎『ガウス曲線の両端』（一九五一、黎明書房）
糸賀一雄「馬鹿談義」『滋賀新聞』（昭和二七年六月一四日）
糸賀一雄「まえがき」『近江学園年報　第四号』（一九五二、近江学園）
糸賀一雄「生活即教育」『南郷』第十二号（一九五二）［『糸賀一雄著作集Ⅰ』（一九八二、日本放送出版協会）］
糸賀一雄「精神薄弱児の職業教育――学園の五年間の記録と反省」『近江学園年報　第四号』（一九五二、近江学園）
糸賀一雄「まえがき」『近江学園年報　第五号』（一九五三、近江学園）
糸賀一雄「今年の抱負」『滋賀新聞』（昭和二八年一月一日）
糸賀一雄「神の栄光に悲劇――手をつなぐ親たち」『大津郵便局ニュース』昭和二八年二月一日号［『糸賀一雄著作集Ⅰ』（一九八二、日本放送出版協会）］
糸賀一雄「精神薄弱児の社会的問題」（一九五三、未発表原稿）［『糸賀一雄著作集Ⅰ』（一九八二、日本放送出版協会）］
糸賀一雄「カリキュラムの背景」『近江学園年報　第六号』（一九五四、近江学園）
糸賀一雄「五十八の決心」『教育』第四十号（一九五四、国土社）［『糸賀一雄著作集Ⅱ』（一九八二、日本放送出版協会）］
糸賀一雄「展示会の反省点」（一九五四）［『糸賀一雄著作集Ⅱ』（一九八二、日本放送出版協会）］

糸賀一雄「梅雨空に思う」（一九五四）［『糸賀一雄著作集Ⅱ』（一九八二、日本放送出版協会）］
糸賀一雄（因幡一碧）「教育の本質」『手をつなぐ親たち』第四号（一九五六、精神薄弱児育成会）
糸賀一雄「運命共同体の自覚」『少年補導のしおり』（一九五六）［『糸賀一雄著作集Ⅱ』（一九八二、日本放送出版協会）］
糸賀一雄「精神薄弱者の内的適応について」『愛護』第三号（一九五六、精神薄弱者愛護協会）
糸賀一雄「精神薄弱者の内的適応について」『愛護』第四号（一九五六、精神薄弱者愛護協会）
糸賀一雄「先生の魅力」永杉喜輔編『一教育家の面影――下村湖人追想』（一九五六、新風土会）
糸賀一雄「堕ちゆくものの――春枝のかなしみ」『手をつなぐ親たち』第三号（一九五六、精神薄弱児育成会）
糸賀一雄他「（座談会）精薄者と性の問題」『手をつなぐ親たち』第四号（一九五六、精神薄弱児育成会）
糸賀一雄他「（座談会）精薄者と性の問題」『手をつなぐ親たち』第五号（一九五六、精神薄弱児育成会）
糸賀一雄「児童福祉週間によせて」（一九五七）［『糸賀一雄著作集Ⅱ』（一九八二、日本放送出版協会）］
糸賀一雄「集団就職の事例」厚生省児童局監修『精神薄弱児指導の実際』（一九五八、日本児童福祉協会）
糸賀一雄「序文」『近江学園年報　第八号』（一九五八、近江学園）
糸賀一雄「成人の精神薄弱者対策」『愛護』第一五・一六合併号（一九五八、日本精神薄弱者愛護協会）
糸賀一雄「精神薄弱児の青年期以後の諸問題」『手をつなぐ親たち』第三三号、（一九五八、精神薄弱児育成会）
糸賀一雄「職につけないちえおくれの子どもたち」『手をつなぐ親たち』第三六号（一九五九、精神薄弱児育成会）
糸賀一雄「新しい社会の建設」『滋賀日日新聞』昭和三四年一二月二日
糸賀一雄「成人精薄者の対策――精神薄弱者福祉法案に関連して」『愛護』第二九号（昭和三五年二月二九日）（一九六〇、精神薄弱者愛護協会）
糸賀一雄「精神薄弱者と社会」『手をつなぐ親たち』第五一号（一九六〇、精神薄弱児育成会）
糸賀一雄「ヨーロッパへ出かけるにあたっての質問書」（一九六〇）［『糸賀一雄著作集Ⅱ』（一九八二、日本放送出版協会）］
糸賀一雄「北欧における精薄教育」『精神薄弱研究』第二九号（一九六一、全日本特殊教育連盟）
糸賀一雄「オランダにおける精神薄弱者問題の社会的解決」『愛護』第八巻第五号（一九六一、精神薄弱者愛護協会）
糸賀一雄「ゲールの町を訪ねて」『手をつなぐ親たち』第五九号（一九六一、全日本精神薄弱児育成会）
糸賀一雄「ヨーロッパの精薄施設を見て感じたこと（二）」『愛護』第八巻第四号（一九六一、日本精神薄弱者愛護協会）

糸賀一雄「ヨーロッパの精薄施設を見て感じたこと（二）」『愛護』第八巻第五号（一九六一、日本精神薄弱者愛護協会）
糸賀一雄「近江の国から馳せ参じて」『手をつなぐ親たち（手をつなぐ親の会創立一〇周年記念特別号）』（一九六一、精神薄弱児育成会）
糸賀一雄「ヨーロッパの精神障害者施設を見学して」『臨床心理』第四号（一九六二、関西臨床心理学者協会）
糸賀一雄「精神薄弱対策の方向――創立十周年記念全国大会講演」『手をつなぐ親たち』第七〇号（一九六二、精神薄弱児育成会）
糸賀一雄「社協の地域活動に期待するもの」『月刊福祉』第四六巻第九号（一九六三、全国社会福祉協議会）
糸賀一雄「十五年目をむかえた近江学園」『近江学園年報　第一〇号』（一九六三、近江学園）
糸賀一雄「発達の保障」『教育時報』第一四巻第六号（一九六三、滋賀県教育委員会）［『糸賀一雄著作集Ⅲ』（一九八三、日本放送出版協会）］
糸賀一雄「郷土愛」『南中新聞』第三〇号（一九六四）［『糸賀一雄著作集Ⅲ』（一九八三、日本放送出版協会）］
糸賀一雄「社会事業の現状と希望」（一九六五）［『糸賀一雄著作集Ⅲ』（一九八三、日本放送出版協会）］
糸賀一雄「重症心身障害児の対策」『医療と福祉』第二巻第七号（一九六五、川島書店）
糸賀一雄「重症心身障害児対策のとりくみ」『近江学園年報　第一一号』（一九六五、近江学園）
糸賀一雄『この子らを世の光に』（一九六五、柏樹社）
糸賀一雄「ささげる心――四六時中勤務」『まみず』第二号（一九六六、柏樹社）
糸賀一雄「この子らを世の光に」『両親の集い』第一二七号、第一二八号（昭和四一年一一月二五日、一二月二五日）（一九六六、全国重症心身障害児（者）を守る会）
糸賀一雄「重症心身障害児の福祉対策に望む」『厚生』第二十二巻第四号（一九六七）［『糸賀一雄著作集Ⅲ』（一九八三、日本放送出版協会）］
糸賀一雄「目覚めたるものの責任――映画『夜明け前の子どもたち』に関して」『まみず』第三巻十号（一九六八、柏樹社）
糸賀一雄『福祉の思想』（一九六八、日本放送出版協会）
糸賀一雄『ヨーロッパ便り』（一九六九、糸賀房自費出版）
糸賀一雄著作集刊行会編『糸賀一雄著作集Ⅰ』（一九八二、日本放送出版協会）

糸賀一雄著作集刊行会編『糸賀一雄著作集Ⅱ』（一九八二、日本放送出版協会）
糸賀一雄著作集刊行会編『糸賀一雄著作集Ⅲ』（一九八三、日本放送出版協会）
糸賀一雄「精神薄弱児育成会によせて」『社会福祉法人全日本手をつなぐ育成会創立五〇周年記念誌――手をつなぐ育成会（親の会）五〇年の歩み』（二〇〇一、社会福祉法人全日本手をつなぐ育成会）
糸賀一雄「三津濱学園の解消」（執筆年不明）［『糸賀一雄著作集Ⅰ』（一九八二、日本放送出版協会）］
糸賀一雄「敗戦後の日本再建のために」（執筆年不明）［『糸賀一雄著作集Ⅰ』（一九八二、日本放送出版協会）］
糸賀一雄「ヨーロッパの旅日記から――ベルギー・西ドイツ・スイス・オランダの施設を訪問して」（執筆年不明）［『糸賀一雄著作集Ⅱ』（一九八二、日本放送出版協会）］

## （糸賀一雄に関する先行研究）

野上芳彦「象徴」『愛護』一六巻三号（一九六九、精神薄弱者愛護協会）
野上芳彦「糸賀一雄氏とその思想――日本における心身障害児教育の先駆者」『京都精華短期大学V.Y.S』（一九七〇、京都精華大学）
吉田久一「『糸賀一雄』――思想と社会福祉」『精神薄弱問題史研究紀要』第一〇号（一九七二、精神薄弱問題史研究会）
矢野隆夫「糸賀一雄伝への試み（一）―（五）」『精神薄弱問題史研究紀要』第一一号―第一六号（一九七二―七四、精神薄弱問題史研究会）
野上芳彦「糸賀一雄　年譜（一）―（四）」『精神薄弱問題史研究紀要』第一〇―第一三号（一九七二―七三、精神薄弱問題史研究会）
吉田久一『（社会福祉と諸科学一）社会事業理論の歴史』（一九七四、一粒社）
野上芳彦「精神薄弱児福祉の思想」全日本特殊教育研究連盟『現代精神薄弱児講座』第五巻（一九七四、日本文化科学社）
清水寛「戦後障害者福祉と発達保障――近江学園における糸賀一雄の『発達保障』の立場にたつ福祉思想の形成」吉田久一編『戦後社会福祉の展開』（一九七六、ドメス出版）
山野光雄「続灯をかかげた人びと（一三）戦後・精薄児教育の父・糸賀一雄」『健康保険』三一（二）（一九七七、健康保

険組合連合会）
吉田久一『現代社会事業史研究』（一九七九、勁草書房）
森博俊「精神薄弱教育における子ども把握の視点――糸賀一雄の場合に即して（障害児教育の歴史と課題〈特集〉）」『日本教育学会教育学研究』四六（二）（一九七九、日本教育学会）
清水寛『発達保障思想の形成――障害児教育の史的探究』（一九八一、青木書店）
鈴木克則「価値観の根底にあるもの――『糸賀一雄著作集』を読む」『麗沢大学紀要』三八（一九八四、麗澤大学）
森博俊「二四　近江学園の精神薄弱教育実践と糸賀一雄」津曲裕次・清水寛・松矢勝宏・北沢清司編『障害児教育史――社会問題としてたどる外国と日本の通史』（一九八五、川島書店）
森博俊「近江学園の精神薄弱教育実践と糸賀一雄」『障害者教育史――社会問題としてたどる外国と日本の通史』（一九八五、川島書店）
吉田久一『日本社会福祉思想史（吉田久一著作集Ⅰ）』（一九八九、川島書店）
三浦了「木村素衛先生と糸賀先生」糸賀記念会編『糸賀一雄――追想集 伝記・糸賀一雄』（一九八九、大空社）
森博俊「障害児の教育と発達の視点――近江学園の実践・研究を手がかりに」『都留文科大学研究紀要』通号三七（一九九二、都留文科大学）
中山慎吾「糸賀一雄論――福祉実践における福祉理念の研究」（一九九二、筑波大学博士論文）
中山慎吾「社会福祉実践と社会形成――糸賀一雄の福祉実践イメージの一側面について」『桐朋学園大学研究紀要』通号一九（一九九三、桐朋学園大学音楽学部）
中山慎吾「社会福祉実践とイメージ（一）――糸賀一雄の福祉実践イメージに関する社会学的考察」『社会学ジャーナル』通号一八（一九九三、筑波大学社会学研究室）
定藤丈弘・岡本栄一・北野誠一『自立生活の思想と展望』（一九九三、ミネルヴァ書房）
池田敬正『日本における社会福祉のあゆみ』（一九九四、法律文化社）
中山慎吾「社会福祉実践とイメージ（二）――糸賀一雄の福祉実践イメージに関する社会学的考察」『社会学ジャーナル』通号一九（一九九四、筑波大学社会学研究室）
野上芳彦『糸賀一雄（シリーズ福祉に生きる 五）』（一九九八、大空社）

池田和彦「糸賀一雄の福祉哲学」『佛教福祉学』（二）（二〇〇〇、種智院大学仏教福祉学会）
木村俊彦「糸賀一雄の福祉思想研究」『姫路日ノ本短期大学研究紀要』二八（二〇〇〇、姫路日ノ本短期大学）
加瀬進・草山太郎「糸賀一雄の障害者福祉思想に関する研究（その一）――昭和二〇年代における『精神薄弱』児観・知能観を中心に」『京都教育大学紀要』A、人文・社会（九八）（二〇〇一、京都教育大学）
京極高宣『この子らを世の光に』（二〇〇一、日本放送出版協会）
洪浄淑・松矢勝宏・中村満紀男「糸賀一雄の『共感』思想に関する考察」『心身障害学研究』二五巻（二〇〇一、筑波大学心身障害学系）
木村俊彦「社会福祉再編期における糸賀一雄の福祉思想の今日的意味」『日本福祉大学福祉研究』（九〇）（二〇〇一、日本福祉大学社会福祉学会）
小田兼三『コミュニティケアの社会福祉学』（二〇〇二、勁草書房）
池田敬正・池本美和子『日本福祉史講義』（二〇〇二、高菅出版）
河合隆平「発達保障の源流を学ぶ――『近江学園』の誕生から、『発達保障』の提起まで」『みんなのねがい』四三〇（二〇〇三、全国障害者問題研究会）
三浦了「地域福祉の思想シリーズ（一一）糸賀一雄 人と思想――この子らを世の光に」『地域福祉研究』（三一）（二〇〇三、日本生命済生会福祉事業部）
滝口真「阿部志郎の福祉思想と福祉実践についての一考察――キリスト教福祉における聖書理解を中心として」『日本福祉図書文献学会研究紀要』（二）（二〇〇三、日本福祉図書文献学会）
蒲生俊宏「糸賀一雄著作原稿・近江学園写真記録リスト」『日本社会事業大学社会事業研究所年報』四〇（二〇〇四）
高谷清『異質の光――糸賀一雄の魂と思想』（二〇〇五、大月書店）
蒲生俊宏・冨永健太郎「糸賀一雄の実践思想と木村素衞」『日本社会事業大学研究紀要』五三号（二〇〇六、日本社会事業大学）
冨永健太郎「『福祉の思想』再考――糸賀一雄における実践思想の原点を辿る」『社会事業研究』四六号（二〇〇七、日本社会事業大学）
石野美也子「糸賀一雄蔵書目録（哲学編）」『京都文教短期大学研究紀要』四七（二〇〇八、京都文教短期大学）
『糸賀一雄年譜・著作目録』（二〇〇八、社会福祉法人大木会）

田中和男「後藤新平・衛生警察論の射程」元村智明編『日本の社会事業――社会と共同性をめぐって』（二〇一〇、社会福祉形成史研究会）
丸山啓史・河合隆平・品川文雄『発達保障ってなに?』（二〇一二、全国障害者問題研究会）
森博俊『知的障碍教育論序説』（二〇一四、群青社）
『糸賀一雄生誕一〇〇年記念論文集　生きることが光になる』（二〇一四、糸賀一雄生誕一〇〇年記念事業実行委員会）

## （糸賀一雄に関連する文献）

［天声人語］『朝日新聞』（一九七〇年三月二八日）
永杉喜輔・田村一二『糸賀一雄追悼集』（一九七〇）
中村健二「糸賀先生と私――糸賀先生の三回忌に際して」『精神薄弱児研究』第一四五号（一九七〇、全日本特殊教育連盟）
矢野隆夫「れんさい今だから話せる　糸賀先生と育成会　ある時はあいそをつかし……」『手をつなぐ親たち』第二一四号（一九七三、精神薄弱児育成会）
池田太郎「解説」『糸賀一雄著作集Ⅰ』（一九八二、日本放送出版協会）
「年譜・著作目録」『糸賀一雄著作集Ⅲ』（一九八三、日本放送出版協会）
岡崎英彦「解説」『糸賀一雄著作集Ⅲ』（一九八三、日本放送出版協会）
糸賀記念会編『(伝記叢書六七）糸賀一雄　追想集』（一九八九、大空社）
小倉親雄「三人グループ」糸賀記念会編『(伝記叢書六七）糸賀一雄　追想集』（一九八九、大空社）
小畠逸夫「代用教員の頃」糸賀記念会編『(伝記叢書六七）糸賀一雄　追想集』（一九八九、大空社）
徳岡英太郎「彼のえらんだ道――鳥取二中のころから」糸賀記念会編『(伝記叢書六七）糸賀一雄　追想集』（一九八九、大空社）
鈴木重信「若き日の糸賀君」糸賀記念会編『(伝記叢書六七）糸賀一雄　追想集』（一九八九、大空社）
馬場正次「松江高校のころから」糸賀記念会編『(伝記叢書六七）糸賀一雄　追想集』（一九八九、大空社）

**（近江学園関連）**

「近江学園（仮称）設立案」（一九四六）［『糸賀一雄著作集Ⅰ』（一九八二、日本放送出版協会）］
椎の木会同人（糸賀一雄）「椎の木会趣意書」（一九四七）［『糸賀一雄著作集Ⅰ』（一九八二、日本放送出版協会）］
『近江学園報告書　第一集』（一九四九、近江学園）
『近江学園年報　第二号』（一九五〇、近江学園）
『近江学園年報　第三号』（一九五一、近江学園）
『近江学園年報　第四号』（一九五二、近江学園）
滋賀新聞社「近江学園の精神薄弱女児　あざみ組に希望の光」『滋賀新聞』（昭和二七年一月二五日）
滋賀新聞社「足踏みする入谷学園」『滋賀新聞』（昭和二七年五月五日）
『近江学園年報　第五号』（一九五三、近江学園）
『近江学園年報　第六号』（一九五四、近江学園）
『近江学園年報　第七号』（一九五五、近江学園）
『近江学園年報　第八号』（一九五八、近江学園）
『近江学園年報　第九号』（一九六一、近江学園）
『近江学園年報　第一〇号』（一九六四、近江学園）
『近江学園年報　第一一号』（一九六五、近江学園）
一麦寮『一麦寮三十年誌』（一九九二、社会福祉法人大木会一麦寮）
落穂寮五〇年誌編集委員会『なつこだち——落穂寮の五〇年』（二〇〇〇、社会福祉法人椎の木会落穂寮）
西山喜代司「福祉施設訪問 知的障害者福祉施設『滋賀県立近江学園』」『福祉ジャーナル』（六）（二〇〇三、日本福祉リサーチ事業団）

## （三津浜学園）

『朝日新聞（滋賀版）』（昭和一七年八月二〇日）
朝日新聞社「誉の児らへ楽しき園・『三津濱学園』きのふ開演式」『朝日新聞（滋賀版）』（昭和一八年四月三日）
滋賀新聞社「朝香宮殿下近江神宮に御参拝・三津濱学園御成・畏し軍人援護の思召」『滋賀新聞』（昭和一八年一〇月二一日）
滋賀県（梨本宮妃殿下御成関係書類（昭和一八年一一月四、五、六））
滋賀新聞社「梨本宮妃殿下秋の近江路御成・三津浜学園に御成」『滋賀新聞』（昭和一八年一一月七日）
レイモンド・A・レイン『鎖に繋がれたる使節――パトリック・ジェイムス・バーン司教の生涯：韓国教皇使節（一八八八―一九五〇）』（一九五七、ヴェリタス書院）
「支部予算に現はれた特殊事業」『軍人援護』第一巻第九号（一九三九、恩賜財団軍人援護会）
「支部予算に現はれた特殊事業」『軍人援護』第二巻第一二号（一九四〇、恩賜財団軍人援護会）
「支部予算に現はれた特殊事業に就て」『軍人援護』第三巻第一二号（一九四一、恩賜財団軍人援護会）
『近江同盟新聞』（昭和一六年八月一〇日）
村瀬登茂三「片瀬臨海寮訪問記」『軍人援護』第四巻第七号（一九四二、軍人援護会）
「昭和一七年度支部予算に現れた特殊事業に就て」『軍人援護』第五巻第二号（一九四三、恩賜財団軍人援護会）
室中儀一「蔵王高湯養護林間学校訪問記」『軍人援護』第五巻第九号（一九四三、軍人援護会）
「虚弱児童夏季錬成事業好評」『軍人援護』第六巻七・八号（一九四四、軍人援護会）
「昭和一八年度支部予算に現れた特殊事業に就て」『軍人援護』第六巻第二号（一九四四、恩賜財団軍人援護会）
「昭和一八年度支部予算に現れた特殊事業に就て（二）」『軍人援護』第六巻第三号（一九四四、恩賜財団軍人援護会）
佐賀朝「日中戦争期における軍事援護事業の展開」『日本史研究』第三八五号（一九九四、日本史研究会）
上智学院新カトリック大事典編纂委員会編『新カトリック大事典』（二〇〇九、研究社）

**（鳥取教会）**
今井新太郎編『圓山文雄』（一九三六、北陸之教壇社）
小河秀一「前田彦一牧師の永眠を悼む」『基督教新報』第三一七六号（昭和三四年一〇月二四日）
日本基督教団鳥取教会『鳥取教会九十年』（一九八〇、日本基督教団鳥取教会）
日本基督教団鳥取教会鳥取教会百年史編纂委員会『鳥取教会百年史』Ⅰ、Ⅱ（一九九八、日本基督教団鳥取教会創立百周年記念事業実行委員会）

**（鳥取県・鳥取市）**
鳥取県編『鳥取県史　近代』第一巻～第五巻（一九六七―八二、鳥取県）
松尾茂『鳥取明治大正史――新聞に見る世相』（一九七九、国書刊行会）

**（鳥取県立第二中学校）**
鳥取県立鳥取東高等学校創立五十周年記念誌編集委員会編『創立五十周年記念誌』（一九七二、鳥取県立東高等学校）

**（旧制松江高等学校）**
江藤武人・藤田剛志編『翠松めぐる――旧制高等学校物語（松江高校編）』（一九六七、財界評論新社）

**（京都帝国大学）**
波多野精一『宗教哲学』（一九三五、岩波書店）

山谷省吾『パウロ神学』(一九三六、長崎書店)
京都大学文学部編『京都大学文学部五十年史』(一九五六、京都大学文学部)
藤田正勝編『京都学派の哲学』(二〇〇一、昭和堂)
土肥昭夫『思想の杜——日本プロテスタント・キリスト教史より』(二〇〇六、新教出版社)


### (戦前滋賀県の障害児教育)


滋賀県社会事業協会「恩賜財団軍人援護会滋賀支部設立される」『共済』第一五巻第一二号(一九三八、滋賀県社会事業協会)
滋賀県社会事業協会「大津に母子健康相談所」『共済』第一六巻第五号(一九三九、滋賀県社会事業協会)
滋賀県社会事業協会「彙報」『共済』第一六巻第五号(一九三九、滋賀県社会事業協会)
滋賀県社会事業協会「全国児童保護大会」『共済』第一六巻第一一号(一九三九、滋賀県社会事業協会)
「養護学級経営」『滋賀教育』五五九(昭和一七年八月)(一九四二、滋賀教育会)
川崎平次郎「養護学級教育断想」『滋賀教育』五五九(昭和一七年八月)(一九四二、滋賀教育会)
滋賀新聞社「養護学級連盟　廿一日発会式」『滋賀新聞』(昭和一九年三月一一日)
長浜小学校百年史編集委員会編『長浜小学校百年史』(一九七一、長浜小学校百年史編集委員会)


### (学生義勇軍同志会)


「錬成に正月なし　見よ!!　学生義勇軍同志会　家棟川改修工事に挺身」『滋賀新聞』(昭和一八年一月一日)
「芹川ダムへ学徒隊　二百八十名勤労奉仕」『朝日新聞〔滋賀版〕』(昭和一八年三月二一日)
「芹川ダム完遂へ　学生義勇軍再度来る　三月廿日から百名」『滋賀新聞』(昭和一八年三月二二日)
北河賢三「解説」『復刻版・壮年団』別冊一(一九八五、不二出版)
中村薫編著『学生義勇軍』(一九八七、農村更生協会)
『十五年戦争重要文献シリーズ』第一九集(学生義勇軍関連資料)(一九九四、不二出版)

**（池田太郎）**

池田太郎『子供を観る』（一九四三、一条出版）
池田太郎「随想」『新風土』第六巻第九号（一九四三、小山書店）
池田太郎『ガウス曲線の両端――愛の近江学園』（一九五一、黎明書房）
池田太郎『めぐりあい・ひびきあい・はえあいの教育』（一九七九、北大路書房）
池田太郎『池田太郎著作集』第一巻〜第四巻（一九九七、文理閣）

**（田村一二）**

田村一二『鋏は切れる』（一九四一、京都市学務課）
田村一二『特異工場』（一九四六、大雅堂）
田村一二「愚子銘々伝」『新風土』第一巻第八号―第二巻第一号（一九四八―四九、新風土社）
野上芳彦『田村一二（シリーズ福祉に生きる 一〇）』（一九九八、大空社）

**（江木武彦）**

江木武彦先生顕彰行事実行委員会編『夢を喰った男「話し方教室」創始者江木武彦』（一九九六、あずさ書店）

**（十河信二）**

十河信二『有法子』（一九五九、交通協力会）

**（藤堂参伍）**
藤堂参伍追悼録刊行委員会編『藤堂参伍追悼録』（一九六八、中央公論事業出版）

**（永杉喜輔）**
永杉喜輔「国民的性格を培う地下水の役目たれ」『滋賀新聞』（昭和一八年七月一五日）
永杉喜輔『下村湖人伝』（一九七〇、柏樹社）
永杉喜輔「大日本連合青年団の成立とその変貌」『群馬大学教育学部紀要　人文・社会科学編』二二（一九七二、群馬大学教育学部）
永杉喜輔『永杉喜輔著作集一〇』（一九七五、国土社）

**（木村素衛）**
木村素衛『国民と教養』（一九三九、弘文堂）
木村素衛『表現愛』（一九三九、岩波書店）
木村素衛『形成的自覚』（一九四一、弘文堂）
木村素衛『美のかたち』（一九四一、岩波書店）
木村素衛『草刈籠』（一九四二、弘文堂）
木村素衛『日本文化発展のかたちについて』（一九四六、生活社）
木村素衛『教育学の根本問題』（一九四七、黎明書房）
木村素衛『雪解』（一九四七、能楽書林）
木村素衛『国家に於ける文化と教育』（一九四八、岩波書店）
木村素衛『紅い実と青い実』（一九四九、弘文堂）

木村素衛『魂の静かなる時に』（一九五〇、弘文堂）
木村素衛『花と死と運命』（一九五三、弘文堂）
前田博「木村素衛教授の生涯と業績」『京都大学教育学部紀要』第四号（一九五八、京都大学教育学部）
木村素衛『表現愛と教育愛』（一九六六、木村素衛先生論文集刊行会）
張さつき『父・木村素衛からの贈りもの』（一九八五、未来社）
大西正倫「木村素衛――実践における救いの教育人間学」皇紀夫・矢野智司編『日本の教育人間学』（一九九九、玉川大学出版部）
J・C・フィヒテ・石原達二訳『ドイツ国民に告ぐ（西洋の教育思想一二）』（一九九九、玉川大学出版部）
小坂国継「京都学派と『近代の超克』の問題」藤田正勝編『京都学派の哲学』（二〇〇一、昭和堂）
大西正倫「コンテクストから読み解く――木村素衛と『身体と精神』」藤田正勝編『京都学派の哲学』（二〇〇一、昭和堂）
小田部胤久『再発見　日本の哲学　木村素衛――「表現愛」の美学』（二〇一〇、講談社）
大西正倫『表現的生命の教育哲学――木村素衛の教育思想』（二〇一一、昭和堂）

**（近藤壌太郎）**

近藤壌太郎「時局と職業戦練の動向」『社会事業の友』一二三号（一九三八、台湾社会事業協会）
近藤壌太郎先生追憶記刊行会編『近藤壌太郎先生追憶記』（一九七九、近藤壌太郎先生追憶記刊行会）
近藤壌太郎追想集編集委員会編『追想近藤壌太郎』（一九八〇、近藤壌太郎追想集編集委員会）

**（下村湖人と「煙仲間」運動）**

下村湖人「煙仲間」『壮年団』第四巻第九号（一九三八、壮年団中央協会）
下村虎六郎「国家の構図と壮年団の実践」『壮年団』第五巻第一二号（一九三九、壮年団中央協会）
下村湖人「地域社会と人」『壮年団』第六巻第四号（一九四〇、壮年団中央協会）

下村湖人『塾風教育と共同生活訓練』（一九四〇、三友社）
下村湖人「新生翼賛壮年団に寄す」『壮年団』第七巻一一号（一九四一、壮年団中央協会）
下村湖人「我等の誓願」『新風土』第六巻第六号（一九四三、小山書店）
下村湖人「『我等の誓願』について（二）」『新風土』第六巻第七号（一九四三、小山書店）
下村湖人「次郎物語」『新風土』第六巻第一〇号（一九四三、小山書店）
下村湖人「青年次郎物語（六）」『新風土』第六巻第一一号（一九四三、小山書店）
下村湖人「『新風土』復刊にあたっての挨拶文」（昭和二三年一〇月一〇日）（一九四七）
下村湖人「煙仲間の提唱」『新風土』第一巻第八号（一九四八、新風土社）
下村湖人「巻末記」『新風土』第一巻第一号（一九四八、新風土社）
下村湖人「巻末記」『新風土』第一巻第一一号（一九四八、新風土社）
下村湖人「視野と仕事」『新風土』第一巻第二号（一九四八、新風土社）
下村湖人「巻末記」『新風土』第二巻第三号（一九四九、新風土社）
永杉喜輔『下村湖人伝――次郎物語のモデル』（一九七〇、柏樹社）
下村湖人「煙仲間」『下村湖人全集　六』（一九七六、国土社）
下村湖人「書簡」『下村湖人全集　一〇』（一九七六、国土社）
村山輝吉「下村湖人研究――煙仲間運動について（一）」『駒澤大学教育学研究論集』一（一九七七、駒沢大学）
村山輝吉「下村湖人研究――煙仲間運動について（二）」『駒澤大学教育学研究論集』二（一九八七、駒沢大学）
久田邦明『教える思想』（一九九八、現代書館）

（田澤義鋪と青年団・壮年団）

田澤義鋪『青年修養論　人生論』（一九三六、日本青年館）
長清子「田澤義鋪の人間形成論――青年団教育に追求した国民主義の課題」『国際基督教大学学報』Ⅰ―A、教育研究一〇（一九六三、国際基督教大学）

下村湖人『この人を見よ』（一九六六、田澤義鋪顕彰会）
『田澤義鋪選集』（一九六九、日本青年館）

**（精神薄弱児育成会）**

パール・S・バック「同じ悩みをもつ母として」精神薄弱児育成会編『手をつなぐ親たち』（一九五二、国土社）
「精神薄弱者は結婚していいか」『手をつなぐ親たち』第二九号（一九五八、精神薄弱児育成会）
山下春江「推進者として喜びとお願いとを」『手をつなぐ親たち』第五一号（一九六〇、精神薄弱児育成会）
「精神薄弱者対策の発展」『手をつなぐ親たち』第六八号（一九六一、全日本精神薄弱者育成会）
『社会福祉法人全日本手をつなぐ育成会創立五〇周年記念誌――手をつなぐ育成会（親の会）五〇年の歩み』（二〇〇一、社会福祉法人全日本手をつなぐ育成会）

**（横塚晃一・青い芝の会）**

横塚晃一「障害者と労働」（東大自主講座「医学原論」にて報告草稿　昭和四七年三月）『母よ！　殺すな』（一九七五、すずさわ書店）

**（「両親の集い」、小林提樹）**

小林提樹「自戒の言葉――この子も国宝である」『両親の集い』第一九号（一九五七、日赤両親の集い）
小林提樹「両親の集い」『両親の集い』第二三号（一九五七、日赤両親の集い）
小林提樹「真実を知っても動じない心構え」『両親の集い』第二六号（一九五八、日赤両親の集い）
小林提樹「ただ秋風の吹くばかり」『両親の集い』第四六号（一九五九、日赤両親の集い）
小林提樹「卒業して二十五年」『両親の集い』第五二号（一九六〇、日赤両親の集い）

社会福祉法人日本心身障害児協会島田療育センター編『愛はすべてをおおう――小林提樹と島田療育園の誕生』（二〇〇三、中央法規出版）

**（障害児教育・福祉史）**

石井亮一「滝乃川学園について」『石井亮一全集』第一巻（一九二三、石井亮一全集刊行会）
岩崎佐一『移転の計画』（一九三二、桃花塾）
岩崎佐一「精神薄弱児童の救護徹底策」『精神衛生』九（一九三五、日本精神衛生会）
参議院「第一回国会参議院厚生委員会会議録一三号（昭和二二年九月一七日）」（一九四七）
三木安正「児童福祉と教育」厚生省児童局監修『児童福祉』（一九四八、東洋書館）
辻村泰男「精神薄弱児施設の問題――その所在と輪郭」『児童心理と精神衛生』第二巻第五号（一九五二、牧口書店）
三木安正等「（座談会）遅滞児教育――一九五三年の回顧と一九五四年への期待」特殊教育研究連盟『児童心理と精神衛生』第四巻第二号（一九五四、牧口書店）
全日本特殊教育研究連盟編集委員会『精神薄弱児研究』（一九五六―、日本文化科学社）
全日本特殊教育研究連盟・日本精神薄弱者愛護協会・全日本精神薄弱者育成会『精神薄弱者問題白書』一九六一―一九六八年版（一九六一―六八、日本文化科学社）
辻村泰男「精神薄弱児施設における『独立自活』論争の経過」『精神薄弱問題史研究紀要』一（一九六四、精神薄弱問題史研究会）
三木安正『精神薄弱教育の研究』（一九六九、日本文化科学社）
野上芳彦「現代社会における心身障害児の諸問題」伊藤隆二編『心身障害児講座』第四巻（一九七四、福村出版）
田中昌人『発達保障への道』一、二、三（一九七四、全国障害者問題研究会出版部）
津曲裕次「精神薄弱者福祉の成立――精神薄弱者福祉法まで」『戦後社会福祉の展開』（一九七六、ドメス出版）
津曲裕次『精神薄弱者施設史論』（一九八一、誠信書房）
国立コロニーのぞみの園・田中資料センター編『わが国精神薄弱施設体系の形成過程』（一九八二、国立コロニーのぞみの園・

田中資料センター）
福島智「『発達の保障』と『幸福の保障』――障害児教育における『発達保障論』の再検討」『教育科学研究』（一〇）（一九九一、首都大学東京）
柳崎達一『知的障害者福祉論』（一九九九、中央法規出版）
赤塚俊治『知的障害者福祉論序説』（二〇〇〇、中央法規出版）
細渕富夫「重症心身障害児療育の歴史――重症児施設設立の経緯を中心に」『障害者問題研究』三一（一）（通号一一三）（二〇〇三、全国障害者問題研究会）
中村満紀男・荒川智『障害児教育の歴史』（二〇〇三、明石書店）
桐山直人「国民学校令以前の『養護学校』教育制度による類型別検討」（二〇〇四、日本育療学会第八回学術集会研究発表要旨）
木全清博『滋賀の学校史』（二〇〇四、文理閣）
日本精神薄弱児愛護協会『愛護』第一巻～第四巻（復刻版）（二〇〇六、不二出版）
中野敏子『社会福祉学は「知的障害者」に向き合えたか』（二〇〇九、高菅出版）
山田明『戦前知的障害者施設の経営と実践の研究』（二〇〇九、学術出版会）
滝乃川学園・津曲裕次編『知的障害者教育・福祉の歩み――滝乃川学園百二十年史』（二〇一一、滝乃川学園）

### （知的障害者コロニー）

内村鑑三「流竄録（一）　白痴の教育」『国民之友』第二三三号付録（一八九三、民友社）
『医事新聞』六〇八（一九〇二）
山口薫「ゲールのこと――ベルギーの精薄教育」『精神薄弱児研究』第一巻第一号（一九五六、全日本特殊教育研究連盟）
山口薫「英国の精神薄弱児教育を視察して（二）（付ベルギー・フランスの特殊教育）」『手をつなぐ親たち』第一一号（一九五七、精神薄弱児育成会）
黒木利克「精神薄弱者愛護月間に寄せて」『手をつなぐ親たち』第一〇二号（一九六四、全日本精神薄弱者育成会）

『いわゆるコロニー設置についての意見』（一九六五、厚生省）
『福祉新聞』一九七一年一月二五日
矢野隆夫・富永雅和『心身障害者のコロニー論――その成立と問題点』（一九七五、日本精神薄弱者愛護協会）
秋山ちえ子『町かどの福祉』（一九七六、柏樹社）
愛知県心身障害者コロニー編『あしたとべたら――愛知県心身障害者コロニー一〇年のあゆみ』（一九七八、愛知県心身障害者コロニー）
室田保夫『留岡幸助の研究』（一九九八、不二出版）
秋山ちえ子『さよならを言うまえに』（二〇〇〇、岩波書店）
『朝日新聞』二〇〇二年一一月三〇日
西駒郷改築検討委員会「西駒郷改築に関する提言」（二〇〇二年一〇月）
二井仁美『留岡幸助と家庭学校――近代日本感化教育史序説』（二〇一〇、不二出版）

### （結核コロニー）

山室軍平編『身を殺して仁を為す』（一九三一、救世軍出版及供給部）
岩佐倫『救世軍療養所一斑』（一九三九、救世軍療養所）
全国コロニー協会記念誌編集委員会（代表上村喜代人）『全国コロニー協会一〇周年記念誌　開拓――コロニー建設二〇年のあゆみ』（一九七一、全国コロニー協会）
小林恒夫『人間回復の砦――「コロニー」建設の軌跡』（一九八五、日本放送出版協会）
日本患者同盟四〇年史編集委員会『日本患者同盟四〇年の軌跡』（一九九一、法律文化社）
青木純一『結核の社会史』（二〇〇四、御茶ノ水書房）

〈海外の知的障害者福祉関連文献〉

Davies, S.P. 杉田裕監修『精神薄弱者と社会』（一九七二、日本文化科学社）
大統領精神薄弱問題会議著、 袴田正巳・加藤孝正共訳『精神薄弱をどう制圧するか〈アメリカ大統領白書〉』（一九七二、黎明書房）
花村春樹『「ノーマリゼーションの父」Ｎ・Ｅ・バンク－ミケルセン――その生涯と思想』（一九九八、ミネルヴァ書房）
Janne Larsson, Ann-Marie Stenhammar, Anders Bergstrom, 河東田博（翻訳）、杉田穏子（翻訳）、ハンソン友子（翻訳）『スウェーデンにおける施設解体――地域で自分らしく生きる』（二〇〇〇、現代書館）
ベンクト・ニィリエ『ノーマライゼーションの原理普遍化と社会変革を求めて』（二〇〇四、現代書館）
河東田博「新説一九四六年ノーマライゼーションの原理」『立教大学コミュニティ福祉学部紀要』第七号（二〇〇五、立教大学）
河本佳子『スウェーデンの知的障害者その生活と対応策』（二〇〇六、新評論）
［カール・グリュネバルド述］ジョーラン・グラニンガー、ジョン・ロビーン著、田代幹康、シシリア・ロボス訳著『スウェーデン・ノーマライゼーションへの道――知的障害者福祉とカール・グリュネバルド』（二〇〇七、現代書館）
中村満紀男「一八八〇－一九一〇年代アメリカ合衆国における精神薄弱者施設と精神薄弱者の生活の状況――内村鑑三・石井亮一・川田貞治郎の訪問期を中心に」『社会事業史研究』第三五号（二〇〇八）
堀光男「ドイツの日本伝道と日本のプロテスタンディズム」日本におけるドイツ宣教史研究会編『日本におけるドイツ――ドイツ宣教史百二十五年』（二〇一〇、新教出版）

〈社会思想史〉

武田清子編『思想史の方法と対象』（一九六一、創文社）
中央社会事業協会社会事業研究所『社会事業名鑑』昭和一八年度（一九四三、中央社会事業協会社会事業研究所）
室田保夫『キリスト教社会福祉思想史の研究――「一国の良心」に生きた人々』（一九九四、不二出版）

菊池正治・清水教恵・田中和男・永岡正己・室田保夫編著『日本社会福祉の歴史』（二〇〇三、ミネルヴァ書房）
蛭田道春『社会教育主事の歴史研究』（一九九九、学文社）

**〈優生思想〉**

太田典礼『堕胎禁止と優生保護法』（一九六六、人間の科学社）
藤目ゆき『性の歴史学――公娼制度・堕胎罪体制から売春防止法・優生保護法体制へ』（一九九七、不二出版）
平田勝政「日本における優生学の障害者教育・福祉への影響」中村満紀男編『優生学と障害者』（二〇〇四、明石書店）

# あとがき

本書は、関西学院大学に提出した博士学位請求論文「糸賀一雄の研究――戦後知的障害児者福祉の展開と糸賀の業績・思想をめぐって」がもととなっています。博士論文を審査して下さいました室田保夫教授、加藤博史教授、杉野昭博教授、今井小の実教授には、心より御礼申し上げます。また、博士論文提出前の一年間は、関西学院大学から奨励研究員として採用して頂き、博士論文の執筆に集中できたことも、大変ありがたいことでした。

そして、本書を出版することができましたのは、社会事業史学会より、第五回吉田久一奨励賞（刊行費助成）を頂いたおかげです。本書は、このご支援なしに出版することはできませんでした。故吉田久一先生・吉田すみ氏、そして学会員の皆様方には心より感謝申し上げます。

本書のうち、第三章、第四章、第五章、第六章については、日本社会福祉学会の『社会福祉学』に掲載された論文をもとにしています。

第三章「下村湖人との出会いと『煙仲間』運動」、第五章「近江学園の設立と戦後の『煙仲間』運動」は、「糸賀一雄と下村湖人――『煙仲間』運動を通して」『社会福祉学』五〇（四）（日本社会福祉学会、二〇一〇）がもとになっています。原著論文は、昭和一〇年代後半から二〇年代までを対象としていましたので、戦前と戦後を取り扱った部分とに分割してそれぞれ加筆修正しています。

第四章は、「近江学園前史としての三津浜学園と『塾教育』の思想」『社会福祉学』五二（二）（日本社会福祉学会、二〇一一）に、関連する状況などを加筆修正しました。

第六章「昭和二〇年代におけるコロニー構想と知的障害観」は、「昭和二〇年代における糸賀一雄のコロニー構想と知的障害観」『社会福祉学』五三（一）（日本社会福祉学会、二〇一二）を、加筆修正しました。

序章、第一章、第二章、第七章から第一〇章は、博士論文のために書き下ろした論文を加筆修正しました。

これらの論文について、転載を承諾頂きました日本社会福祉学会の皆様には厚く御礼申し上げます。また、それぞれの論文の投稿に際しては、編集委員の先生方や査読をご担当頂いた先生方からは、論文に対するご指摘とともに、次の研究へとつながる貴重な示唆やアドバイスを頂戴しましたことも重ねて御礼申し上げます。さらに、原著論文のうち「昭和二〇年代における糸賀一雄のコロニー構想と知的障害観」につきましては、日本社会福祉学会第一〇回（二〇一三年度）学会賞（奨励賞・論文部門）にも選んで頂き、大変光栄に感じますとともに、本書の執筆にあたり大きな励みともなりました。

また、お一人ずつお名前を挙げることができませんが、多くの先生方、先輩方からも貴重なご助言やご指導を賜りました。そして、多くの図書館・資料館にも便宜をはかっていただきました。

本書の目的は、糸賀一雄の著作をもとに、その活動と思想に可能な限り迫ることにありました。糸賀の著作を読んでいると、その中に福祉や教育、哲学だけでなく、美術や文学など芸術の教養があふれていることに気づかされます。糸賀と下村湖人や「煙仲間」運動との関連を取り上げてみる着想も、福祉や教育に直接関連のある部分からだけでなく、糸賀の人物像をもう少し広く捉えてみようと試みたことによりもたらされました。糸賀の教養の幅広さや深さ、人脈や交友関係の広さを実感する一方、私自身は知らず知らずのうちに、現代の社会福祉、あるいは障害福祉という狭い井戸の中だけを見ていたことに気づかされ、広い視野を持つことの大切さを思い知らされたように思います。同時に、社会福祉分野における人物史研究の醍醐味の一端にもふれられたのではないかという喜びも感じました。

ただ、人物史研究としては、一次史料を用いての分析が不十分であると自覚しております。刊行された著作には広く現状に対する課題を提起し、啓発したりするといった意味も含まれるため、率直な思いが余所行きの表現で覆われている場合があることも考えられます。本書の執筆にあたっては、そのことに一応留意したつもりですが、日記やごく親しい人に宛てた書簡などを通して、さらに深く検証していくことは今後の課題であると認識しています。特に、晩年の糸賀の活動や言動は、自らが提唱する「地下水的役割」に矛盾して旗振り役のように表舞台に躍り出ているようにも思われるとともに、その著作にも近江学園や福祉を取り巻く状況が大きく動いていくことに対する切迫感や焦燥のようなものが感じられます。今後は、一次史料を用いた糸賀研究も進むと思いますので、本書がその際の批判材料となれば幸いです。

最後に、関西学院大学大学院にてご指導頂いた室田保夫教授、お一人ずつお名前を挙げることができませんが室田ゼミに集った皆様に御礼申し上げます。室田教授には大学院前期課程入学時よりご指導いただき、研究の糸口が見つからなかったり、研究の方向が定まらなかったりして焦ってばかりいる私に、常にユーモアを交えながら進むべき方向を示し続けて下さいました。またゼミのメンバーは、すでに歴史研究に実績のある方ばかりで、そのようなゼミの雰囲気に浸っている内に、導かれるように研究に取り組めたように思います。

そして、出版をお引き受け下さった関西学院大学出版会と、本書の企画段階からお世話になった田中直哉氏、編集・校正をご担当頂いた浅香雅代氏には心より御礼申し上げます。

二〇一四年一二月

蜂谷　俊隆

西谷啓治　41, 50, 51

## の

野上芳彦　16, 17, 22

## は

パールバック（Pearl Sydenstricker Buck）　123, 161, 163, 195
バーン（Patrick James Byrne）　84, 97, 102
橋本登美三郎　249
波多野精一　34, 40, 42
初田春枝　21
花岡和雄　157, 172
花岡忠男　156-159, 164, 173
林蘇東　5, 6
原文兵衛　57, 258, 264

## ひ

樋口幸吉　168, 171
平山久　217, 228
広瀬桂　156

## ふ

福島智　270, 275
福田昌子　166
藤原道子　248, 260
布留武郎　118

## ま

前田多門　126, 158, 173
前田彦一　40, 44
牧賢一　250
増田正司　22, 47, 60, 108, 265
松田三弥　30
松原武夫　40, 44
圓山文雄　34, 37-41, 264

## み

三浦了　22, 55, 64, 130
三木安正　5, 141, 143, 157, 164, 168-170, 250
水上勉　246-247

## も

森博俊　19, 137, 275

## や

安居喜八　109
矢野隆夫　12-16, 22, 47, 54, 60, 108, 265
藪下俊郎　72
山口薫　194, 213, 227
山崎浄　21
山谷省吾　34, 41-42, 45, 49

## よ

横塚晃一　272, 273
吉田久一　17, 18, 22, 26, 33, 261
吉田嗣延　118
吉永太市　22
米澤常道　8

## わ

脇田良吉　4, 6
和田利男　72, 73, 118
渡辺実　157, 159, 164, 173

## こ

高坂正顕　　50, 51
ミス・コー（Estelle L. Coe）　　37, 38, 44
小迫弘義　　22
小林提樹　　10, 168-171, 241-245, 259
小宮山倭　　157, 164, 168-170
近藤宏二　　156
近藤壌太郎　　25, 47, 56-59, 62, 64, 66, 108, 111, 152, 264-265

## さ

斎藤謙蔵（弔花）　　110, 140, 151
笹川泰広　　72, 73, 81-83
定藤丈弘　　23

## し

重田定正　　157, 164, 173
島田伊三郎　　241
清水寛　　18, 19, 24, 26, 76, 134, 137, 177, 178, 201, 231-232, 259
下村湖人　　25, 28, 48, 62, 65-77, 82-83, 88-91, 101-102, 104, 109, 118, 122, 124-126, 158, 199, 234-236, 265-267

## す

鈴木健次郎　　118
鈴木重信　　41, 44, 56-57, 66, 72, 81
諏訪富子　　156, 164, 173

## そ

十河信二　　48, 58-60, 76, 140, 152, 157, 159, 265

## た

高谷清　　16-17, 38
田澤義鋪　　67, 68, 88, 90, 124-126, 131, 158, 266
田中正雄　　4, 6
田中昌人　　22
谷口弥三郎　　166
田村一二　　1, 5, 21, 27, 47, 60-62, 79-80, 95-96, 102-103, 105, 108, 112, 114, 116, 118, 121, 129, 133, 136-137, 265

## つ

辻村泰男　　150, 157, 164, 168
津曲裕次　　19, 106

## と

藤堂参伍　　66, 72, 74, 81-83, 87, 88, 90-91, 99, 106
徳富蘇峰　　110, 140, 151
登丸福寿　　13
留岡幸助　　140
友納武人　　57, 264

## な

中川望　　164
永杉喜輔　　51, 57-58, 62, 66, 69, 72-76, 81-83, 88, 90-91, 118, 127, 265
仲野美保子　　159, 168, 173
長野幸雄　　5, 6
仲野好雄　　158, 159, 164, 168, 250
中村健二　　22, 108, 163

## に

西田幾多郎　　40, 50

# 人名索引

## あ


秋山ちえ子　249
天津肇　22
荒川友義　21, 108


## い


井伊直愛　109, 128, 264
池田太郎　1, 21, 25, 27, 43, 45, 47-49, 61-62, 73, 79, 80, 82, 87, 90, 91, 98, 102-103, 105, 108, 112, 114, 116, 133, 159, 163, 265
池田敬正　22, 231
石井亮一　3-6, 134, 141, 142
石黒忠篤　58, 173
伊藤貞子　22
糸賀房（小迫房）　41, 171, 202
伊庭慎吉　109, 128
今井新太郎　42, 45
岩崎佐一　4, 6, 135, 142
岩佐倫　30


## う


内村鑑三　5, 29, 158


## え


江木武彦　48, 58, 59, 60, 64, 157-159, 173, 265
江崎誠致　118


## お


太田和彦　66, 72, 73, 74, 81, 83, 118
太田典礼　167, 174
大西伍一　118
岡崎英彦　22, 47, 59, 60, 106, 108, 257, 265
岡野豊四郎　4, 6
尾崎信太郎　35, 43, 112
乙竹岩造　3
小畠逸夫　48, 49


## か


笠井福松　5, 30
葛西嘉資　250
加藤完治　58, 173
加藤シズエ　157, 166, 167, 173
加藤千加子　156, 173
加藤善徳　118
河瀬義夫　72
川田禎治郎　4-6, 30
菅修　14


## き


木村素衛　2, 25-28, 47, 49-56, 62, 65-66, 101, 104, 114, 118, 126, 129, 179-183, 188, 189, 197, 199, 234-235, 253-257, 264-266
京極高宣　16-17, 23


## く


草葉隆圓　8
久保寺保久　4, 6
黒木利克　243, 248

【著者略歴】

**蜂谷俊隆**（はちや・としたか）

1973年　岡山県生まれ
2012年　関西学院大学大学院人間福祉研究科人間福祉専攻博士課程後期課程修了
博士（人間福祉）
現　在　関西学院大学、六日市医療技術専門学校、関西福祉科学大学、神戸女子短期大学非常勤講師

著書
共著『人物でよむ近代日本社会福祉のあゆみ』（ミネルヴァ書房、2006）
共編著『子どもの人権問題資料集成』全10巻（不二出版、2009-10）ほか

糸賀一雄の研究
人と思想をめぐって

2015年3月25日初版第一刷発行

著　者　蜂谷俊隆

発行者　田中きく代
発行所　関西学院大学出版会
所在地　〒662-0891
兵庫県西宮市上ケ原一番町1-155
電　話　0798-53-7002

印　刷　株式会社クイックス


Printed in Japan by Kwansei Gakuin University Press
ISBN 978-4-86283-186-6